Ningbo Gongye Xiaoqiye
Fazhan Huoli Yanjiu

# 宁波工业小企业
# 发展活力研究

唐新贵 / 著

ZHEJIANG UNIVERSITY PRESS
浙江大学出版社

图书在版编目(CIP)数据

宁波工业小企业发展活力研究 / 唐新贵著. —杭州：
浙江大学出版社，2017.6
ISBN 978-7-308-17111-3

Ⅰ.①宁… Ⅱ.①唐… Ⅲ.①工业企业－中小企业－
企业发展－研究－宁波 Ⅳ.①F427.553

中国版本图书馆 CIP 数据核字(2017)第 163680 号

## 宁波工业小企业发展活力研究

唐新贵 著

| | |
|---|---|
| 责任编辑 | 杨利军 |
| 文字编辑 | 王建英 |
| 责任校对 | 沈巧华 夏湘娣 |
| 封面设计 | 春天书装 |
| 出版发行 | 浙江大学出版社 |
| | (杭州市天目山路 148 号　邮政编码 310007) |
| | (网址:http://www.zjupress.com) |
| 排　　版 | 浙江时代出版服务有限公司 |
| 印　　刷 | 浙江省良渚印刷厂 |
| 开　　本 | 710mm×1000mm　1/16 |
| 印　　张 | 12.5 |
| 字　　数 | 215 千 |
| 版 印 次 | 2017 年 6 月第 1 版　2017 年 6 月第 1 次印刷 |
| 书　　号 | ISBN 978-7-308-17111-3 |
| 定　　价 | 45.00 元 |

# 目　录

# 第一章  小企业发展活力概述

工业小企业在宁波工业中占据重要地位。据宁波市统计局调研,2013年宁波工业小企业数量占宁波工业企业的28%,而从业人员数占宁波工业从业人数的近53%,远远高于其他规模工业企业;同时营业收入和企业资产总计均超越其他类型工业企业,分别占比40%和42%。在"大众创业、万众创新"的时代背景下,宁波工业小企业积极培育创业创新主体,壮大产业发展源头,在宁波市工业强市建设和经济持续健康发展方面起到举足轻重的作用,是宁波推进建设"两个基本"、实现"四好示范区"目标的坚实基础。因此,对企业发展活力的研究,可以揭示保障宁波工业小企业的快速健康发展的内外部根本支撑要素,同时可以通过分析相应要素的状况,对宁波工业小企业的成长状况做出进一步的评估和判断,为企业和政府提供相应的决策支持。

## 第一节  企业活力相关理论概述

什么是企业活力? 企业活力理论的形成具有深厚的理论基础,同时学界对于企业活力的研究也开始进入实践应用阶段。

### 一、企业活力理论的提出

下面我们从不同角度对企业活力理论的提出进行梳理和总结。

### (一)不同学科关于"活力"含义的认识

"活力"在生物化学中表示酶、细胞等的促进反应的能力。英国物理学家托马斯·杨在 1807 年指出,"活力"实际上是物质做功能的能力,并用"能"这个术语来表示这种"活力"。显然,生物学、物理学这两个学科主要是着眼于力或能所具有的对外作用的功能、效应来理解和定义"活力"的。

《现代汉语词典》将"活力"解释为:旺盛的生命力。"活力"用英语表示为"vigor",意为身体或精神上的力量或能量。目前约定俗成的"活力"涵盖了以上两种解释,包括个体感到他们所拥有的体力、情绪能量和认知灵活性三个维度的能量。这种解释,把"活力"看作是反映人生命力状况的具有丰富内涵的综合性概念。其核心在于认为,活力本质上是有机体内在具有的在内外因素约束下维持自身存在并有效影响环境的综合机能。在内外因素约束下能维持自身存在并能有效影响环境,即有活力;不能维持自身存在也不能有效影响环境,即没有活力。能高绩效地维持和实现自身存在发展并能高绩效地影响环境、高绩效地使环境向预期方向转化,即活力强,反之则活力弱。

不难看出,此处关于"活力"的定义,有两个显著特点:其一,从外在功能和内在效应角度来定义"活力",把"活力"理解为事物内在具有的良好的自我维持、自我支撑、自我存续发展的能力。其二,把"活力"看成是万物(这里主要是指人)自我存续运行的内在机能与在情感、认知、意志层面与外在事物的相互作用,实现与外在事物协调统一的能力。显然,这种关于"活力"的认识,对研究企业发展问题极具启发意义。

(二)"活力论"思想中关于"活力"的论述及其评判

活力论主张有某种特殊的非物质的因素支配生物体的活动。它认为,生命物质与非生命物质之间存在着一条不可逾越的鸿沟,生命现象不能归结(还原)为基本的物理、化学现象。20 世纪初,德国胚胎学家和哲学家 H. A. E. 杜里舒提出新活力论,他把活力论定义为生命过程的自主理论,并企图依据胚胎学的成果予以证明。[①] 活力论中的有机体的"活力"强调了有机体的自主性、目的性、整体性、组织性、协调性、有序性等生命活动特征,具备一定的合理性。因此,贝塔朗菲在创立有机系统论的过程中,批判地吸取了这些合理要素。

历史上的活力论思想尽管是研究和探讨生命现象、生命本质问题的理

---

①　黄天授. 活力论[EB/OL]. (2007-02-20)[2016-12-06]. http://www. chinabaike. com/article/316/327/2007/2007022050945. html.

论,但对企业活力问题的研究,仍具有启示意义。其一,把活力看作是生命体的本质和根本支撑力量,具有活力,生命体则能存在;不具有活力,生命体则不能存在。这种观点有助于启发和理解企业活力是企业存活发展的根本支撑力量的观点。其二,把活力看作是一种能调节生物发育的精神实体,以保持胚胎的完整性并使机体具有自己修复和再生的能力的观点,对于理解企业活力是企业组织机体内在具有的一种自我维持、自我修复和自我再生能力,具有积极启示意义。其三,强调活力是机体自主性、目的性、整体性、组织性、协调性、有序性等生命活动特征的基础、根据、来源和根本保障,对于理解企业活力对企业组织所具有的功能和地位,有直接的指导意义。

(三)学界关于"企业活力"含义的研究概况

学界关于企业活力内涵的研究,主要有如下几种观点。

其一,能力论。企业活力是企业各种能力的组合。陈江良等人认为企业活力表现为企业在生产发展过程中自我积累、自我改造和自我约束的综合能力。周扬明、高会宗则认为,企业活力体现在企业产品的竞争力、市场的应变力、科研的开发力、资产增值力、领导人的进取力、职工的向心力等综合能力表现上。[①] 闫泽涛、计雷认为,企业活力可以体现为企业对外部环境和内部问题灵敏而准确的反应能力、有力而正确的决策能力和果断而及时的行动能力的总体状况。[②] 支持能力论观点的学者相对较多,他们普遍认为,各种资源在企业内部积累最终会转化为企业能力的表现形式并反映在企业活力上。然而,这种观点主要从企业能力层面表现企业活力,没有揭示企业活力的本质。

其二,资源论。企业活力是受企业外部环境和自身素质交互作用的平衡状态。刘树人等认为,企业活力是指企业作为自主经营、自负盈亏的商品生产者和经营者,遵循着客观经济规律的要求,在生产经营过程中,通过企业自身素质与外部环境的交互作用,使企业经营者和员工的积极性、主动性及创造性得到充分发挥,在市场竞争中呈现出良性循环的自我发展状态。[③] 这种观点的合理性在于从企业内在资源之间、企业内在资源与外在环境之

---

① 周扬明,高会宗.企业活力与动力研究[M].北京:地质出版社,1998:120.

② 闫泽涛,计雷.关于对企业活力产生的结构性基础因素分析[J].中国管理科学,2004,12(6):123-129.

③ 刘树人,张久达,张晓文.中国企业活力定量评价[M].北京:中国国际广播出版社,1995:152.

间相互关系的层面来揭示企业活力,其缺陷在于仅仅着眼于竞争来理解企业活力,从而把企业活力的性质和存在形式简单化了。

其三,生命论。企业是一个有机的生命系统,企业活力就表现为这个系统在输入、转换、输出、反馈的全过程中的良性循环。李维安等人认为,企业活力是指企业作为一个"生命体"在进化过程中所表现的生存力、自我发展力和再生力,它是企业"生命机能"强弱的综合体现。[①] 不难看出,这种观点实际上是用一种均衡论取向来解释和规定企业活力的本质。此外,在企业生命存在的高度来定义企业活力,把企业活力统一于企业生命存在,是该定义的显著特性。由于没有均衡,就没有事物的稳定存在,活力与生命存在着相互依存关系。就此而言,这种观点显然有其合理性。但其缺陷则主要在于:一方面,它仅从企业自身的生存、发展和再生角度来理解企业活力,而未能从企业与外在环境的相互作用、特别是企业对外在环境的影响的角度来理解企业活力;另一方面,它也未能揭示企业活力的内在构成及其存续机制,从而使得关于该问题的认识,还显得模糊与抽象。

其四,功能论。企业能生产满足社会需求的高数量、高质量的产品,就是具有活力。这种观点是从企业与其外部市场关系的角度来定义企业活力的,或者说主要是从企业输出的某方面的功能的角度来定义企业活力的。由于企业离不开与其外部市场的关系,必须具有对市场的某种功能,故该观点在此意义上有其合理性。然而,企业除此外,还存在着由其内部资源的相互作用所构成的内在联系。不协调好企业这种内部关系,必然会诱发企业存在的种种危机,企业活力也就无从谈起。

其五,状态论。企业活力是企业自身素质和能力与外部环境相互作用的动态平衡状态。该观点的实质,是从企业与市场、企业与社会、企业与自然环境等企业与外在约束参量相互关系的角度来理解企业活力。由于企业内在参量的约束,对企业活力的理解和认识,不能忽视企业与其内在参量之间的关系,否则,这种理解就必然是不全面的。

其六,效益论。企业活力用经济效益作为衡量其高低的根本标准。该论点主要出现在我国早期对企业活力的研究上,由于早期我国国有企业主要受政府管制,自主经营权是否下放直接影响企业经济效益的高低,因此,企业经济效益成为企业活力最明显的表现形式。但是,随着我国市场化进程的加快和多种所有制形式的出现,对企业活力的认识不能将外部行政力

---

① 李维安,等.现代企业活力理论与评价[M].北京:中国财政经济出版社,2002:65.

量主宰的经营自主权的得失作为最主要的约束条件,而需要加入各种外部影响因素综合反映企业活力才更为准确。

上述观点主要从单一角度对企业活力定义,另有学者结合上述几种观点对企业活力做出进一步认识。李垣、汪应洛认为,企业活力是指企业在经营过程中,通过内部因素和外部因素交互作用使其生长能力现实状态及变化趋势呈现出的综合结果。① 孔祥毅等人认为,企业活力是企业充分利用外部环境,在准确察觉外部环境发生变化的基础上能够最大限度地调动内部资源,使自身提高生存和发展的能力,这是企业从事经营活动的一种内在的自发性动力。② 杨元富认为,企业活力是指企业在适应和驾驭外部环境变化的过程中,自身竞争能力和自我发展能力持续增强的一种良性循环状态。③ 上述学者将资源说和能力说两者结合对企业活力进行定义。刘守德认为,企业活力是企业素质、能力及经营成果的综合反映。具体地说,企业活力就是企业在一定的外部环境里将自身的系统化为生存和发展的能力,进而发挥取得经营成果的程度。他强调了企业活力可以由内活力(素质和能力)向外活力(经营成果)转化而得以表现。该学者将资源说、能力说和效益说三者结合对企业活力进行定义。

综合前人研究成果可见:第一,从结构上,企业活力由生存性、成长性、再生性三方面生命层次特性构成;第二,从影响因素上,企业活力受外部环境和自身素质等资源的相互作用;第三,从表现上,企业活力由内活力(企业能力)向外活力(经营成果)转化而得以表现。因此,企业活力可以是多种观点的综合解释。

## 二、企业活力理论的形成基础

通过对企业活力理论形成奠定基础的各类理论进行梳理和总结,可见国内外对于企业活力问题的研究起源较早,代表性的理论和观点有以下几种。

### (一)迈克尔·波特的竞争优势理论

这种观点认为企业的活力来自于企业的竞争优势。迈克尔·波特指出:"竞争战略旨在针对决定产业竞争的各作用力建立有利的、持久的地

---

① 李垣,汪应洛.关于企业活力基本内涵的探讨[J].管理现代化,1992(5):31-33.
② 孔祥毅,等.企业发展动力学引论[M].上海:上海人民出版社,1993:75-90.
③ 杨元富.国有企业活力分析与政策建议[J].经济论坛,2001,21(1):67-69.

位。"他还指出:"竞争战略的选择由两个中心问题构成。第一个问题是由产业长期盈利能力及其影响因素所决定的产业的吸引力。并非所有产业都提供均等的持续盈利机会,产业固有的盈利能力是决定该产业中某个企业盈利能力的一个必不可少的因素。第二个中心问题是决定产业内相对竞争地位的因素。在大多数产业中,不论其产业平均盈利能力如何,总有一些企业比其他企业获利更多。"①迈克尔·波特认为,竞争优势需要由竞争战略来实现,而竞争战略所要解决的核心问题则在于"针对决定产业竞争的各作用力建立有利的、持久的地位"。显然,这种"针对决定产业竞争的各作用力建立有利的、持久的地位",就是对企业活力的一种表述。他用来刻画"竞争战略选择"的"中心问题"的两个指标——"产业的吸引力"和"决定产业内相对竞争地位的因素",显然也是企业活力的具体表现。在他看来,企业的活力来自于企业的竞争优势。竞争优势无疑是企业活力的一种重要表现,但这种单方面地解释和说明企业活力的观点,把企业活力的本质问题简单化:其一,企业活力是企业机体十分复杂的综合性的内在力量,而竞争优势是企业活力的重要表现形式之一,仅用竞争优势,并不足以解释和说明企业活力。其二,企业竞争优势和企业活力互为因果关系,企业竞争优势本身的生成,又依赖于企业内在活力。任何缺乏活力的企业,不可能产生企业竞争优势。同样,当企业具有竞争优势时,又能给企业注入新的活力。这表明,企业竞争优势并不足以解释和说明企业活力问题。仅用竞争优势来解释和说明企业活力问题,必然陷入循环论证之中。因此,无论是企业活力,还是企业竞争优势,都需要一个更为根本的东西来解释和说明。

(二)企业核心能力理论

普拉哈拉德和哈默尔在《企业核心能力》中提出企业核心能力概念,并定义为"组织中的集体学习、特别是关于如何协调不同生产技能和整合多种技术流的学识"②。此后,诸多学者对核心能力内涵从不同的角度做了进一步的解释,但有这样一些共同之处:其一,并不把核心能力看作单一资源构成的,而是看作多种资源共同构成的,特别是把其看作是多种资源相互协调的产物。其二,构成企业核心能力的资源是知识、规范和社会资本。其三,构成企业核心能力的资源,不是短时期内形成的,而是企业在经营过程中长

---

① 迈克尔·波特.竞争优势[M].夏忠华,译.北京:中国财政经济出版社,1988:56.
② 普拉哈拉德,哈默尔.企业核心能力[J].哈佛商业评论,1990(3):82.

时间积累的产物。核心能力至少具有三个方面的特征:(1)核心能力特别有助于实现顾客所看重的价值;(2)核心能力是竞争对手难以模仿和替代的,故而能取得竞争优势;(3)核心能力具有持久性,它一方面维持企业竞争优势的持续性,另一方面又使核心能力具有一定的刚性。[①] 该理论认为,企业核心能力是企业活力的来源,企业活力的生成需要由多种资源的协调来共同构成。问题在于多种资源按照怎样的原则、在怎样的基础上、沿着怎样的方向、围绕怎样的目的来相互协调、结合在一起,以形成企业核心能力,进而使企业具有活力。生成企业核心能力的多种资源,并非在任何原则、任何基础、任何方向、任何目的的约束下都能生成真正有效的企业核心能力,并进而使企业真正有效地具有活力。

(三)瓦纳·菲尔德基于资源的理论

这种观点认为,企业的活力来自于企业的竞争优势,但竞争优势的获得来自于对资源的排他性占有,如企业专利与商标、品牌声誉、客户基础、组织文化及拥有特定技能或专有知识的雇员等。该观点看到了企业对上述资源的排他性占有,对企业成长所具有的重要意义。但问题在于,这些被看作企业不可或缺的资源本身的形成和被企业排他性占有,是以企业具有活力为前提的。

(四)潘罗斯的企业内在成长理论

潘罗斯的企业内在成长理论认为,企业的成长活力来自于企业对内部未被利用或未被充分利用资源的利用,或是由于企业掌握了某种新的资源利用方式。[②] 问题在于,企业以怎样的理念、怎样的方式、怎样的规范体系、怎样的原则,在怎样的基础上,来利用企业内部未被利用或未被充分利用的资源。毕竟,企业对上述资源的利用,对所掌握的某种新的资源利用方式的开发运用,并非在任何理念、任何方式、任何规范体系、任何原则、任何基础的情况下,都能促使企业活力生成。可见,这种观点并不足以解释和说明企业活力问题。

---

① 多萝西·伦纳德·巴顿.知识与创新[M].孟庆国,侯世昌,译.北京:新华出版社,2000:38.

② 徐建伟,李武武.内生性企业成长理论对新创企业成长的启示[J].商场现代化,2011(4):38-40.

### (五)信息沟通理论

沟通在管理学中是指信息、思想和情感在个人或群体间传递的过程。信息沟通理论认为企业的活力还来自于企业内部良好的信息沟通。这种沟通可以通过正式组织的形式,也可以借助非正式组织的形式,或是利用现代的通信技术工具。由于信息沟通只是企业活力生成的必要条件,而非充分条件,所以,这种观点对企业活力问题解释的有效性,同样是有限的。

### (六)企业的生命周期理论

企业的生命周期理论认为企业的活力决定于企业所处的生命周期阶段。按照广为认同和接受的伊查克·爱迪思的观点,企业的生命周期可分为从孕育到死亡期10个阶段。在产生、成长和成熟阶段,企业具有较好的活力,而在此以后,企业活力便明显下降。[1] 这种观点把企业活力的生成和存在,看成是一个历史的过程,有其合理性。但更进一步的问题在于:对于企业活力而言,其生成的基础何在? 导致其衰亡的根源又是什么? 其衰亡是否具有不可避免性? 这一系列问题如果不能得到具体有效的回答,企业活力就仍未得到有效解释和说明。

### (七)企业基因理论

企业基因最早是由美国密歇根大学商学院教授诺尔·迪奇提出的,他指出企业作为一种类生物体,与生物体一样有自己的遗传基因,正是组织的基因决定了企业的异质性,而基因的变化发展过程就是企业的发展过程。[2] 而关于企业基因的结构有很多不同的提法,其中被较为广泛认同的是尼尔森提出的企业基因结构,他认为企业基因结构包括组织架构、决策权、激励机制和信息传导四个要素。此外,企业基因还会通过变异的方式与环境发生作用,外部环境的变化是企业基因变异的动力来源,企业通过"搜寻""创新"以及"学习"获得基因的变异。[3] 以上基因理论的研究尚未达成广泛一致的观点,对于企业基因的具体内容没有进行深入甄别,具体研究中理论研究和定性研究居多,大多缺乏数据支撑。

上述分析显示,既有研究分别从不同角度对企业活力的基础和根据问

---

[1]  伊查克·爱迪思.企业生命周期[M].赵睿,译.北京:华夏出版社,2004:121.

[2]  厉琨.广州医药三位一体传承企业DNA[J].培训,2014(9):36-46.

[3]  加里·L.尼尔森,布鲁斯·A.帕斯特纳克.公司基因:以成果为导向,释放组织潜能[M].余向华,张珺,司茹,译.北京:机械工业出版社,2006.

题,做了多层面的探索,从不同向度或直接或间接地发现了企业活力的基础和根据的某些方面,但都未能系统性地揭示企业活力的基础和根据。更进一步,具体到对宁波市工业小企业的研究,文献资料基本没有。因此,在既有研究的基础上,结合宁波工业小企业的情况对该问题做出新的探索是具有非常重要的理论意义和实践意义的。

基于上述分析,参考学界关于活力以及企业活力内涵的研究成果,可以对企业活力内涵做如下界定:企业活力是企业内在具有的维持其生存发展的机能及其有效影响环境、与环境保持动态均衡性相互提升关系的机能。由此可以引申出企业活力包含:生成能力、成长能力以及适应能力。生成能力是指新企业产生以及原有企业的再生能力,前者主要是新企业孵化形成过程,主要依赖于外部环境各类要素;后者主要是企业生成过程中受到挫折需要重组确立新的发展方向的过程。成长能力在本书中主要指企业通过整合内部各类资源获得的企业发展壮大的能力。适应能力本书是指企业对外部环境和内部问题灵敏而准确的反应能力、有力而正确的决策能力和果断而及时的行动能力的总体状况。

### 三、企业活力的实证研究

目前,学术界对企业活力研究主要停留在规范研究层面,即对企业内涵和指标评价体系的探讨。由于企业活力指标涵盖广,数据搜集困难,企业活力的实证研究文献较少,主要以评价为主,运用的评价方法是层次分析法及其衍生的类型和因子分析评价法。阎军印、孙卫东、李永辉运用层次分析法得到 16 个评价指标的相对重要性权重,从生存与发展力、应变力、竞争力和盈利力四个方面对神马实业股份有限公司企业活力进行定量评价。[①] 何春蕾、匡建超提出一种基于模糊方法的企业活力评价方法,即在层次分析法基础上,运用模糊方法对企业活力进行综合评价,并验证了该方法的有效性。[②] 杨绪忠利用层次分析法测定评价企业活力的有效性。[③] 胡斌、章仁俊、邵汝军在前人研究基础上,克服层次分析法存在的计算复杂和当一致性检验不满足时需要重新构造判断矩阵的缺点,提出采用逐一比较法确定指标权重

---

① 阎军印,孙卫东,李永辉.企业活力的定量评价研究——神马实业股份有限公司企业活力定量评价[J].石家庄经济学院学报,1999(6):559-564.

② 何春蕾,匡建超.基于模糊方法的企业活力综合评价[J].国土资源科技管理,2001,18(3):42-45.

③ 杨绪忠.利用层次分析法综合测定企业活力[J].统计与决策,2001(7):30-30.

集,针对指标灰色特性建立了企业创新活力多层次灰色评价模型。[①] 郑敏、奉小斌基于模糊层次分析法,对第三方物流企业的活力进行评价。[②] 丰红星利用 LISREL 软件对新疆民营企业创新活力的三个关键因素即企业家、企业文化和创新群体进行验证性因子分析,结果证明创新文化对于提升民营企业创新活力的重要性。[③] 方琳、李丽君、韩瑞香根据 1999—2011 年期间 31个省区市的人才、专利数据,建立固定效应模型分析科技型中小企业科技创新活力[指标采用各地区每年的专利(发明)申请受理量的增加值]与高校人才集聚(指标采用各地区每年的高校教职工人数增加值)的关系,结果发现高校人才集聚有利于提高科技型中小企业活力。[④]

## 第二节　宁波工业小企业发展现状及其活力研究的意义

宁波工业小企业在宁波经济社会发展中扮演着非常重要的角色,同时也是宁波转型升级走创新之路的重要保障。

### 一、宁波工业小企业发展的现状

#### (一)宁波工业小企业的产业规模状况

根据宁波市统计年鉴、第三次经济普查数据以及通过课题组在相关单位调研获得的数据,我们从企业数量、从业人数、企业资产以及全年营业收入对宁波市大、中、小以及微型工业企业的总体情况进行对比分析。 如图1.1 所示:2013 年,宁波市工业小企业数量为 20146 家,其数量远远高于大、中型工业企业的数量,比微型工业企业数量少大约 40%;其他三项指标则非常清楚地显示出宁波工业小企业在宁波工业中的重要地位。 其中,宁波工业小企业期末从业人员数占宁波工业从业人数的 52.7%,为 132.1 万人,远

---

① 胡斌,章仁俊,邵汝军.企业创新活力综合评价模型研究[J].科技进步与对策,2005,22(9):105-107.

② 郑敏,奉小斌.基于模糊层次分析法的第三方物流企业活力评价[J].物流科技,2008,31(2):114-116.

③ 丰红星.新疆民营企业创新活力评价的实证研究[J].新疆大学学报(哲学人文社会科学版),2013(2):32-36.

④ 方琳,李丽君,韩瑞香.人才集聚与科技型中小企业活力关系研究——基于 31 个省区市的面板数据[J].河南科技大学学报(社会科学版),2014(2):81-86.

高于其他三个类型的工业企业从业人员数;宁波工业小企业的企业资产总额分别比大、中型工业企业高 25.4% 和 10.3%;宁波工业小企业的营业收入总额则分别比大、中型企业高 15.9% 和 15.2%。由此可见,宁波工业小企业的总规模比较大,是宁波工业发展中举足轻重的部分,为宁波工业的发展作出了相当大的贡献。

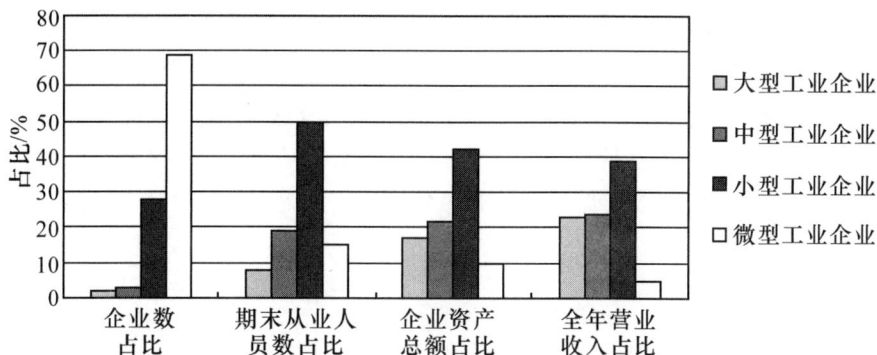

图 1.1 2013 年宁波不同规模工业企业比较

按照国民经济行业分类,截至 2013 年年末,宁波 2 万多家工业小企业分布于 30 个不同行业的制造业。其中小企业数量位于前十位的行业如图 1.2 所示,通用设备制造业的工业小企业数量最多,有 2962 家,其次为电气机械和器材制造业,再次为纺织服装、服饰业,橡胶和塑料制品业,金属制品业等。这十大行业的小企业总数已占到宁波制造行业小企业数量的 79.8%,是宁波市工业小企业的主要分布行业。

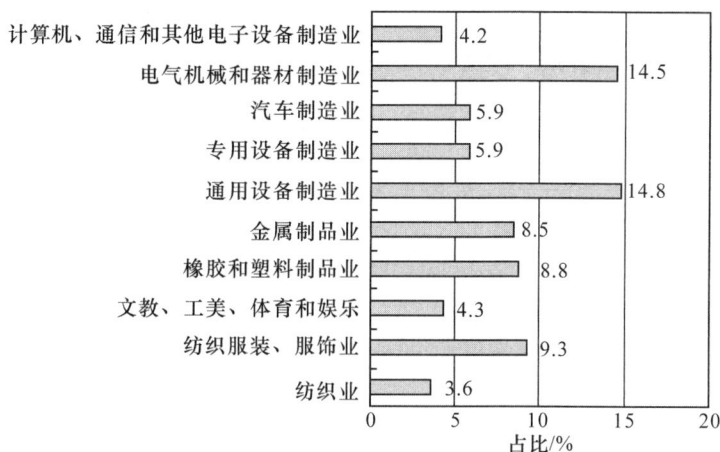

图 1.2 2013 年宁波前十大行业小企业数量在制造业小企业总数量中的占比

从营业收入来看,如图 1.3 所示,2013 年宁波工业小企业营业收入位于前三位的行业从高到低排序为:电气机械和器材制造业、化学原料和化学制品制造业、通用设备制造业。其中化学原料和化学制品制造业的小企业数量并不多,但营业总收入却排名第二,说明这些化工小企业已经相对具备较大规模。此外,由于该行业对环保要求越来越高,行业的进入越来越难,从而也造成已在本行业经营的小企业有机会不断扩大规模,竞争压力相对较小,有利于这些小企业在该行业的发展。此外,纺织服装、服饰业的小企业数量排名第三,但其营业总收入却未进入前十,这说明宁波纺织服装、服饰行业的小企业虽然员工多,企业营业收入却不高,这与企业用工成本高、产品的技术含量较低有密切关系,该行业小企业的转型升级迫在眉睫。

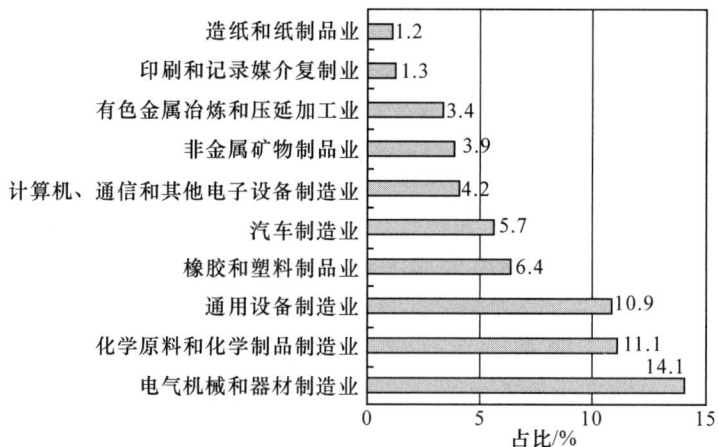

**图 1.3　2013 年宁波工业小企业前十大行业营业收入在制造业总营业收入中的占比**

（二）宁波工业小企业的空间分布状况

宁波工业自 20 世纪 80 年代呈现出块状经济发展态势。随着宁波市地方产业政策的引导,宁波特色工业园区越来越多。宁波的特色工业区分布在各县市区,除了海曙区、江东区工业企业数量逐渐减少,其他县(市)、区的工业发展状况都比较好。如表 1.1 所示,2013 年宁波小型工业企业的总产值最高的是鄞州区,其次分别为北仑区、慈溪市、余姚市、镇海区,再次为宁海、象山、奉化及江北区。

表 1.1　2013 年宁波市各县(市)、区小型工业企业总产值情况

| 区域 | 全市 | 海曙 | 江东 | 江北 | 北仑 | 镇海 | 鄞州 | 余姚 | 慈溪 | 奉化 | 象山 | 宁海 |
|---|---|---|---|---|---|---|---|---|---|---|---|---|
| 总产值/亿元 | 4643 | 17 | 23 | 155 | 859 | 527 | 1027 | 629 | 702 | 187 | 227 | 229 |

数据来源:2014 年宁波统计年鉴。

课题组的调查结果表明,一方面宁波各地区有各自的特色工业产业,另一方面也存在着同一产业分布在各县市区的情况。如前所述,宁波小企业分布在制造业的 30 个不同行业中,而且宁波工业小企业的数量远远大于中、大型企业数量。工业产业集聚区也集聚着大量的小企业。众所周知,产业要形成集聚,需要同行业内多家不同规模的企业以及位于产业链不同环节的企业共同聚集而成,小企业自然是其中不可或缺的部分。因此,宁波工业的空间分布状况也可以用来说明宁波工业小企业的空间分布情况,可以得出宁波工业小企业分布情况大致如表 1.2 所示。

表 1.2　宁波工业产业的空间分布情况

| 区域 | 工业产业分布 |
|---|---|
| 北仑 | 石化、船舶、精密机械、装备电子、模具、汽车配件、电气机械等产业 |
| 保税区 | 先进制造业如液晶光电、计算机、集成电路等产业 |
| 象山 | 纺织、装备制造、精密器械、生物医药、新材料、新能源等产业 |
| 奉化 | 电子通信、机械制造、汽车零部件、新型材料、服装服饰以及竹制品加工、笋制品加工等产业 |
| 鄞州 | 纺织服装、家电、汽车零配件、LED、锂电池、光伏电池及高端装备制造等产业 |
| 余姚 | 精密模具、家用电器、机械五金、电子信息、新材料等产业 |
| 镇海 | 成套设备、电子电器和机械基础件制造业等产业 |
| 慈溪 | 小家电、纺织服装、智能电气、高性能新材料、高端装备等产业 |
| 江北 | 机器制造产业、柴油发电机组产业、高端纺织产业、汽车精密铸件制造、汽车内饰件制造、仪器仪表制造等产业 |
| 宁海 | 五金机械、模具、文具、电子电器、汽车零部件、灯具等特色产业以及新型建材与家居、新材料、新能源及新装备等新兴产业 |

数据来源:宁波经信委网站。

(三)宁波工业小企业的资源要素状况

根据课题组调研结果,目前宁波工业小企业急需资源主要是人力资源、资金资源和技术资源,如图 1.4 所示。

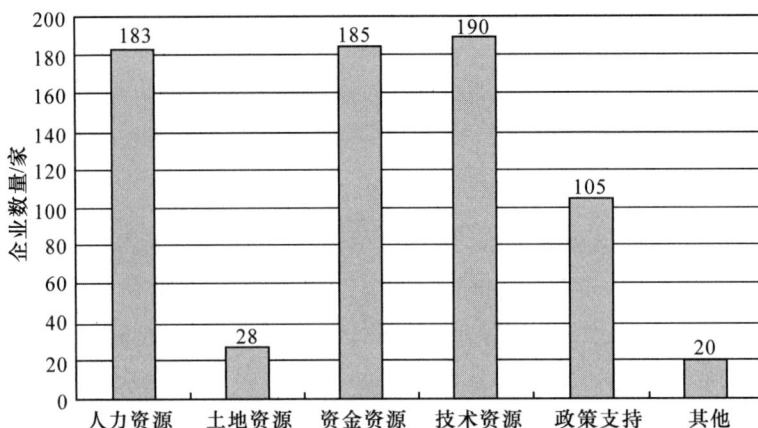

**图 1.4　宁波工业小企业资源需求情况**

1. 人力资源需求

就人力资源而言,一方面一些小企业因为近几年来宁波劳动力成本的提高,在用工方面存在一些困难;另一方面,随着市场竞争越来越激烈,小企业所需的运营管理要求也越来越高,技术含量低、作坊式的小企业将越来越难生存,因此小企业想要进一步发展,需要更多懂技术开发、会运营管理、善市场营销的人力资源。在这方面,许多小企业都表示非常急需。通过课题组的调查结果表明,如图 1.5 所示,宁波工业小企业最缺乏的是研发、技术管理人才,其次是销售管理人才。此外,中高层管理人才、生产管理人才等也是宁波工业小企业急需的人才。

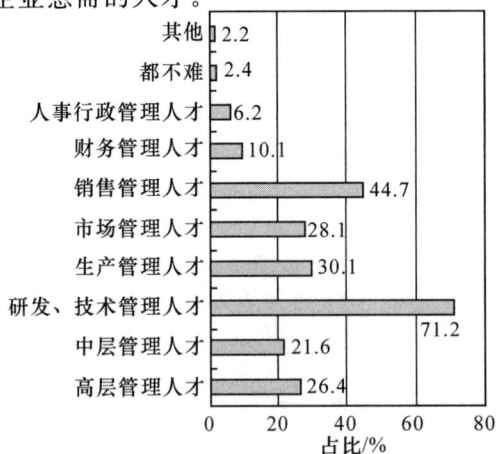

**图 1.5　宁波工业小企业认为最难找的人才情况**

2. 资金资源需求

从调查的情况来看,如图 1.6 所示,大多数工业小企业表示只偶尔存在资金困难,占所调查企业的 75.0%,有 15.4% 的工业小企业表示存在较大的资金困难,9.6% 的工业小企业表示资金充足,不存在缺乏资金资源的问题。这说明,宁波的工业小企业总体上来说,资金的缺乏情况并不是很严重,究其原因,一方面可能因为近年来金融行业逐步放开,不少非银行金融机构开发了多种多样的贷款业务,同时商业银行间竞争越来越激烈,不少商业银行开办了专门针对中小企业的贷款业务项目。另一方面,大多数工业小企业认为目前国内外经济状况不佳,对目前的行业未来趋势没有把握,因此无法确定企业的转型升级思路和对策,对资金的需求自然也就不是很迫切。

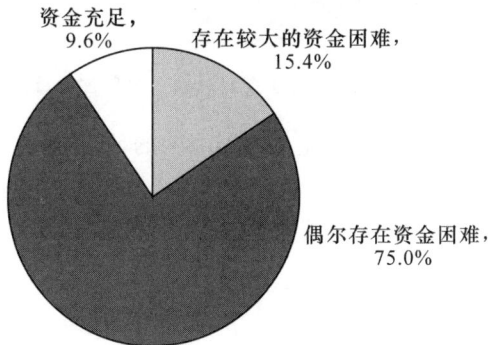

**图 1.6 宁波工业小企业资金困难情况**

（四）宁波工业小企业的技术创新状况

技术创新是企业发展的基石。课题组就多个方面对宁波工业小企业的技术创新状况进行了调查。就目前宁波工业小企业的技术水平而言,36.0% 的工业小企业认为企业的主要生产设备已达到国内先进水平,只有 4.8% 的工业小企业认为自己企业的主要生产设备已达到国际先进水平。这说明前些年宁波工业小企业虽然发展迅速,但技术含量并不高,主要发展动力是地理优势和外向型经济的推动。在这些优势逐渐丧失之际,宁波工业小企业的技术创新刻不容缓。

调查中,68.7% 的工业小企业表示 2014 年在现有产品线基础上进行了新产品开发,28.7% 的工业小企业开办了新的产品线。而这些新产品给企业带来的收入在企业总收入中所占的比重情况如图 1.7 所示,47.6% 的工业小企业表示新产品带来的收入在企业总收入中占的比重为 5%～20%,而

33.5%的工业小企业表示新产品带来的收入占企业总收入的比重为5%及以下。新产品带来的收入在企业总收入所占比重达20%~40%甚至40%以上的分别只占15.7%和3.2%。

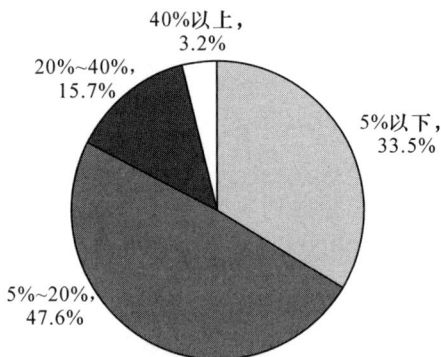

**图1.7 新产品的收入在企业总收入中所占比重情况**

同时,课题组对宁波工业小企业2014年的研发支出情况进行了调查,结果如图1.8所示,41.6%的工业小企业研发支出占销售收入的5%~10%,39.2%的企业研发支出占销售收入的5%以下。

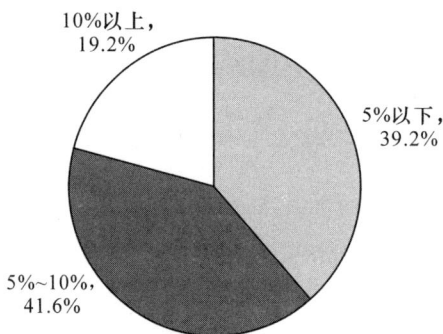

**图1.8 工业小企业研发支出占销售收入的比重情况**

总体看来,宁波工业小企业的技术创新投入不够多,新产品开发较少,由此给企业带来的收入也是有限的。在市场需求导向的推动下,越来越多的小企业需要更加重视技术创新。

**(五)宁波工业小企业的管理水平状况**

关于工业小企业管理不尽完善的具体体现,课题组的调查结果如图1.9所示(多数企业选择了两个以上选项),55.3%的工业小企业认为管理不尽完善主要体现为市场开拓薄弱,38.9%的小企业选择技术研发落后,33.2%

的小企业选择信息化程度不高;而认为企业缺乏明确战略的小企业占调查企业总数的 28.4%,财务与成本需要完善的企业占 25.5%,运作流程效率不高的企业占 25.0%,认为对员工激励管理不佳及老客户维护不力的小企业占比相对较少,分别为 16.3% 和 14.4%。

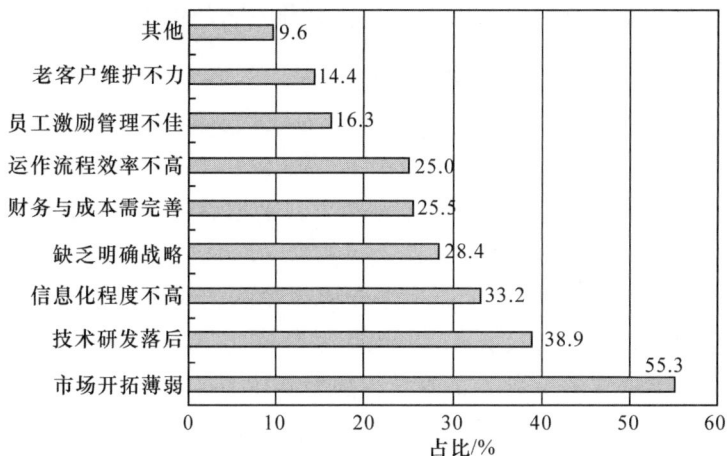

图 1.9　宁波工业小企业管理不尽完善的状况

**(六)宁波工业小企业盈利状况**

课题组对宁波工业小企业的盈利情况进行了调查,结果表明:2014 年许多宁波工业小企业盈利能力一般。从企业的利润率来看,据图 1.10 所示,课题组所调研的 353 家工业小企业中,73.1% 的小企业 2014 年利润率在 20% 以下,47.6% 的小企业利润率在 10% 以下,利润率超过 50% 以上的企业较少,只有 6 家。总的来看,宁波工业小企业 2014 年的经营状况不太乐观。

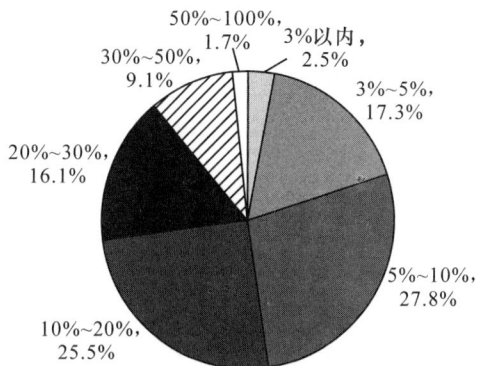

图 1.10　宁波工业小企业利润率状况

在调查中,宁波大多数工业小企业表示 2015 年企业的盈利能力还会进一步下降。在所调查的宁波工业小企业中,认为 2015 年企业盈利能力不会下降的企业仅占调查企业总数的 4.7％。由此可见,许多小企业生存有一定困难。调查中,企业对盈利能力下降的原因进行了选择,其中原材料价格上涨、工资福利上涨以及市场需求不足是排名前三名的因素。

**二、宁波工业小企业存在的问题**

经课题组调研发现,宁波工业小企业的现状及存在问题主要表现为以下六个方面。

第一,盈利状况较好,但发展压力增大。根据调查,2014 年宁波工业小企业利润率在 10％以上的占 52.4％,只有 2.5％的工业小企业利润率处于 3％以下,因此可以判断宁波工业小企业整体盈利状况较好。但是对未来盈利状况的判断调查显示,只有 4.7％的工业小企业认为 2015 年企业盈利能力不会下降,可见宁波工业小企业面临的发展压力在不断加大。

第二,用工成本上升,急需人才类型趋同。根据对企业的调查发现,人力成本上升是影响企业盈利的最主要因素之一,进一步通过问卷调查发现,技术研发人才、市场营销人才和中高层企业管理人才是目前宁波市工业小企业发展最急需的三类人才。

第三,融资倾斜效果初显,资金需求略有降低。银行借款是宁波市工业小企业获得资金的最主要来源。此外,随着国家、省、市一系列扶持小企业金融政策的出台,宁波市工业小企业的银行融资难度有所降低,同时因为目前国内外经济运行状况不佳,企业对未来的发展趋势没有把握,对扩大投资的资金需求不是很迫切。调查发现只有 15.4％的工业小企业存在较大的资金需求缺口。

第四,技术开发和创新不够。虽然大多数宁波市工业小企业都开始创新尝试,但是无论是研发支出的投入、新产品的开发还是企业创新的选择等方面都体现出宁波市工业小企业开展技术开发和创新的积极性和主动性还不够。而且,课题组在深入访谈调查中可以发现,宁波小企业在经营理念上缺乏持续发展的思想。许多工业小企业的新产品开发要么比较依赖政府或科研单位的技术推广,要么消化相对成熟的技术,享受技术溢出效应。这些小企业主要是引进或学习其他企业开发的技术,几乎没有独立开发新技术。有的小企业甚至只是模仿,将别的企业成功的产品拿来自己生产,认为这样投资少见效快。

第五,制约管理水平提升的因素较多。制约宁波工业小企业管理水平提升的因素较多,最主要的包括市场开拓薄弱、技术研发落后、信息化程度差、缺乏明确战略、运作流程效率低下等,不同行业各有侧重。

第六,宁波工业小企业缺乏创建自主品牌的意识。目前,许多处在初创阶段和发展阶段的宁波工业小企业把精力主要放在获取最大的经济效益和扩大经营规模上,认为企业没到创建自己品牌的时机。事实上,市场转型时期正是创建品牌的最佳时机。如果宁波工业小企业不创建自己的品牌,必然很快失去原来的市场,被竞争对手替代。宁波工业小企业已经创建自己品牌或已打算创建自己品牌的小企业只占所调查企业的41.3%,大部分企业到目前为止还没有品牌创建计划,缺乏建立自主品牌的意识。有的企业负责人未认识到建立自主品牌的必要性和好处;有的企业负责人则觉得成本太高或过程太复杂,企业自建品牌的条件不成熟;还有的企业负责人不知道从哪里入手。

### 三、宁波工业小企业发展活力研究的意义

改革开放以来,宁波市作为全国经济发展最具活力的地区之一,工业经济的快速发展至关重要,2014 年宁波第二产业在三大产业中的比重高达51.6%,是 15 个副省级城市乃至整个中国制造业占三大产业比重最高的城市。其中宁波工业小企业的贡献功不可没,是宁波经济和社会发展的重要力量,在促进宁波经济发展,推动宁波科技创新、产业结构优化等方面发挥着至关重要的作用。但目前对于宁波工业小企业来说,无论外部的生存环境,还是企业自身运营都面临着巨大的压力和众多的问题,必须有效地提升宁波工业小企业的发展活力才能适应我国经济创新和转型升级的新常态与国际市场不断变化的竞争环境。因此,研究宁波工业小企业发展活力问题具有理论意义与实践意义。

（一）理论意义

研究小企业的发展活力可拓展研究内容与深化现实问题研究。

第一,拓展研究内容。自我国 2002 年通过的《中华人民共和国中小企业促进法》中对中小企业的概念做了界定后,小型企业与中型企业联结在一起成为学界研究热点。直到 2011 年工业和信息化部、国家统计局、国家发展和改革委员会、财政部等四部门研究制定了《中小企业划型标准规定》,将小企业从中小企业范围中单独划分出来,并界定了微型企业范围。小型企业与微型企业又在新时期联结起来成为学界研究重点。从学术论文搜索结

果中可见一斑。以 2011 年为时间点，之前论文名称多为中小型企业研究，之后论文名称多为小微企业研究。以小企业发展活力作为研究核心，可以在与中型企业、微型企业有区别的基础上，重点研究小企业发展中的内部因素和外部因素，并开展相对完整和深入的研究。

第二，深化现实问题研究。目前，学界的众多学者研究企业发展问题理论层面多，结合现状开展系统实证研究的少，具体到某一地区小企业的定量与定性研究更是少之又少。工业小企业的发展活力研究是在调研宁波工业小企业发展现状的基础上，科学分析工业小企业发展活力和实际水平、全面了解其竞争的优势和弱点，以达到从学术研究层面研究工业小企业成长活力因素作用机制和从实际应用层面揭示影响宁波工业小企业发展活力的主要因素和症结问题的目的，实现了整合现实问题最终上升为理论研究的目的。

（二）实践意义

理论的研究是为了解决实践问题，不仅要解决当前实践中出现的问题，也要对未来实践将出现的问题进行预测，并提出解决的路径。研究工业小企业的发展活力可以针对性地推动宁波工业小企业的发展。

第一，解决后金融危机时期宁波工业小企业发展的路径选择问题。宁波作为我国东南沿海港口城市，经济对外依存度高。后金融危机时期，世界经济萧条引发的市场消费动力不足、产能过剩既是由于全球供需失衡的深层次矛盾还未有效解决，也受有效需求不足、生产成本上升、落后产能退出机制缺乏等因素叠加影响，且有常态化的趋势。同时，企业原材料成本上升、劳动力成本上涨、国际市场开拓困难、税费负担偏重、资金链紧张、银行贷款准入难、抵押担保难、享受优惠政策和优质服务难、银行贷款利率高推动民间高利贷盛行加大小企业融资成本，这些严重阻碍着宁波小企业的发展。通过对宁波工业小企业发展活力的研究，我们不仅可以了解宁波工业小企业的发展状况和存在的各类问题，同时可以挖掘提升宁波工业小企业创新发展能力的基本思路和对策措施。

第二，解决积极融入"一带一路"中小企业"走出去"的发展问题。"一带一路"倡议的提出为宁波工业小企业"走出去"发展提供了沿线国家和平的环境、不同国家不同资源的合作空间与领域、国家间区域联通的便利条件，使宁波工业小企业深入亚洲投资市场、拓展拉美投资市场，从开办境外加工企业、境外资源开发企业到并购、设立境外研发机构，不断优化"走出去"的发展方式,积累资金和技术优势等"走出去"的经验。研究宁波工业小企业的发展活力,有助于分析如何提升宁波工业小企业的学习能力、整合知识能力和创新能力以获得"走出去"发展所需的对新环境持续快速适时感知的动态能力,有助于选择自身特点的投资方式以创新"走出去"的发展路径。

## 第三节　小企业发展活力的研究框架

企业发展活力其实就是企业的生成、成长、适应外部环境变化的能力。根据爱迪思关于组织生命周期的理论,在企业的产生和成长阶段,企业充满着创业激情,也很容易根据内外环境的变化调整自己的经营和管理策略,表现出很强的成长或再生活力,但是由于企业还没有资金、技术、管理经验和市场资源等方面的积累,在这个阶段,很容易受到这些因素制约,从而使企业生存活力不足。在企业的衰退阶段,由于企业体制和经营管理制度的僵化,企业缺乏创新力,对市场适应能力不足,企业缺乏成长活力。而在企业的成熟期,企业的生存活力、成长活力和再生活力达到了最好的均衡,企业的综合活力也达到了最高值。

### 一、企业发展活力的内生与外生作用分析

影响小企业发展活力的要素有两大类:一类是企业活力的内生作用要素,企业内部要素及其相互作用。一般来讲,企业内部要素主要由可控因素构成。要想提高企业活力,必须强化企业内部各要素。另一类是企业活力的外生作用要素,即企业外部要素作用,主要包括政府政策与市场状态。这类要素是企业的不可控因素。企业只有及时预测外部环境变化,并采取措施主动适应环境变化,才能提高企业活力。

（一）内生活力的影响因素

企业活力的源泉根本上是来源于企业内在的各类资源要素的相互作用。如果把企业看成是一个生命体,那么这个生命体的活力来源于几大构成要素:各类组织构架是企业生命体的骨架;企业文化是生命体的个性、思想或者精神;企业人才是生命体的肌肉等能驱动生命体活动的、最积极的要素;各类管理体系是生命体内神经系统、淋巴系统以及内分泌系统等维持生命体良性运行的重要保障。

第一,科学合理的各类组织构架。

企业活力离不开科学合理的各类组织架构,主要包含企业的治理结构、企业的组织结构以及企业的融资结构等。只有具备科学合理的各类组织构架,才可能在此基础上进行企业各类资源的科学调配和运作,建立和维持核心竞争优势,从而为企业带来强有力的生存、成长和适应的能力。

如果没有一个科学的治理结构,企业经理人常常不为企业利益而殚精竭虑,而是去谋求个人利益的最大化,这必然从根本上影响到企业经理人对企业的经营与管理,影响到企业的经营与管理的活力和效率。融资结构中,不管是负债比过高,还是权益比过高,都会对企业活力形成不利的影响。企业的组织结构必须与企业的生产性质和市场环境相适应;否则,企业也将会由于组织结构的僵化而降低活力。

第二,充满活力的企业文化。

企业文化也是一种组织文化,它是企业全体员工在生产经营活动中培育形成的并被共同遵守的目标价值标准、基本信念和行为规范的总和。企业文化可以起到协调企业员工行为,增强企业员工凝聚力的作用。

企业文化可以通过建立共同的价值观,强化组织成员之间的合作、信任与团结。优良的企业文化可以充分发挥企业员工的主观能动性,提高组织成员的社会责任感和使命感,使企业真正成为命运和利益的共同体;企业文化也可以通过消除组织成员由于风俗习惯、文化背景、工作态度、行为方式以及目标愿望的不同所产生的摩擦、排斥、冲突以及对抗,增强企业组织的凝聚力和向心力。这些对提高企业活力都具有重要的积极作用。

第三,富有创新性的企业人才。

人是企业活力的实现者,是影响企业活力的最积极最根本的因素。人的积极性和创造性是企业活力的最终来源。企业应通过选用合乎企业需要的人才,挖掘和发挥他们的智慧,并加以合理利用,从而提高企业创新能力、企业技术水平和企业核心竞争力,最终来达到提高企业活力、实现企业理想的目标。

第四,灵活高效的管理体系。

企业内部管理采用的措施是计划、组织、控制、激励和领导这五项基本活动。管理即利用上述措施来协调人力、物力和财力方面的资源。所谓协调是指同步化与和谐化。一个组织要有活力必须使组织中的各个部门、各个单位,直到各个成员的活动同步与和谐;组织中人力、物力和财力的配备也同样要同步、和谐,从而使整个组织活动更加富有活性。

（二）外生活力的影响因素

企业作为一个开放的系统,既存在着企业"内部元素之间、子系统之间、层次之间的相互作用,包括吸引与排斥、合作与竞争等"①,也存在着企业与环境之间的相互作用。企业系统的演化,存在于其内在相互作用和其与环境的相互作用之中。企业活力也是根据其自身存续发展的机能及其有效影响环境、与环境保持相互提升性动态平衡互动的机能。

企业生存环境是企业赖以生存和发展的整个外部世界,是影响企业生存和发展的各种外部客观条件和状态。企业生存环境包括政治环境、经济环境、法制环境、科学技术环境、社会文化环境和自然环境等,它是企业无法改变的。企业是应环境而生同时应环境而变的社会生命系统,企业生存环境直接关系到企业的生死存亡。企业的生存与成长要依赖环境、适应环境,同样,企业的变革和再生也要依据外部客观环境的状态。企业生存环境系统而全面地影响和制约着企业活力,良好的企业生存环境为企业的活力提供了必要的外部条件。在一个政治动荡、经济萧条、法制不健全、科技不发达、社会文化环境不适宜和自然环境恶劣的情况下,企业很难具有较好的活力水平。

一方面,企业的发展,必须与外部环境发生联系。企业的一切构成要素都从环境中取得,从原材料、机器设备、生产技术、资本、人力资源等要素的投入,到最终产品的输出,没有与环境的这种互动联系及提升,企业就不能提供外界环境所需要的产品,从而环境就可能成为企业发展的阻力和障碍,企业不能从环境中获得竞争优势,那么企业活力的有效性就会降低。同理,企业对环境的良性影响与提升作用,也需要通过企业自我可持续健康的发展来实现。没有企业的持续生存和发展,企业就不可能对环境有良性的影响和改变。当企业失去对环境的有效影响,没有企业与环境相互提升的动态平衡关系,企业也就无活力可言。保持企业活力,才能协调好企业与环境的相互促进提升的良性循环的关系。

另一方面,通过产品的产出和销售来影响消费市场和社会是企业影响外部环境的基本的方式。第一,通过产品的生产和销售,企业能有效地满足社会和消费者市场的需求,取得市场环境和社会环境的支持。第二,高质量产品的生产和销售,能提升社会消费文明和市场的品质和水平(任何其他社

---

① 苗东升.系统科学精要[M].北京:中国人民大学出版社,1998:48-49.

会组织均无法替代企业对环境的这种影响）。第三，企业通过创新，能给各个层面提供可持续的追求低资源消耗的生产方式。第四，在社会和市场中塑造为社会和行业内普遍接受的具有创新性和生命力的生产经营方式、标准与规范，提升和优化同行业市场内的秩序，为企业的良好生存和持续发展打造强有力的市场环境支撑。

### 二、企业发展活力系统的基本特征及功能

企业发展活力是一个以企业和企业管理系统为载体的动态的开放的系统。

#### （一）企业发展活力系统的基本特征

第一，目标指向性。企业活力具有明确的目标指向性，即企业的自我生存、自我调节、自我发展。这一目标指向使企业通过自身素质与外部环境的交互作用，不断进行自我新陈代谢，证明其生产经营活动的价值，并对社会作出应有的贡献。企业活力的强弱是企业自身素质和能力对于企业发展目标的程度来讲的。增强企业活力的目的就是要促进企业的健康发展，使其成为国民经济机体活的细胞。

第二，整体性。企业活力是一个有机联系的整体，是一种力的系统和结构。衡量企业活力的标志，不是各要素的简单叠加，而是其在方向上、力度上和结构上的有机合成，即方向上统一、力度上适宜、结构上协调，这样才能呈现良好的状态和发展趋势。增强企业活力，一定要从基本整体性来考虑，采取全面配套措施，有节有序地进行。

第三，开放性。根据系统科学的观点，开放性是系统赖以生存和发展的基础。企业是一个开放的、存在于一定环境之中的系统，既受到它所处环境的影响，又对环境施加反作用。当企业自身能力与外部环境变化协调时，活力呈现旺盛状态；当外部环境制约加大时，活力则会减弱。如果企业缺乏适应外部环境变化的能力，也不会有活力。企业活力系统的开放性决定了企业活力的增强必须充分重视企业外界环境与内在条件的交互作用。

第四，动态性。企业活力是一种动态的能力，是在企业内外因素交互作用中呈现出来的生命力状态。系统中存在着自我启动、自我激励的动力，它既可以通过企业的主观努力得到增强，也可能由于一些原因而被削弱。现在有活力，不等于将来有活力，而且活力也有强弱之分。企业要想保持旺盛的活力，就要不断地革新、改造和完善自己。因此，必须从发展的、联系的观点出发，研究和把握影响企业活力的各种因素，从而正确认识其发展变化的

规律性,构造具有本企业特色的企业活力模式。

第五,主体性。企业活力的主体是企业。在市场经济条件下,企业活力的增强归根到底取决于企业这个有机体的健康状况。如果企业依靠自身素质的提高和经营机制的转变,能动地适应外部环境的变化,活力便可呈现出来;如果企业这个有机体不健康,不能在企业内外环境的交互作用中实现良性循环,活力也就无从谈起。而人又是企业的主体,是企业活力之本。因此,必须通过深化改革,使企业成为自主经营、自负盈亏的商品生产者和经营者,成为市场的主体,同时,创造一个良好的外部环境,充分发挥经营者和全体员工的积极性、主动性和创造性,从而不断增强企业的活力。

（二）企业发展活力系统的功能

企业发展活力系统的功能就是不断增强企业活力,强壮企业机体,使企业与国民经济同步发展。它是将不同特性和功能的子系统有机组合,从而产生不同于各子系统功能代数之和的总体功能。企业发展活力系统的功能具体表现为以下方面:第一,生存和发展功能。企业发展活力系统能够通过企业素质的提高和经营机制的完善形成自我积累、不断发展的功能。第二,优化资源配置功能。企业活力系统能够通过企业素质的提高和经营机制的完善而使资源不断得到优化配置。第三,自组织与外适应功能。企业存在一种内在的扩张性,系统中原有结构将被打破,新的秩序将被建立;同时,也存在着企业适应环境变化和环境制约企业的矛盾运动。从这个意义上说,企业发展活力系统的组织变化都是应变力与约束力关系的调整。第四,自我调节功能。企业发展活力系统是典型的耗散结构,在与外界进行能量交换中,能够实现"不均衡—涨落—有序"的自我调节,从而促使系统不断向高级化演进。

### 三、研究内容与理论构架

本书的研究框架如图 1.11 所示,在此基础上主要分六部分内容对宁波工业小企业发展活力进行分析研究。

第一,从工业小企业生成能力的机理出发,通过调查研究,并通过鲁棒性检测等方法来研究小企业生成能力和因素关联性状况。结果显示:小企业的生成与创业者动机有密切相关性,而与小企业生成所具备的其他因素相关性较低;小企业的诞生、成长与企业所拥有的资源禀赋正相关,小企业从孵化阶段到创立阶段是创立者对于诸如人力资源、资本、企业家认知和动机等资源禀赋自身检测的结果。同时,企业发展的各个阶段应该是相互影响的,而不是不相关的。

第二,对小企业的成长能力的本质和构成要素进行探讨,采用问卷调查法,并使用定量指标和定性指标相结合的综合评判方法,从人力资源管理能力、技术能力、经营管理能力、盈利能力、信息化能力、创新能力等六个方面对宁波工业小企业近年来的成长能力进行评估分析,为相关部门总体判断宁波小企业的发展状况从而据此制定或落实相关政策,为小企业更好分析自身的成长源和潜力点并据此提升成长能力提供参考。

第三,解释了小企业的适应能力及其形成机制,采用抽样调查法,从市场竞争能力、市场应变能力、市场融资能力、企业应变能力以及技术适应能力等方面对宁波工业小企业的适应能力进行了剖析,并针对所存在的问题提出相应的改进建议。

第四,结合实地调研的结论归纳了影响宁波工业小企业发展活力的主要外部因素,发现经济环境因素主要影响工业小企业的成长和适应能力,政策法律和相关服务环境对工业小企业发展活力产生重要影响,技术、人才和自然资源环境影响工业小企业发展所需的资源禀赋,社会文化环境因素主要影响工业小企业生成和成长能力。接着,进一步探讨新形势下外部因素变动给提升宁波工业小企业发展活力带来的机遇和挑战。最后提出了优化外部环境、提升宁波工业小企业发展活力的重要举措。

第五,运用比较研究法,确立宁波工业小企业活力比较的意义、原则与内容。纵向比较结合宁波的数据统计与实际情况,分为 2002—2005 年、2006—2010 年、2011—2014 年三个阶段进行比较,对比各时期宁波工业小企业活力变化发展情况;横向比较选择同类型、具有一定提升性和可比性较高的城市苏州、深圳、青岛作为对比,将宁波工业小企业与其他三个城市在生成能力、成长能力、适应能力、外部要素方面展开对比研究。针对宁波工业小企业活力比较的情况,深入剖析导致目前活力优势与不足的形成原因,详细探究宁波工业小企业保持活力具备的核心优势与增强活力面临的阻碍因素。

第六,提出针对宁波工业小企业的提升策略,主要分为三个方面:一是企业自身层面的对策,主要有强化企业产品竞争力、提升技术开发创新力、增强市场的应变能力、加强资产的增值能力、优化企业的组织结构、互联网＋工业小企业改造、发展新业态和新模式等。二是国内外经验的借鉴,主要有建立专门的行政主管部门、建立完善的社会服务体系、制定扶持中小企业发展的政策和法律法规、帮助中小企业融资解决资金困难、建立企业孵化器和科技园区、促进中小企业国际化等。三是政府及行业层面的主要对策，主要有推动供给侧改革、推进小企业创新发展、建设创业工程、改进服务功能、提升行业协会、服务联盟、综合性服务机构服务能力等措施。

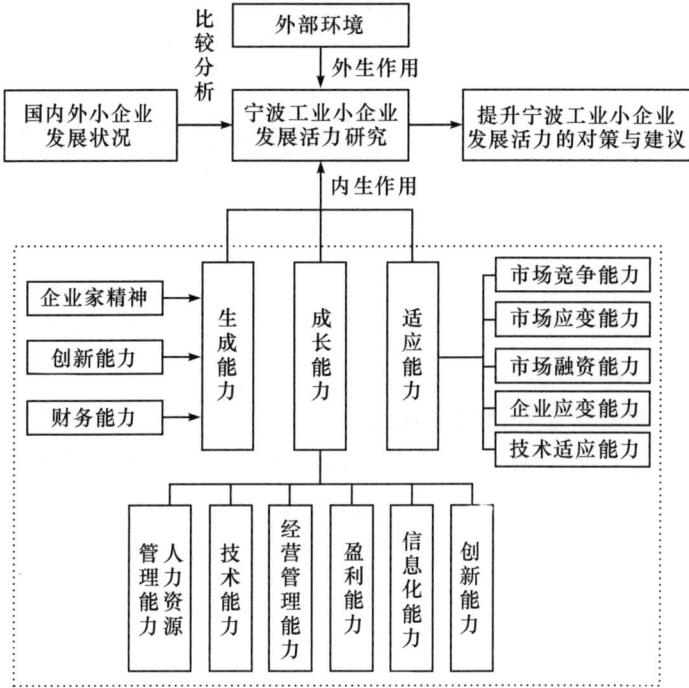

图 1.11 宁波工业小企业发展活力研究框架

# 第二章　宁波工业小企业生成能力分析

伴随中国 30 多年经济高速增长和产业转型升级加速,不断涌动着大量的市场机会,这些市场机会为新企业的诞生提供了丰富的资源和条件。以民营经济为代表的浙江地区经济的高速成长就是以大量富有活力的新企业的诞生和成长为标志的,其中最亮眼的当数小企业数量的快速增加。小企业为浙江经济增长作出了重大的贡献,为区域贡献了约 50% 的 GDP,提供了约一半以上的城市人口就业岗位。从目前企业发展环境来看,小企业的发展受到来自于社会各方面的关注,我国正处在工业转型升级的重要时期,智能制造、绿色制造等新型态势正逐步在企业中普及,对工业小企业的生成机理分析和健康发展的系统研究就尤显重要。

本章从工业小企业生成能力的机理出发,通过调查研究,并通过鲁棒性检测等方法来研究小企业生成能力和因素关联性状况。

## 第一节　小企业生成机理的理论综述

小企业生成是一个复杂的过程,是综合力量作用的结果,其个体能力和外部环境在这其中起到决定性的作用。而对于生成的概念则往往从生命周期理论为出发点加以应用,企业个体相当于具有生命特征的一个人,外部环境相当于阳光、空气、水以及其他营养物质的供给。小企业在生成和初期发展过程中,对企业和个人的目标进行不断地阶段性选择和调整,以达到企业内部条件和外部环境高度协调的目标。

### 一、小企业生成能力的内涵

高兴野在《吉林省小企业生成发展机理研究》一文中对小企业生成边界界定时认为,小企业初次创业过程为生成阶段,即"小企业生成边界是小企业通过一系列的生成过程直至创立企业时,能够满足企业基本生存需要的企业与市场之间的均衡状态。小企业在生成过程中,经营收益与交易费用基本持平,并在一定时期内保持这一状态或经营收益逐步高于交易费用",并按照企业生命周期理论分为内生阶段和初发展阶段。①

这种情况要求小企业创立团队保持高度的敏锐性,在小企业生成和初发展过程中,对企业和个人的目标不断地进行阶段性修正和调整,以保持企业内部条件和外部环境高度协调。因此,在小企业的生成机理中,动力和能力因素被认为是其核心内容,"动力—能力"二元机制作为小企业生成模型的核心理论支撑,小企业生成能力包括思维能力、行为能力、聚合能力等,需要进行多层次、全方位培养,才能实现企业创立者综合能力的全面提升。②

基于对文献的梳理分析,我们认识到小企业生成过程应该是一个动态的过程,生成是小企业的初始阶段,也是小企业生命周期的起始阶段和重要组成部分,单一的生命周期理论应该无法全面解释企业生成过程的全貌,而且对于不同行业、不同地域、不同时间段、不同的创立者,企业的生成也具有不同的特征和差异。因此,将小企业生成解读为一个企业与市场达成平衡的稳定阶段过程,是一个小企业发展过程中的发展形态或者模式恰当的表述。那么研究小企业生成阶段有没有年限问题或者采用什么样的时间节点来获取研究样本就显得尤为重要。我们认为,小企业生成在企业生命周期理论中有较好的说明,即企业孵化阶段、创立阶段和企业成立到与市场达成平衡这一完整的周期都是生成期。在小企业生成阶段,企业内部条件和外部环境的微小变化都会对小企业产生巨大的影响,有些影响因素甚至可以使企业生成被迫中止。据有关统计显示,我国很多小企业从创立到死亡其寿命仅为 2～4 年,高死亡率是国内小企业的显著特征之一。小企业如果没有进入稳定发展阶段和高速发展阶段,就较容易进入死亡阶段。针对这种状况,如果片面地只是将小企业创立时间作为生成的唯一依据和标准则违背了其动态性、过程化的特征,也与生命周期理论的边界界定不相符合,因

---

① 高兴野.吉林省小企业生成发展机理研究[D].长春:东北师范大学,2011.

② 高兴野.吉林省小企业生成发展机理研究[D].长春:东北师范大学,2011.

此,本书采集样本过程中采用了动态样本作为研究对象进行相关研究,我们采用企业创立为零点,孵化阶段则向前推 1～2 年期,企业成立到企业与市场达成平衡后进入发展期前则是向后推 1～2 年期,当然我们也可以从企业内部所具备的条件和外部环境条件进行定性判断来判定小企业生成的标准。这体现了小企业生命周期的普遍规律,同时也为对小企业不同阶段进行有针对性的研究提供方便。

## 二、企业生成能力的相关理论

### (一)小企业生成理论

雷诺兹(Reynolds)较早地界定了企业生成,他运用生命周期理论,认为新企业的创业过程分为概念、孕育、生存和成长四个相互连接的递进式阶段。其中,概念阶段是新生创业者(nascent entrepreneur,有创业想法并积极行动的个体)识别创业机会并产生创业想法的时期;在孕育阶段,新生创业者实施一系列的创业活动以创建新企业;生存阶段是新企业在市场竞争中获得生存空间维持企业运营的时期;在成长阶段,新企业迅速发展,逐渐成长为成熟企业。新企业的概念阶段和孕育阶段构成了新企业生成过程。[①]

然而,在操作层面上如何判断新企业生成,目前学术界还没有达成共识,主要有三个学派(见表 2.1):一是产业组织学学派;二是种群生态学学派;三是劳动力市场参与学派。

在产业组织学学派中,判断新企业生成的标准是:获得首笔销售收入、首次雇用员工、首笔联邦社会保障援助金、首笔失业保障金和获得财务支持。

在种群生态学学派中,判断新企业生成的标准是:加入当地电话黄页/开通网页、加入行业协会(trade association membership)、注册企业经营名称(filing for rights to fictitious business name)和注册合法实体(registration of legal form)。

劳动力市场参与学派判断新企业生成的标准包括:所有者全职参与创业、首次雇用员工。

---

① REYNOLDS P D. Who starts new firms? Preliminary explorations of firm-in-gestation[J]. Small business economics,1997,9(5):449-462.

表 2.1 企业生成的判断标准

| 学派 | 判断标准 | 代表学者 |
|---|---|---|
| 产业组织学 | 获得首笔销售收入<br>首次雇用员工<br>首笔联邦社会保障援助金<br>首笔失业保障金<br>获得财务支持 | 纽伯特(Newbert)<br>利希滕斯坦等(Lichtenstein,et. al)<br>埃克哈特等(Eckhardt,et. al)<br>德尔马和谢恩(Delmar & Shane) |
| 种群生态学 | 加入当地电话黄页/开通网页<br>加入行业协会<br>注册企业经营名称<br>注册合法实体 | 雷特弗斯和科尔沃雷德(Rotefoss & Kolvereid) |
| 劳动力市场参与 | 所有者全职参与创业<br>首次雇用员工 | 拓尔尼科斯基和纽伯特(Torrikoski & Newbert)<br>戴维森和霍尼格(Davidsson & Honig) |

资料来源:龙丹,姚晓芳.新企业生成研究综述[J].经济理论与经济管理,2012(11):58-67.

三个学派从不同角度界定新企业生成,容易出现采用不同标准致使判断结果截然不同的情况,如根据产业组织学学派的观点,某一新企业可以视为成功生成,但由于新企业的所有者是兼职创业,劳动力市场参与学派会认定该新企业依然处于孕育阶段。由此可知,在新企业生成研究中,在分析要素与创业绩效之间作用关系时,谨慎选择合理的判断标准具有重要意义。

因此,在创业过程学派日益成为创业研究主流范式的背景下,关注企业生命周期前端的活动,从微观视角探索创业活动的独特规律,挖掘新企业生成的机理和路径,是创业研究谋求学术贡献和学科独立性的关键所在。[1]

基于这一研究现状,20 世纪 90 年代,雷诺兹等学者呼吁创业研究立足于新企业生命周期早期阶段,归纳总结新企业生成规律。[2] 他们发起了创业动态跟踪调查项目(panel study of entrepreneurial dynamics,PSED),选取有代表性的处于孕育期的新企业进行动态跟踪,从微观视角剖析新企业生成的本质。目前,PSED 已经发展成为创业领域颇具影响力的国际项目,美国、

---

[1] DAVIDSSON P,REYNOLDS P D. PSED II and the comprehensive Australian study of entrepreneurial emergence[A]//REYNOLDS P D,CURTIN R T. New firm creation in the United States:preliminary explorations with the PSED II Data Set. New York:Springer,2009.

[2] REYNOLDS P D. Who starts new firms? Preliminary explorations of firm-in-gestation[J]. Small business economics,1997,9(5):449-462.

澳大利亚、加拿大、瑞典、荷兰、挪威、中国、拉脱维亚等国家相继完成本国调查。以此数据为基础,大量关于新企业生成的学术成果形成并发表,涌现出一批聚焦于新企业生成的学者,如德尔马和谢恩(Delmar & Shane)①、卡萨尔(Cassar)②,新企业生成研究就此进入快速发展阶段。

学者们试图基于组织行为理论、资源基础理论、制度理论、社会资本理论等成熟理论剖析企业生成问题,但这些理论都未能给出系统性的理论解释。这些研究大多是以成立多年的现有企业为样本,机械地套用已有理论和方法来解释复杂的企业生成问题,但混同了现有企业与新企业之间的边界,无法避免幸存者误差(survival bias)与后视偏见(hindsight bias),难以获得一致且有解释力的结论。基于上述观点,我们可以得到如下假设:

H1:小企业的生成与创业者动机相关。

(二)企业生成的资源禀赋

1.生成能力受到的影响因素

企业的生成能力所受到的影响因素可以从外部影响因素和企业内部影响因素进行分析。环境战略绩效(environmental strategic performance,ESP)观点认为这种关系在企业通用战略和组织绩效之间是可行的,尽管环境背景和环境可能不改变形式这种关系,但可以改变其强度。因此,建立在环境、战略和性能之间的关系往往需要重新来验证新形式中的有效性,特别是在中国,企业遇到了环境、战略和性能匹配之间前所未有的挑战。

企业外部影响因素是企业外部的政治环境、社会环境、技术环境、经济环境等的总称。政治环境是指国家的方针政策、法令法规,国内外政治形势的发展状况。社会环境是指人口、居民的收入或购买力,居民的文化教育水平等。技术环境指与本行业有关的科学技术的水平和发展趋势。经济环境包括宏观经济形势、世界经济形势、行业在经济发展中的地位以及企业的直

---

① DELMAR F, SHANE S. Does experience matter? The effect of founding team experience on the survival and sales of newly founded ventures[J]. Strategic organization, 2006,4(3):215-247.

② CASSAR G. Money, money, money? A longitudinal investigation of entrepreneur career reasons, growth preferences and achieved growth[J]. Entrepreneurship & regional development,2007,19(1):81-107.

接市场等。其中,企业的直接市场是与企业关系最密切、影响企业最大的环境因素,具体包括销售市场、供应市场、资金市场、劳务市场等。

企业内部影响因素主要是企业生成的整体环境,是指企业内部的物质、文化环境的总和。企业内部影响因素,也称企业内部条件,包括企业资源、企业能力、企业文化等因素,即组织内部的一种共享价值体系,包括企业的指导思想、经营理念和工作作风。

企业内部战略环境是企业内部与战略有重要关联的因素,是企业经营的基础,是制定战略的出发点、依据和条件,是竞争取胜的根本。在《孙子兵法·谋攻篇》中,孙子曰:"知己知彼,百战不殆;不知彼而知己,一胜一负;不知彼不知己,每战必殆。"因此,企业战略目标的制定及战略选择既要知彼又要知己,其中"知己"便是要分析企业的内部环境或条件,认清企业内部的优势和劣势。

企业生成的内部影响因素或条件分析目的在于掌握企业历史和目前的状况,明确企业所具有的优势和劣势。它有助于企业制定有针对性的战略,有效地利用自身资源,发挥企业的优势;同时避免企业的劣势,或采取积极的态度改进企业劣势。扬长避短,更有助于百战不殆。

企业技术创新能力是企业实现可持续发展的关键因素之一,技术创新能力的衡量对制定企业发展战略决策至关重要。本书从企业技术创新能力的研究现状入手,借鉴 BSC 的分析方法,结合创新过程中创新主体、创新资源、内部环境以及客户需求等四个要素,构建由财务能力、流程适应能力、学习与发展能力和满足顾客需求能力等四个方面的企业技术创新能力形成的框架,为企业技术创新能力提升和评价提供科学依据。

2.人力资本

现有研究主要从创业者的受教育程度、性别和先前经验三个角度入手,分析创业者人力资本对新企业生成的作用关系。在受教育程度方面,美国的研究结果表明,受教育年龄不会对新企业生成产生影响,但是创业者受教育的层次(如大学教育、中学教育)会影响新企业生成。在性别方面,虽然各个国家女性创业者的比例都小于男性,但是性别并不会影响新企业生成。在先前经验方面,积累了较多研究成果。如,万·格莱德尔伦等(Van Gelderen,et. al)将创业者的创业能力看作一个整体,以挪威创业者为样本,发现只有当创业者拥有较少的行业经验、管理经验时,创业经验才会对新企业生成产生积极作用。①同时,德尔马和谢恩(Dermar & Shane)、钱德勒等(Chandler,et. al)、戴维森和霍尼格(Davidsson & Honig)都发现创业者的行业经验、管理经验不会影响新企业生成。

萨缪尔森和戴维森(Samuelsson & Davidsson)关注到创业情境与企业生成有一定独特性联系,并对瑞典创业者进行大样本随机抽样调查,识别出256名创业者。基于这一调查数据发现,在不同类型企业中,创业者人力资本对新企业生成的影响作用不同。在创新型新企业中,人力资本会促进新企业生成;但在模仿型新企业中,人力资本会有负面作用。②

3. 资本

目前关于资本对于企业生成的影响主要从社会资本和自有财务支配两个维度来研究的。

社会资本维度从榜样示范作用(role model)和父母创业(self-employed parents)两个角度入手。一项针对瑞典创业者的大样本随机抽样跟踪调查结果表明,亲友鼓励创业、亲友或邻居创业的榜样带头作用会推动新企业生成,此外,在新企业创建过程中,加入商业网络会有效推动新企业生成,促使新企业获得首笔销售收入和利润。③同时美国的研究结果指出,父母创业并不会提高个体成为创业者的可能性。除了上述的社会资本对新企业生成的直接作用以外,在新企业生命周期不同阶段,创业者的社会资本表现出不同强度的影响力度。根据对瑞典256名处于创业早期阶段创业者的跟踪调查数据④发现,随着创业进程的推进,社会资本对新企业生成的推动作用越来越明显,作用形式也越来越具体。⑤

---

① VAN GELDEREN M,THURIK R,BOSMA N. Success and risk factors in the pre-startup phase[J]. Small business economics,2005,24(4):319-335.

② SAMUELSSON M,DAVIDSSON P. Does venture opportunity variation matter? Investigating systematic process differences between innovative and imitative new ventures [J]. Small business economics,2009,33(2):229-255.

③ DAVIDSSON P,HONIG B. The role of social and human capital among nascent entrepreneurs[J]. Journal of business venturing,2003,18(3):301-331.

④ GARTNER W B,SHAVER K G,CARTER N M,et al. Handbook of entrepreneurial dynamics:the process of business creation[M]. Thousand Oaks:Sage,2004.

⑤ SAMUELSSON M,DAVIDSSON P. Does venture opportunity variation matter? Investigating systematic process differences between innovative and imitative new ventures [J]. Small business economics,2009,33(2):229-255.

在创业实践中,大多数创业者资源禀赋匮乏,所掌握的财务资本并不多,创业者之间的财务资本没有显著区别,且关于创业者财务资本的数据难以准确获取。[①] 金等(Kim,et. al)指出,虽然创业者常常为了获得财富而去创业,尤其是很多生存型创业者,但是研究结果发现创业者和普通人群的财务资本并没有显著区别。在新企业生成过程中,虽然大部分创业者会为创业存钱,但是在早期少有人将资金投入创业活动。[②]帕克和贝勒吉塔(Parker & Belghitar)的研究结果验证了这一观点,他们发现家庭收入、家庭财富等财务资本不会影响新企业生成。但是,创业者所能控制财务资本的数量会影响创业者创建的新企业类型。[③]

由此可以推导,创业者社会资本与新企业生成之间的关系具有情境依赖性,关注创业环境、新企业所属阶段等情境变量的调节效应,剖析独特创业情境下创业者社会资本与新企业生成之间的作用机制,将会成为深化新企业生成研究、有力指导创业实践的重要突破口。

### 4.创业者的认知和动机

认知心理学中的归因理论、动机理论、期望理论是新企业生成研究中重要的理论基础,常常用来分析"为什么有些创业者要比其他人更能推动新企业生成"等问题,但实证研究结果并没有很好地解释这一问题,甚至得出了相互矛盾的研究结论。以成长预期为例,卡萨尔(Cassar)发现强调取得财务成功的创业者常常在第一年获得较高的销售收入。[④]但是,一些学者的研究结果驳斥了上述观点,他们认为创业者的成长预期与新企业生成二者间并没有显著的正向关系。如汤森等(Townsend,et. al)对美国 316 名创业者的动态跟踪调查发现,虽然成长预期是影响是否创业的关键因素,但对于新企

---

①　BHIDE A V. The origin and evolution of new business [M]. Oxford：oxford university press,2000.

②　KIM P,ALDRICH H,KEISTER L. Access(not) denied：the impact of financial, human,and cultural capital on entrepreneurial entry in the United States[J]. Small business economics,2006,27(1):5-22.

③　PARKER S C, BELGHITAR Y. What happens to nascent entrepreneurs? An economic analysis of the PSED[J]. Small business economics,2006,27(1):81-101.

④　CASSAR G. Money, money, money? A longitudinal investigation of entrepreneur career reasons, growth preferences and achieved growth[J]. Entrepreneurship & regional development,2007,19(1):81-107.

业生成没有任何推动作用。①

此外,还有一些学者认为成长预期高的创业者更容易退出创业,布拉叙等(Brush,et. al)利用针对处于创业早期阶段的美国创业者随机抽样调查数据,发现对第五年销售收入预期较高的创业者往往难以获得首笔销售收入。②创业者的认知和动机对新企业生成作用效果的多样性,主要是由以下原因引起的。一方面,创业者的认知和动机属于心理学层面的理论建构,尚无一致的条目来准确测量这些维度,测量方式的多样化在一定程度上会引起研究结果的多样化。另一方面,创业者的认知和动机处于一个动态适应调整的过程,随着创业过程的不断推进,创业情境的变化,创业者的认知和动机也在随着反馈不断调整。忽视创业者认知的情境依赖性这一属性,将创业者认知放在一个笼统的范畴下考虑,将会模糊创业者认知对新企业成功的影响作用。

基于上述的论点,我们设定如下假设:

H2:小企业的诞生、成长与企业所拥有的资源禀赋正相关,如人力资源、资本、企业家认知和动机等。

(三)企业生成阶段到成长阶段

长期以来认为,古典经济学理论中的经济增长理论一直关注着小企业的数量、增长及其规模之间的关系。由于企业规模的大小往往和所从事的经济领域、企业的数量和发展速度具有相关性,通常人们会认为大型企业会比小企业具有增长更快的优势,而且这个过程中会导致增长型企业趋向集聚,这就在某种程度上解释了为什么我国政府部门会更加重视国有大型企业和一些规模上(简称规上)企业的原因。而私有化的推动者则认为需要借助"外部力量"释放经济活力来推动经济增长,可以通过战略重组、放开一些垄断行业领域或降低门槛促使民营企业和社会资本进入这些行业或领域。当然也有学者认为,小企业在大型企业重组和经济结构调整中所能够发挥

① TOWNSEND D M, BUSENITZ L W, ARTHURS J D. To start or not to start: outcome and ability expection in the decision to start a new venture[J]. Journal of business venturing,2010,25(2):192-202.

② BRUSH C G,EDELMAN L F,MANOLOVA T S. The effects of initial location, aspirations and resources on likelihood of first sale in nascent firms[J]. Journal of small business management,2008,46(2)159-182.

的作用并不显著。① 但是,中国国有大型企业股份制改造和私有化业绩并没有按照期望的那样达到预期目的,使得中国政府更加关注"企业的治理缺陷",进而引导企业转型升级,进行结构性调整。

　　文献显示,很多学者通过企业规模与企业增长之间关联性的实证分析来解释在西方出现的增长。开始的时候很多国家的多项研究都认为企业规模和企业增长之间存在着一定的负关系,正如哈特(Hart)所指出的,"大多数与时期有关的研究自 1885 年以来表明,小企业的数量增长和发展速度比大企业快"②。再例如,1996 年,哈特和奥尔顿(Oulton)研究了 29230 家英国公司的样本,发现 1989—1993 年内基于高尔顿回归企业增长与企业规模之间的负相关性③;埃文斯(Evans)研究了 1976—1980 年期间已经营运超过七年的 24244 家美国公司样本,并发现了类似的关系④;阿尔穆斯(Almus)和内林格尔(Nerlinger)对德国公司的研究显示了相同的关系⑤;而法里斯(Fariñas)和莫雷诺(Moreno)从 2000 多家西班牙公司数据证实了该关系的存在⑥。许多其他研究也表明了类似的结果,这些实证研究结果与传统观点相反,证实了小企业的数量和发展速度比大企业多且快。

　　关于小企业创立数量增长更快的原因这里有几种可能的解释:

　　第一种解释是小企业创立时规模较小,因为市场把握的不确定性,且企业创始人有时由于投资能力的原因,小企业往往在最初进入市场时会低于最低有效规模,需要随着时间的推移达到有效规模。然而,正如 Hart 指出的,如果真是这样的话,对于公司的有效规模认识分歧将是非常小的,而现实是对于企业有效规模的认识分歧程度很大。

---

　　①　SCASE R. The role of small businesses in the economic transformation of Eastern Europe: real but relatively unimportant? [J]. International small business journal,1997,16(1):13-21.

　　②　HART P E. "Theories of firms" growth and the generation of jobs[J]. Review of industrial organization,2000(17):229-248.

　　③　HART P E,OULTON N. Growth and size of firms[J]. The economic journal,1996(106):1242-1252.

　　④　EVANS D S. The relationship between firms size,growth and age estimates for 100 manufacturing industries[J]. The journal of industrial economics,1987,35(4):567-581.

　　⑤　ALMUS M,NERLINGER E A . Testing "gibrat's law" for young firms-empirical results for West Germany[J]. Small business economics,2000,15(1):1-12.

　　⑥　FARIÑAS J C,MORENO L. Firms' growth,size and age: a nonparametric approach[J]. Review of industrial organization,2000,17(3):249-265.

第二种解释是小企业在初创阶段就具有很强的灵活性和适应性,依赖于这种理论,如产业创业园区和网络经济下的飞速增长的学生自主创业现象,且创立的小企业经过孵化后成长速度都非常快。大型企业享有规模经济①,三分之一的大企业处于规模不经济状况,这通常与随着企业规模的增加而带来的管理成本增加、协调成本扩大、有限理性限制等因素的影响有关②。

第三种解释是企业会在短期内对外部冲击做出不对称的反应。给定短期 U 形成本曲线下,小企业会在最低效率规模以下运行而将在价格上涨时扩大产出,而大企业高于最低效率规模不会。相反,小企业不会对价格下降做出反应,而大公司会减少产出。在没有能力调整的情况下,小企业会有增加产出的想法,而较大的公司却有减少产出的想法。③

第四种解释是 Hart 强调的近几十年来政府促进和支持小企业生长的许多政策措施影响着这些经济体中创业者的创业精神。这意味着"看不见手"的市场是不足以自己产生经济增长的:一个国家推出一个充满活力的经济政策能够焕发企业最大限度利用市场经济体制中关键要素发展的热情。

发展中国家小企业发展速度比发达国家大企业发展速度快的重要原因之一,是其产业政策起到非常大的作用。小企业的产业发展政策应该是这些发展中国家的核心,目的是使国家加速重新分配资源。小企业需要提供并且扩大规模以产生足够的工作岗位来消化那些因大企业私有化和重组被解雇的员工,并为他们提供工作劳动力市场的新岗位。④

但在东南欧一些国家的小企业没有呈现其防止失业上升作为经济增长的引擎的作用。从发达国家的经验来看,虽然大量新的小企业进入市场,法律体系已得到完善,市场自由化程度也非常高,它们的增长速度却并没有预期的那么快,原因可能是发展中国家存在的生成障碍。这些生成障碍有结

---

① BARTLETT W, FRANIEÈEVIæ V. Networks of firms[M]//JONATHAN M. Reader's guide to the social sciences,. London: Fitzroy-Dearborn,1999.

② PENROSE E. The theory of the growth of the firm[M]. 3rd ed. Oxford: Basil Blackwell,1980.

③ JOHNSON P,CONWAY C, KATTUMAN P. Small business growth in the short run[J]. Small business economics,1999,12(2):103-112.

④ RONA-TAS A. The great surprise of the small transformation: the demise of communism and the rise of the private sector in hungary[M]. Ann Arbor: The University of Michigan Press,1997.

构性障碍、企业内部组织和资源障碍、外部市场障碍、金融障碍和社会障碍。

基于上述观点,我们设定如下假设:

H3-1:小企业的生成数量的增长与政策支持正相关;

H3-2:小企业生成阶段的障碍与后续的发展阶段之间不相关。

**(四)企业持续发展理论**

企业如何能获取并维系持久竞争优势一直是战略理论研究的热点问题。战略理论认为,企业必须不断适应动态变化的外部环境才能可持续发展。内部环境的管理和适应也很重要,外部环境加上内部环境形成一整套机制。

根据吉布拉(Gibrat)的研究,企业的增长不取决于以前的大小,它是一个随机过程。[①] 因此,增长之间的关系在当前期间和前一期间的大小不具有统计学意义。随着时间推移小企业和大企业都可能有一定的比率增长,所以小企业不必然有较高的增长率。吉布拉的结论在理论界被称为"吉布拉定律"。

然而,萨顿(Sutton)的结论是,当时企业的增长与以前的大小受到企业需要达到一定的允许生存的最低效率规模影响。[②] 萨顿认为在许多情况下,小企业尚未达到允许生存的最低效率规模,它们生长的可能性是否可持续在一个周期中取决于既有的企业规模大小。因此,在萨顿研究中"吉布拉定律"较少可能在小企业中得到验证,但是有更多的其他学者验证了"吉布拉定律"的存在。

基于上述观点的讨论,我们设定如下假设:

H4:小企业持续发展与规模、经营年限及企业生成阶段的规模、经营状况密切相关。

**(五)小企业生成的障碍**

小企业在生成阶段很多时候如同婴儿孕育到出生一样,这个时期的企业较为柔弱,存在很多生成的障碍和烦恼,尤其需要理性指导和政策扶持。[③] 在大多数市场经济体中,除了最灵活和放松管制外,企业面临着显著的生成障碍。这个问题在英国的重要性在英国小企业联合会的一份题为"对英国

---

①　GIBRAT R. Les Inégalités Économiques[M]. Paris:librairie du recueil sirey,1931.

②　SUTTON J. Gibrat's legacy[J]. Journal of economic literature,1997,35(1),40-59.

③　杜运周,任兵,陈忠卫,等. 先动性、合法化与中小企业成长——一个中介模型及其启示[J]. 管理世界,2008(12):126-138.

小型企业的生存和增长的障碍"报告中进行了强调,他们认为在转型经济体中中小企业可能面临着更严重的生成障碍,这些生成障碍可能存在于企业的内部和外部。当然,企业生成和成长并不是每个企业家所必须达到的目标,企业家也可以通过受雇于其他企业达到他们个人的理想目标。因此,自身不能生成不一定表示存在显著的生成障碍,这意味着需要一个基准的生成模型来确定和衡量对生成的感知障碍的影响。在研究中,我们区分制度障碍(包括立法框架,公司遭遇的腐败和贿赂的程度)、一个企业获得相应的外部市场地位所受到的阻碍(企业所处的产业,市场竞争程度,企业是否面临竞争对手的战略行为,市场网络及信息透明度等)、财政障碍(包括资本的可用性、成本和财务)、内部组织障碍(包括管理能力,公司目标,委托代理人的困难,技能)和社会障碍(得到地方政府和机构的支持或缺乏支持)。

基于上述观点的讨论,我们设定如下假设:

H5:小企业生成阶段的阻滞因素会对企业发展阶段产生深远的影响。

(六)企业生命周期理论

一些学者研究发现,企业生成、成长、发展与生物存在诸多相似之处,企业像生物体一样,有生有死,有健康有病态,甚至还有生命周期的波动。企业生命周期理论就是通过生物类比方法研究企业成长。爱迪思指出企业有自己的生命周期,企业生命周期可分为从孕育期到死亡期共 10 个阶段。[1]生命周期理论是将企业看作一个整体来考察其孕育、生成、成长和发展以至于衰退、死亡,强调了企业发展的阶段性和作为整体的生命有限性。葛雷纳(Greiner)提出了企业成长五阶段论,他认为企业成长过程中演变和变革交替进行。[2] 陈佳贵和黄速建按不同规模的企业的成长过程将其划分为孕育期、求生存期、高速发展期、成熟期、衰退期和蜕变期。[3] 李业按销售额将企业的成长过程划分为初生期、成长期、成熟期和衰退期。[4] 单文和韩福荣根据企业的可控性、应变力与规模讨论了企业成长的婴儿期、学步期、青春期、盛年期、贵族期、官僚化期和死亡期。[5] 李允尧提出了企业成长的三阶段模

① 伊查克·爱迪思.企业生命周期[M].北京:中国社会科学出版社,1997.

② GREINER L E. Evolution and revolution as organizations grow [J]. Harvard business review,1972,50(4):37-46.

③ 陈佳贵,黄速建.企业经济学[M].北京:经济科学出版社,1998.

④ 李业.企业生命周期的修正模型及思考[J].南方经济,2000(2):47-50.

⑤ 单文,韩福荣.三维空间企业生命周期模型[J].北京工业大学学报,2002(1):117-120.

型:初成长、高成长、再成长。① 国内其他一些学者也在这方面进行了相关研究,如陈佳贵、许晓明和吕忠来等分别探讨了企业生命周期问题。②③

企业生命周期理论将企业整体作为一个研究对象,把企业看作是一个有生命的实体,来分析企业从初创到成长再到衰退直至消亡的演变规律。常见企业生命周期模式是有限增长曲线,对企业发展过程中呈现出来的多样性、复杂性和企业发展未来可能遵循的路径还不能完全解释。因而很多学者借鉴生态学、仿生学等理论来阐释企业发展的问题,将企业的性状与生物的性状进行类比。Aurik 等把企业基因定义为企业的基本结构元素,就像人的体态特征是由一系列复杂的人类基因组所决定的那样,企业基因组掌握着企业的"遗传密码"。④ 尼尔森等提出企业 DNA 的四要素:组织架构、决策权、激励机制、信息传导。⑤ Verschoor 则指出尼尔森等提出的企业 DNA 结构模型还应将企业文化纳入。⑥ Sauvante 认为公司规则是其 DNA 密码,对公司行为有重要影响。⑦ 国内学者在企业基因方面也进行了较多研究,如李欲晓、薛晓芳等认为企业基因是决定企业成长的根本因素,并借鉴生物学 DNA 模型,构建了企业基因的双链结构。⑧⑨ 张玉明、李娓娓以仿生学理论为基础,甄别了影响企业成长的四个根本因素,即技术创新、资源配置、企业家以及组织能力,构建了中小科技企业内生成长机制模型。⑩

① 李允尧.企业持续成长的三阶段模型[J].长沙大学学报,2006,20(6):19-21.

② 陈佳贵.关于企业生命周期与企业蜕变的探讨[J].中国工业经济,1995(11):5-13.

③ 许晓明,吕忠来.民营企业生命周期[J].经济理论与经济管理,2002(5):54-58.

④ AURIK J C,JONK G J,WILLEN R E. Rebuilding the corporate genome:unlocking the real value of your business[M]. New York:John Wiley & Sons,2003.

⑤ NEILSON G. Organization DNA[J]. Strategic finance,2004,86(5):20-22.

⑥ VERSCHOOR C C. Organizational DNA should contain ethics component[J]. Strategic finance,2005,86(8):19-21.

⑦ SAUVANTE M D. Rewirine corporate DNA[J]. BAWB interactive working paper series,2008,2(2):9-27.

⑧ 李欲晓.企业遗传基因及其基本结构探析[J].经济评论,2007(2):128-134.

⑨ 薛晓芳,孙林岩,霍晓霞.多种群协同进化策略下的虚拟企业基因重组[J].运筹与管理,2009(6):138-143.

⑩ 张玉明,李娓娓.从仿生学视角构建中小型科技企业内生成长机制[J].中国社会科学院研究生院学报,2009(4):37-41.

基于上述观点的讨论,我们设定如下假设:

H6-1:小企业发展的每个阶段是相互紧密联系的;

H6-2:小企业的生成阶段会带有一定的"基因密码"传递企业成功的信息。

总而言之,通过文献我们可以知道有很多有关企业生成的理论,如企业使命周期理论、DNA理论、企业资源禀赋理论、企业竞争优势理论等。学者们从不同的视角出发研究了企业生成与企业创业者自身,以及企业外部影响因素之间的关系,并试图探讨小企业生成、成长、壮大的可能性和持续发展的潜力等问题,这给予了我们很多的启发。然而,专门针对宁波小企业这方面的深入研究还是非常少见的,这需要我们努力。

## 第二节　宁波工业小企业生成能力实证分析

宁波小企业数量众多、地位突出,已成为宁波经济社会发展的主要生力军和强大区域竞争力的主要标志,是宁波区域经济发展的显著特征之一。同时,小企业在促进宁波劳动就业、优化配置资源、激活市场经济等方面发挥着巨大的作用,是宁波经济保持蓬勃发展和旺盛生命力的重要微观基础。根据《宁波小企业发展现状研究》,我们知道宁波小企业发展的整体状况应该说是非常健康和快速的。[①]　那么如何衡量宁波工业小企业生成能力,并对工业小企业生成能力进行客观、公正的评价,是我们面临的问题。

### 一、研究方法

本书采用定量分析和定性分析相结合的方法对小企业生成能力进行研究,通过过程化的整体思考完成对小企业生成能力判断的目标。

#### (一)数据的取得

本研究使用《宁波小企业发展现状研究》中的关于宁波工业小企业2015年调研及其后续2016年调研的数据。我们选择工业企业的依据是国家统计局对于工业的界定和国民经济行业分类标准(GB/T4754－2011),工业小企业的选取采用工业和信息化部、国家统计局、国家发展和改革委员会、财政部联合颁布的《关于印发中小企业划型标准规定的通知》(工信部联企业

---

① 唐新贵,等.宁波小企业发展现状研究[M].杭州:浙江大学出版社,2016.

〔2011〕300 号文)为依据。根据上述标准,企业被认为是工业小企业必须满足以下两个标准:(1)从业人员为 20～300 人之间;(2)营业收入在 300 万～2000 万元之间。表 2.2 列出了宁波工业小企业的样本分析数据结构。

因为我们的目标是研究宁波工业小企业的生成能力,本研究采用了宁波工业小企业 2016 年面板数据和 2012—2015 年动态面板数据进行实证分析。为达到研究的目的,减少研究结果中可能出现的偏差,我们主要考虑三种类型的宁波工业小企业:(1)整个工业小企业创设及孵化阶段分析(1 年以内);(2)宁波工业小企业进入生成阶段分析(1～2 年);(3)宁波工业小企业生成到发展衔接阶段分析(2～3 年)。基于此,我们采用的调研数据来自于:(1)495 家宁波工业小企业,其中 236 家为刚刚创设企业,36 家为孵化阶段企业;(2)1198 家为生成阶段宁波工业小企业;(3)162 家为生成到发展衔接阶段宁波工业小企业。

表 2.2　调研宁波工业小企业各个阶段的比例情况

| 行业类别 | 2016 年工业小企业生成能力比例情况/% | 2012—2015 年工业小企业生成能力比例情况/% |
|---|---|---|
| 文教、工美、体育和娱乐业 | 0.30 | 0.65 |
| 纺织、服饰业 | 13.90 | 14.20 |
| 电器机械和机械制造业 | 14.30 | 21.20 |
| 通用制造业 | 31.80 | 29.64 |
| 汽车制造业 | 30.20 | 28.28 |
| 计算机、通信和其他电子设备制造业 | 9.50 | 6.03 |

为了检测分析结果的准确性,我们选择生成到发展衔接阶段工业小企业、创设、孵化和生成阶段调研工业小企业的两个子样本:(1)95 家生成到发展衔接阶段工业小企业,其中 40 家正在进入发展阶段,7 家处于生成阶段末期;(2)202 家创设、孵化到生成阶段调研工业小企业,其中 20 家处于孵化阶段小企业。

为了进行鲁棒性检测,即看容错性检测,我们考虑另一种选定的 2012—2015 年生成阶段的企业为样本,检测变化条件下工业小企业生成能力状况。表 2.3 列出了本研究的数据结构。

表 2.3　数据描述

单位:家

| 项目 | 生成阶段企业数量 | | 从生成到发展阶段企业数量 | |
|---|---|---|---|---|
| | 企业数量 | 检测企业数量 | 企业数量 | 检测企业数量 |
| 2012—2015 年所有调研工业小企业 | 223 | 1561 | 1188 | 8316 |
| 2012—2015 年进入到生成阶段的工业小企业 | 236 | 1228 | 0 | 0 |
| 2012—2015 年所有发生变化的工业小企业 | 36 | 172 | 162 | 776 |
| 企业总数 | 495 | 2961 | 1350 | 9092 |

(二)变量

本研究中我们将工业小企业生成能力考虑的销售增长率作为独立变量,将以下因素作为企业生成能力影响的自变量:(1)生成时间长短;(2)开设的规模;(3)科技水平;(4)人力资源水平;(5)现金状况;(6)负债水平;(7)企业财务状况;(8)债务利息(见表 2.4)。

表 2.4　变量及其说明

| 变量 | 说明 |
|---|---|
| $Born(BORN_{i,t})$ | 当前企业生成时间周期长短的对数与前段所需时间对数的差值 |
| $Stage(STAGE_{i,t})$ | 企业所处孵化、创立、生成、发展阶段的对应值 |
| $Size(SIZE_{i,t})$ | 规模的对数值 |
| $R\&D(R\&D_{i,t})$ | 技术研发对销售额增长的作用值 |
| $HR(HR_{i,t})$ | 人力资源作用于劳动生产率 |
| $Cash\ flow(CF_{i,t})$ | 现金流 |
| $Debt(LEV_{i,t})$ | 负债率 |
| $FDEFICIT \times R\&D$ $(FDEFICIT_{i,t} \times R\&D_{i,t})$ | 假设 1 是企业财务积极投入研发,0 是企业财务不能促进企业研发 |
| $Interests\ on\ Debt(ITRS_{i,t})$ | 债务利息占债务总额的比例 |

在鲁棒性检测中,将表中企业雇员人数的增加与工业小企业生成阶段和其后续发展阶段之间能力相关性替代了规模作为检测变量。

(三)建模

研究工业小企业生成能力会由于一些小企业在生成阶段的退出而存在一

些偏差,这也会导致结果存在偏差,再加上一些企业在调研期间不能够如实填写问卷而导致数据上的偏差,因此有必要在分析的过程中对此进行校正。

在第一步,我们考虑所有孵化、创立、生成、发展四个阶段的工业小企业,采用概率回归法进行计算,其中因变量取值为 1 代表企业处于生成阶段,取值为 0 代表生成不成功。

在第二阶段,当估计与生成能力相关的回归时,我们只考虑处于生成阶段的小企业,加上逆米尔斯比率(inverse Mill's ratio)①,以便控制可能的结果偏差。

为测算工业小企业生成能力是否与销售量相关,我们将所有的样本工业小企业进行概率回归。计算公式表示如下:

$$\Pr(\delta_{i,t}=1)=\tau_0+\theta BORN_{i,t-1}+\sum_{K=1}^{6}\tau_K X_{K,i,t-1}+S_s+d_t+z_{i,t}$$

其中:$BORN_{i,t-1}$ 是孵化期水平;考虑到小企业生成能力和资本、技术水平、负债水平、财务状况、债务利息之间高度相关性,$X_{K,i,t-1}$ 是 $K$ 在本研究中考虑的生成的决定因素的向量,我们分别在概率回归计算中引入生成能力和变量之间的关联计算;$S_s$ 是虚拟变量;$d_t$ 是 $d$ 衡量经济形势变化对不能生成概率的影响的年度虚拟变量;$z_{i,t}$ 是生成失败。

在第二步,概率回归与生成的决定因素有关。

$$BORN_{i,t}=\beta_0+\delta BORN_{i,t-1}+\sum_{K=1}\beta_K X_{k,i,t-1}+\beta_\lambda \lambda_{i,t}+S_s+d_t+v_i+e_{i,t}$$

其中:$X_{i,t}$ 是逆米尔斯比率;$v_i$ 为不可知的个体特征值;$e_{i,t}$ 为正态分布差。

如果计算结果是鲁棒的,必须符合两个条件:(1)使用约束条件必须是有效的;(2)不存在二阶自相关。

零假设是通过公式限制的有效性,替代假设是通过使用公式中限制的非有效性。我们还测试第一阶和第二阶之间存在自相关,零假设表示不存在一阶和二阶自相关,替代假设指示第一阶和第二阶自相关的存在。如果公式中零假设限制条件具有有效性和二阶不存在自相关性,我们得出结论,公式计算的结果是鲁棒的。

我们测试本研究中考虑的每个变量的可能差异,以及考虑的变量集合的全局差异。零假设是关于工业小企业生成阶段和生成到发展阶段的变量和生成能力之间的关系的估计参数没有差异,替代假设是估计参数中存在差异。

---

①　逆米尔斯比率(inverse Mill's ratio)是累积比之间的比率密度函数和密度函数。

## 二、结果分析

表 2.5 和表 2.6 分别给出了本研究中针对宁波工业小企业能力的描述性变量的统计结果。将 2016 年宁波工业小企业样本作为研究对象和 2012—2015 年宁波工业小企业样本作为分析对象，我们对比分析发现 2016 年宁波工业小企业生成能力远高于 2012—2015 年宁波工业小企业的生成能力。

表 2.5　宁波工业小企业描述性变量统计结果（2012—2015 年）

| 变量 | 生成阶段工业小企业 | | | | | 从生成到发展阶段工业小企业 | | | | |
|---|---|---|---|---|---|---|---|---|---|---|
| | 观测值 | 均值 | 标准差 | 最小值 | 最大值 | 观测值 | 均值 | 标准差 | 最小值 | 最大值 |
| $BORN_{i,t}$ | 2961 | 0.1761 | 0.5263 | −2.6152 | 16.706 | 9092 | 0.0611 | 0.3223 | −0.9181 | 5.7761 |
| $STAGE_{i,t}$ | 2961 | 1.6749 | 0.3166 | 0 | 2.3025 | 9092 | 3.1079 | 0.5240 | 1.7917 | 5.0962 |
| $SIZE_{i,t}$ | 2961 | 14.429 | 1.3516 | 10.431 | 17.410 | 9092 | 15.349 | 1.3918 | 10.698 | 17.717 |
| $R\&D_{i,t}$ | 2961 | 0.0093 | 0.0316 | 0 | 0.6950 | 9092 | 0.0091 | 0.0354 | 0 | 0.8839 |
| $HR_{i,t}$ | 2961 | 17.123 | 58.982 | 1.6847 | 154.12 | 9092 | 20.617 | 64.578 | 1.7263 | 179.98 |
| $CF_{i,t}$ | 2961 | 0.0623 | 0.0888 | −0.3473 | 1.3533 | 9092 | 0.0749 | 0.9492 | −0.2343 | 1.4834 |
| $LEV_{i,t}$ | 2961 | 0.7236 | 0.2128 | 0.0501 | 0.9947 | 9092 | 0.6502 | 0.1872 | 0.0002 | 0.9982 |
| $FDEFICIT_{i,t} \times R\&D_{i,t}$ | 2961 | 0.0104 | 0.0367 | 0 | 0.6949 | 9092 | 0.0113 | 0.0388 | 0 | 0.8839 |
| $ITRS_{i,t}$ | 2961 | 0.0498 | 0.0976 | 0 | 0.4938 | 9092 | 0.0456 | 0.0890 | 0 | 0.4781 |

表 2.6　宁波工业小企业描述性变量统计结果（2016 年）

| 变量 | 生成阶段工业小企业 | | | | | 从生成到发展阶段工业小企业 | | | | |
|---|---|---|---|---|---|---|---|---|---|---|
| | 观测值 | 均值 | 标准差 | 最小值 | 最大值 | 观测值 | 均值 | 标准差 | 最小值 | 最大值 |
| $BORN_{i,t}$ | 555 | 0.3242 | 0.9514 | −1.023 | 16.706 | 1329 | 0.0871 | 0.5108 | −0.9181 | 5.7761 |
| $STAGE_{i,t}$ | 555 | 1.6190 | 0.2971 | 0 | 2.3025 | 1329 | 3.0781 | 0.5078 | 1.7917 | 5.0962 |
| $SIZE_{i,t}$ | 555 | 14.678 | 1.4301 | 10.431 | 17.410 | 1329 | 15.403 | 1.4322 | 10.671 | 17.717 |
| $R\&D_{i,t}$ | 555 | 0.0481 | 0.1077 | 0.0171 | 0.6950 | 1329 | 0.0476 | 0.1095 | 0.0143 | 0.8839 |
| $HR_{i,t}$ | 555 | 19.231 | 61.234 | 1.8913 | 154.12 | 1329 | 23.561 | 69.886 | 2.0891 | 179.98 |
| $CF_{i,t}$ | 555 | 0.0742 | 0.0981 | −0.2617 | 1.3533 | 1329 | 0.0812 | 0.9656 | −0.1891 | 1.4154 |
| $LEV_{i,t}$ | 555 | 0.6819 | 0.1978 | 0.0501 | 0.9947 | 1329 | 0.7017 | 0.2044 | 0.0002 | 0.9956 |
| $FDEFICIT_{i,t} \times R\&D_{i,t}$ | 555 | 0.0331 | 0.0671 | 0 | 0.6950 | 1329 | 0.0278 | 0.0569 | 0 | 0.8839 |
| $ITRS_{i,t}$ | 555 | 0.0576 | 0.1033 | 0 | 0.4938 | 1329 | 0.0514 | 0.0934 | 0 | 0.4781 |

　　关于工业小企业的生成能力的决定因素,以下几点是显而易见的:(1)对于工业小企业来说,生成的年限平均相当;(2)新进入生成阶段的工业小企业的人力资源水平和现金流水平平均较高;(3)一般来说,生成阶段的工业小企业的发展速度较快,但是在分析工业小企业进入发展阶段时,它显示这个时期的小企业具有更快发展速度;(4)工业小企业在孵化阶段时,平均技术研发的投入会占企业较高成本;(5)生成阶段的工业小企业的平均债务水平较高,承担债务利息普遍较大。

　　表2.7显示了综合考虑与工业小企业生成能力相关的因素概率回归分析。我们发现:(1)工业小企业从孵化、创立、生成到发展每个阶段性的增长与其自身的企业规模、人力资源、现金流和债务存在正相关,而与负债水平和债务利息存在负相关;生成的时间、技术水平、人力资本和债务水平是工业小企业发展阶段好坏与否的相关决定因素。(2)孵化阶段为企业进入创立阶段的决定时期,生成阶段的高速增长和较好的现金流成为工业小企业进入发展阶段的相关决定因素,而财政赤字和债务利息成为工业小企业生成能力需要克服的障碍。

**表2.7　工业小企业生成能力相关的因素概率回归分析**

| 独立变量 | 生成阶段工业小企业 | | | | 从生成到发展阶段工业小企业 | | | |
| --- | --- | --- | --- | --- | --- | --- | --- | --- |
| | 孵化、创立阶段 | | 生成阶段 | | 生成阶段末期 | | 发展阶段 | |
| | I | II | I | II | I | II | I | II |
| $BORN_{i,t}$ | 0.0509*** | 0.0448*** | 0.0771*** | 0.0802*** | 0.0134 | 0.0119 | 0.0455*** | 0.0473*** |
| | (0.0078) | (0.0063) | (0.0134) | (0.0142) | (0.0239) | (0.0288) | (0.0123) | (0.0140) |
| $STAGE_{i,t}$ | 0.1145*** | 0.1044*** | 0.2189*** | 0.2366*** | 0.0397*** | 0.0387*** | 0.0546*** | 0.0533*** |
| | (0.0277) | (0.0292) | (0.0305) | (0.0403) | (0.0112) | (0.0094) | (0.0129) | (0.0106) |
| $SIZE_{i,t}$ | 0.1299*** | 0.1477*** | 0.2342*** | 0.2559*** | 0.0145 | 0.0097 | 0.0401 | 0.0344 |
| | (0.0280) | (0.0242) | (0.0564) | (0.0571) | (0.0466) | (0.0388) | (0.0566) | (0.0489) |
| $R\&D_{i,t}$ | 0.0779 | | 0.3100*** | | 0.2781*** | | 0.4718*** | |
| | (0.1212) | | (0.0673) | | (0.0701) | | (0.1106) | |
| $HR_{i,t}$ | 0.0471*** | 0.0490*** | 0.1177*** | 0.1355*** | 0.0451*** | 0.0490*** | 0.1881*** | 0.1976*** |
| | (0.0109) | (0.0127) | (0.0309) | (0.0325) | (0.0133) | (0.0138) | (0.0480) | (0.0514) |
| $CF_{i,t}$ | 0.3945*** | 0.3856*** | 0.6457*** | 0.6784*** | 0.0681 | 0.0630 | 0.2687*** | 0.2451*** |
| | (0.0891) | (0.1469) | (0.1669) | (0.1898) | (0.1234) | (0.1299) | (0.0819) | (0.0741) |
| $LEV_{i,t}$ | 0.1855*** | | 0.3786*** | | 0.0908*** | | 0.2261*** | |
| | (0.0499) | | (0.0713) | | (0.0445) | | (0.0456) | |

**续表**

| 独立变量 | 生成阶段工业小企业 | | | | 从生成到发展阶段工业小企业 | | | |
|---|---|---|---|---|---|---|---|---|
| | 孵化、创立阶段 | | 生成阶段 | | 生成阶段末期 | | 发展阶段 | |
| | I | II | I | II | I | II | I | II |
| $FDEFICIT_{i,t} \times R\&D_{i,t}$ | | −0.0253 (0.0563) | | −0.1716*** (0.0408) | | 0.0145 (0.0561) | | −0.1099*** (0.0342) |
| $ITRS_{i,t}$ | | −0.0377*** (0.0071) | | −0.0714*** (0.0131) | | −0.0265 (0.0671) | | −0.0541*** (0.0262) |
| $D$ | 0.0313 (0.0516) | 0.0282 (0.0484) | | | 0.0298 (0.0718) | 0.0240 (0.0766) | | |
| $CONS$ | 0.0245 (0.0594) | 0.0187 (0.0718) | 0.0114 (0.0761) | 0.0098 (0.0653) | 0.0256 (0.0598) | 0.0091 (0.0344) | −0.0102 (0.0408) | −0.0087 (0.0301) |
| $Wald\ time$ $Dummies\ test$ | 26.67*** | 25.44*** | 22.45*** | 23.08*** | 29.87*** | 28.72*** | 25.01*** | 24.33*** |
| $Psudo\ R^2$ | 0.4811 | 0.4788 | 0.5490 | 0.5506 | 0.4091 | 0.2901 | 0.5501 | 0.5311 |
| $Log\ likelihood$ | −769.90 | −766.89 | −781.56 | −779.11 | −731.44 | −749.88 | −760.14 | −758.66 |
| $Firms$ | 495 | 495 | 95 | 95 | 1350 | 1350 | 202 | 202 |
| $Obser$ | 2961 | 2961 | 555 | 555 | 9092 | 9092 | 1329 | 1329 |

注:(1)括号内的数值为 1% 样本统计下的 t 检验值。

　　(2)*** 为 1% 样本统计。

表 2.8 显示了工业小型企业能力决定因素的存在差异的 Chow 检验结果。一般来说,分析小企业生成能力除了人力资源水平、企业财务水平存在很大差异,技术研发能力也存在较大差异。Chow 测试的结果证实了这种差异性确实存在。

表 2.8　生成分析 Chow 检验

独立变量：$\Pr(\delta_{i,t}=1)$

| 非独立变量 | 全部小企业 | | 生成阶段小企业 | |
|---|---|---|---|---|
| | I | II | I | II |
| $(BORN_{i,t-1})_{\kappa_Y - \kappa_O} = 0$ | 13.11*** | 12.77*** | 10.11*** | 10.46*** |
| $F_T(1,12053); F_{HT}(1,1884)$ | (0.0000) | (0.0000) | (0.0000) | (0.0000) |
| $(STAGE_{i,t-1})_{\tau_{1Y} - \tau_{1O}} = 0$ | 15.98*** | 15.43*** | 21.78*** | 22.77*** |
| $F_T(1,12053); F_{HT}(1,1884)$ | (0.0000) | (0.0000) | (0.0000) | (0.0000) |
| $(SIZE_{i,t-1})_{\tau_{2Y} - \tau_{2O}} = 0$ | 16.44*** | 17.06*** | 23.31*** | 24.08*** |
| $F_T(1,12053); F_{HT}(1,1884)$ | (0.0000) | (0.0000) | (0.0000) | (0.0000) |
| $(R\&D_{i,t-1})_{\tau_{3Y} - \tau_{3O}} = 0$ | 20.06*** | | 12.67*** | |
| $F_T(1,12053); F_{HT}(1,1884)$ | (0.0000) | | (0.0000) | |
| $(HR_{i,t-1})_{\tau_{4Y} - \tau_{4O}} = 0$ | 0.67 | 0.72 | 7.89*** | 7.01*** |
| $F_T(1,12053); F_{HT}(1,1884)$ | (0.8199) | (0.8114) | (0.0057) | (0.0089) |
| $(CF_{i,t-1})_{\tau_{5Y} - \tau_{5O}} = 0$ | 18.92*** | 19.02*** | 20.07*** | 22.22*** |
| $F_T(1,12053); F_{HT}(1,1884)$ | (0.0000) | (0.0000) | (0.0000) | (0.0000) |
| $(D_{HT})_{\beta_{9NHT} - \beta_{9HT}} = 0$ | 10.22*** | | 7.32*** | |
| $F_T(1,12053); F_{HT}(1,1884)$ | (0.0000) | | (0.0071) | |
| $(FDEFICIT_{i,t-1} \times R\&D_{i,t-1})_{\tau_{7Y} - \tau_{7O}} = 0$ | | 0.89 | | 8.77*** |
| $F_T(1,12053); F_{HT}(1,1884)$ | | (0.7782) | | (0.0024) |
| $(ITR_{i,t-1})_{\tau_{8Y} - \tau_{8O}} = 0$ | | 13.43*** | | 10.04*** |
| $F_T(1,12053); F_{HT}(1,1884)$ | | (0.0000) | | (0.0000) |
| $(D_{HT})_{\beta_{9NHT} - \beta_{9HT}} = 0$ | 0.89 | 0.92 | | |
| $F_T(1,12053)$ | (0.7241) | (0.7441) | | |
| *Global different I* | 17.77*** | | 19.03*** | |
| $F_T(8,12053); F_{HT}(7,1884)$ | (0.0000) | | (0.0000) | |
| *Global different II* | | 14.55*** | | 19.85*** |
| $F_T(8,12053); F_{HT}(7,1884)$ | | (0.0000) | | (0.0000) |

注：(1) $F_T$ 是生成阶段小企业和生成到发展阶段方差 F 检验，$F_{HT}$ 是小企业孵化阶段到生成阶段的方差 F 检验。

(2)*** 为 1% 样本统计。

## 第三节　结论和思考

通过实证研究得到第二节的结果,本节就实证结果进行结论分析,通过描述性结论、讨论分析和延伸思考分析来对小企业生成能力进行论述,并提出推进小企业生成能力的相关建议。

### 一、研究结论

#### (一)描述性结论

本研究中用于生成阶段和生成到发展阶段小企业的变量的描述性统计分别在表 2.5 和表 2.6 给出了结果。我们发现将生成阶段及从生成到发展阶段的小企业作为分析对象,生成阶段小企业的平均增长率远高于从生成到发展阶段的小企业。小企业主要有以下几点发展决定因素:(1)小企业在生成阶段和生成到发展阶段的研发强度平均相当;(2)小企业从生成到发展阶段的劳动生产率和现金流平均较高;(3)一般来说,小企业在生成阶段的平均债务较高;(4)对于小企业从生成到发展阶段来说,具有经济环境判断能力的小企业融资能力较强;(5)平均来说,从生成到发展阶段小企业债务利息更大。

表 2.7 显示了小企业生成能力概率回归分析的情况,我们发现:(1)小企业孵化、创立阶段时间、规模、人力资源劳动生产率、现金流和债务的情况是增加小企业生成能力的相关决定因素,而债务利息的多少减少了小企业生成的可能性;[①](2)孵化到生成阶段的时间长短、研发强度、人力资源劳动生产率和债务是增加这个阶段小企业生成能力的相关决定因素。

在分析小企业生成到发展阶段时,我们发现:(1)小企业的生成到发展阶段研发强度也是判断生成能力的一个相关决定因素,如果背负严重的债务,小企业进行技术研发投入强度的减弱意味着会降低小企业生成能力,而债务不多的小企业技术研发的投入也会较大,其小企业生成能力也相对较强一些。(2)小企业从生成到发展阶段的前一时期为企业创立阶段,企业创

---

① 表 2.7 第四列和第五列显示小企业现金流状况衡量生成能力概率为 0.6457 和 0.6784.

立阶段的现金流成为增加小企业创立阶段到生成阶段生成能力的决定因素,而这个阶段的债务和债务利息情况会对小企业研发强度产生影响,这成为减少小企业生成能力的决定因素。

表 2.8 显示了小企业孵化阶段、创立阶段、创立到生成阶段、从生成到发展阶段的生成决定因素的 Chow 方差检验结果。一般来说,小企业在判断决定因素和生成概率之间的关系间是否相等的零假设时,除了人力资源劳动生产率作为小企业生成能力的决定因素,还需要分析小企业融资情况变量影响技术研发的强度。对小企业生成能力的决定因素的 Chow 方差检测结果表明因素估计参数的总体相等的零假设。

此外,我们发现对于小企业,一般来说具有以下特点:(1)小企业孵化、创立、生成、发展每个阶段的研发强度、现金流和债务的状况对生成能力有积极影响,而企业经历各阶段的时间长短、企业规模、债务情况和债务利息对于小企业生成能力具有负面作用。(2)小企业的现金流对于技术研发强度和人力资源劳动生产率是正相关的。

获得的实证证据使我们可以得出结论,无论是考虑小企业孵化阶段、创立阶段、生成阶段和发展阶段,还是考虑小企业各个阶段的关联性:(1)小企业减少债务时间周期、债务规模和债务利息水平对于小企业生成能力具有重要影响。(2)每一阶段上期现金流和债务的增长对于小企业生成能力具有非常大的影响。(3)小企业增加对技术研发强度和人力资源劳动生产率的投入对于小企业从生成阶段到发展阶段具有重要的影响作用。除此之外,我们可以知道,小企业融资能力的强弱也从某方面反映了小企业的生成能力的强弱。

(二)讨论分析

小企业生成能力所处的阶段与能力增长之间的关系不具有显性相关。基于这样的结果,我们可以认为假设 H1 是成立的,即小企业的生成与创业者动机有密切相关性,而与小企业生成所具备的其他因素相关性较低,所以导致小企业生存的寿命长短不一,这是基于创立者对于自身和企业创立条件之间的衡量,即在此期间寻求使小企业能够在市场中生存效率最大化作为小企业的首要任务,小企业在创立后 1~2 年的活动主要是开拓市场,达到一定的企业规模,越适应市场、具有一定规模的小企业边际生成能力越强。

表 2.5 到表 2.8 证明假设 H2 是可以接受的,即小企业的诞生和成长与

企业所拥有的资源禀赋正相关。小企业在孵化阶段到创立阶段是创立者对于诸如人力资源、资本、企业家认知和动机等资源禀赋自身检测的结果。而对于 H3-1"小企业的生成数量增长与政策支持正相关"的假设,经验证是成立的,H3-2"小企业生成阶段的障碍与后续的发展阶段之间不相关"的假设证实有偏差,企业发展的各个阶段应该是相互影响的,而不是不相关的,所以认为 H4、H5 和 H6 的假设是成立的。如小企业技术投入的增加、企业规模的扩大、市场经营能力的增强、人力资源劳动生产率的提升能够对企业生成形成正效应,而偿债周期、负债的规模、债务利息水平等因素则对企业生成乃至于进入到下阶段产生影响。可以说,现代企业技术研发能力、融资能力、人力资源能力成为重要的生成能力观测系数。

(三)延伸思考分析

我们通过对于小企业生成能力分析也发现,小企业的年限与生成因素(如规模、资金、技术、人员等)之间具有某些负相关关系,如新生小企业最好在诞生的那一刻起就具有一定的规模优势才能使企业成长得更快一些。在技术研究水平这项因素对于小企业生成能力的影响中,我们发现 62% 的小企业创立者具有一定的技术研发意识或自身就是因为具有技术能力而创立企业,48.85% 的小企业创立者具有这方面的优势和能力。如果初创小企业将大量的资金用于研发投入,这里会存在大量的沉没成本,它也会对小企业生成产生影响,所以 90% 以上的科技型小企业是企业创立者既有技术或购置的技术,小企业将资金投入到能够增强核心竞争力的方面将更具效率。

宁波小企业目前在生成阶段存在的突出问题在于如下三方面。

第一,54% 的小企业存在着知识链或者资本链方面(小企业生成阶段的核心竞争力)的先天缺陷,如 68% 的小企业在创立之初存在企业家创新意愿、用人机制创新、技术创新机制、管理创新机制等组织资源方面的不足;而宁波市政府出台了多项对于小企业创新创业的补助和金融支持措施,这些措施缓解了小企业资本链的先天不足,但 60% 以上的初创小企业并不能很好地将资金投入到企业核心竞争力提升方面,更多地考虑企业生存的问题,因此资本链引导投入方向的措施能够对小企业生成阶段起到积极影响和作用力。

第二,调研过程中 43% 的宁波初创小企业在企业家精神—企业文化、企业制度—组织结构这一块关系(我们称之为"内部环境构建")的处理上是空白或者是极度缺乏的,多数情况下是企业创始人在企业生成阶段到成长阶段进行自我调整和摸索,而这个过程的长短取决于企业外部环境和企业内部环境之间的共同作用力量的大小。10％左右的小企业能够使企业家精神转化为企业文化,25％的小企业初创期就具有优秀的企业制度并浸入组织结构中,并对这些小企业在生成阶段乃至于成长阶段的决策、激励、信息传导机制,学习、创新、危机处理能力等方面带来积极的作用力。

第三,近40％的宁波小企业是缺乏良好的共生关系而创立起来的,即小企业在生成阶段的外部生态环境系统较单薄。绝大多数小企业生成阶段只在其中的某个方面具有良好关系,没有或者缺少互惠互利的供应商、投资人、合伙人和顾客中的整体组合,这阻滞了小企业前进的步伐和速度。

**二、培育和提升生成能力的思考**

通过上述分析,我们对推进小企业生成能力提出以下建议。

第一,提升企业生成能力的内部环境。研究表明,小企业在孵化、创立、生成和发展阶段对于创立者来说肩负的责任更大,建立小企业内部生成的优良环境极为重要,如创业资金的筹措,项目的选取,企业创业团队的组建,市场的开拓,人才的选拔、培养以及储备等方面需要相应的科学决策。这对企业的发展和创新至关重要。

第二,政府要制定相应的政策营造良好的创业创新外部环境。政府在小企业生成过程中担当了政策制定者、执行者的角色,会在企业税收、市场准入、资金等方面制定针对不同类型企业、人员的不同政策,同时负责实施。在政策的研究、制定和实施过程中,要突出强调创新思维,力求政策的精准性,切忌"空调"。在税收和市场准入方面,在不违背国家宏观政策的前提下,允许创业者根据市场需求自主经营,可以制定出台一些针对宁波创业者特点的地方性法律法规。目前宁波各种扶持小微企业发展的财税政策、减轻小微企业税费负担的政策以及支持中小企业发展的专项资金政策还是很多的,但是还需要在鼓励金融企业扩大小微企业融资服务的税收政策、规范小企业财务制度的政策、鼓励小企业吸纳就业的补贴政策等方面精准扶持小企业的发展,特别是在帮助新型工业小企业的生成上下力气,做好工业小企业生成能力提升的助推器。

在创业投资方面,宁波地方政府要积极鼓励社会资金通过合法渠道投入工业领域,加大对有市场前景的工业项目的创业资金扶持,通过政府、社会、法人、个人等多种渠道筹措资金形成合力,营造较好的工业小企业投资环境。在市场资源的整合方面,要充分发挥商会、协会等民间组织的协调作用,利用民间组织发起形成行业的自律组织,将小企业的创业者尽早纳入良性发展的轨道。

第三,提高企业的技术创新能力。"大众创业、万众创新"是国家新时期提出的新型战略,可以说创新是决定企业生存与发展的最关键动力,更是小微企业发展的立身之本,创新为小微企业开拓了广阔的市场空间,迅速提高了经济效益,只有不断地创新,才能保持小微企业的活力和旺盛的生命力,也才能提高小微企业的竞争力。技术创新能够打造工业小企业的核心竞争力,生产技术含量高、市场前景好的"小精美"产品,使工业小企业能够在孵化、创立、生成到发展这个过程中具有较好的生成能力。

第四,构建小企业生成的整体系统。宁波工业小企业自身需要更多地提升在生成能力方面的研究探索及创新,社会需要立体化其生成的空间,特别是整合各方面的资源形成小企业生成的整体系统。如建立地方院校、研发机构的科技研发联合平台、小企业与科研机构的合作交流平台,推出有助于小企业的各种经营发展战略及提供技术方面的支持,同时增加科研机构各类研究成果实现其价值的机会。积极建立资金池或研发基金供给平台、小企业与金融机构的合作交流平台,加强提供有助于小企业获得充足资金的各项建设和研发项目,同时金融机构督促小企业对其各类项目的风险进行适当的控制。

# 第三章 宁波工业小企业成长能力分析

目前,中国经济发展的传统动能逐渐减弱,急需培育新动能。显然,具有可持续成长能力的工业企业是中国经济新动能来源之一。可持续成长能力是企业获取持久竞争优势的源泉。无数企业实践表明,可持续成长能力越强,企业的生命活力越旺盛,寿命越长;反之,企业的生命活力越弱,寿命越短。① 工业小企业由于其数量众多,其持续发展和成长对推动创新以及中国经济获取新的发展动能具有尤其重要的作用。宁波因为其经济特点,越来越重视小企业的成长。2015 年 11 月,宁波市政府专门发布了《宁波市"小微企业三年成长计划"(2015—2017 年)实施方案》,旨在推动宁波小微企业持续健康发展,巩固宁波市民营经济发展的优势,激发其活力。本章将对小企业的成长本质和构成要素进行探讨,并使用定量指标和定性指标相结合的综合评判方法,对宁波工业小企业近年来的成长能力进行评估分析,为相关部门总体判断宁波小企业的成长状况并据此制定或落实相关政策,为小企业更好地分析自身的成长源和潜力点并据此提升成长能力提供参考。

## 第一节 企业成长理论梳理

企业成长理论的研究可以追溯到古典经济学。亚当·斯密的企业分工理论认为,企业存在的理由是为了获取规模经济的利益,企业的成长与分工的程度正相关,而市场容量决定了企业的规模和成长能力。约翰·穆勒和艾

---

① 陈耀,汤学俊.企业可持续成长能力及其生成机理[J].管理世界,2006(12):111-114.

尔弗雷德·马歇尔等古典经济学家对企业的规模和成长进行了进一步的研究。新古典经济学对企业成长的研究着眼于企业规模调整,在该理论中,企业被看作是一个生产函数,企业成长就是从非最优规模走向最优规模的过程。

现代企业成长理论的奠基人是英国管理学教授彭罗斯,1959年她出版了《企业成长理论》一书,专门对企业成长进行了研究并提出了系统化的企业成长理论。[①] 此后世界各国学者对企业本质的认识不断深化,对企业成长的研究也越来越复杂。本节将对企业成长的过程、企业成长能力的界定、企业成长能力的评价指标等研究进行总结。

## 一、企业成长过程研究

随着企业的发展,人们逐渐发现企业成长并非一个简单的生产函数,而是具有更加复杂的内部作用机制。一些学者认为企业也是有生命的个体,企业的成长和发展符合生物学中的成长曲线特征,于是学者们开始研究企业的成长过程,分析其不同成长阶段的特点和路径以及影响企业成长的因素。

### (一)国外相关研究

在国外学者对企业成长的研究中,比较有影响的包括五阶段论、七阶段论、十阶段论。

葛雷纳提出了企业成长五阶段理论,即创业、指导、分权、协调、合作等五个阶段。他认为,企业在每一成长阶段都会遭遇危机,若能克服危机,企业就会进入一个新的发展阶段。但要克服成长困境,企业必须变革,变革受到企业家、技术创新、管理等要素的影响。葛雷纳强调从企业内部寻求发展动力,但同时他也重视外部环境对企业成长的影响。[②] 丘吉尔和刘易斯则提出了小企业成长的五阶段理论:诞生期、存活期、成功期、起飞期、资源成熟期。他们也认为在每个成长阶段,企业都会面临健康成长和经营失败两种选择,因此,企业必须依靠强烈成长意识和充足资源跨越阶段之间的鸿沟。

弗莱姆兹则将一个企业的生命周期划分为七个阶段,分别是新建阶段、扩张阶段、专业化阶段、巩固阶段、多元化阶段、一体化阶段以及衰落或复兴阶段。他认为,所有的企业都要经历不同的发展阶段,决定企业阶段的因素之一是企业规模的大小,企业规模则可用企业年收入衡量。

---

① 伊迪丝·彭罗斯.企业成长理论[M].赵晓,译.上海:上海人民出版社,2007.

② GREINER L E. Evolution and revolution as organizations grow [J]. Harvard business review,1972,50(4):37-46.

爱迪思是美国最有影响力的管理学家之一,他在 1997 年出版的《企业生命周期》一书中,将企业生命周期分为孕育期、婴儿期、学步期、青春期、盛年期、稳定期、贵族期、官僚化早期、官僚期和死亡期等十个阶段,分别属于成长阶段(从孕育期到盛年期)、再生与成熟阶段(稳定期)、老化阶段(从贵族期到死亡期)。爱迪思认为,企业成长与老化不是由规模和时间引起的,而是通过灵活性与控制性的关系来表现。爱迪思的理论主要从企业内部原因分析了企业成长的原因和发展轨迹,特别强调了企业家的重要作用,但没有将企业的外部环境纳入分析。[①]

(二)国内相关研究

国内学者也对企业生命周期理论进行了较为广泛的研究,陈佳贵将企业划分为六阶段:孕育期、求生存期、高速成长期、成熟期、衰退期、蜕变期等。在研究中,他将企业分成三类企业成长类型,分别是欠发育型、正常发育型、超常发育型。他还认为企业具备一定的能动性,突破界限将会延长企业的寿命。[②]

李业对爱迪思和陈佳贵的模型进行了修正,他将企业分为四个阶段,并认为初生期的困境、成长期管理落后、成熟期不思进取、衰退期丧失活力等如果不能克服将会使企业走向衰亡,从而进一步说明了企业成长的非线性特点。他提出企业成长的关键在于综合分析外部环境和自身实力,在不同生命阶段,选择正确发展空间和途径。[③]

另外,许晓明、吕忠来用企业规模、企业发展后劲、无形资产衡量企业发展,提出了阶段划分的量化指标,并认为无形资产在创新型企业的资产中占有较大比例。[④] 章卫民等结合科技型中小企业特点,将其成长阶段划分为种子期、初创期、发展期、成熟期、蜕化期五个阶段。[⑤] 高松等也进行了相似研究,并实证检验了企业不同生命阶段对市场和组织结构的关注度不同,从而导致了企业不同的经营特征。[⑥]

① 伊查克·爱迪思.企业生命周期[M].北京:中国社会科学出版社,1997.
② 陈佳贵.关于企业生命周期与企业蜕变的探讨[J].中国工业经济,1995(11):5-13.
③ 李业.企业生命周期的修正模型及思考[J].南方经济,2000(2):47-50.
④ 许晓明,吕忠来.民营企业生命周期[J].经济理论与经济管理,2002(5):54-58.
⑤ 章卫民,劳剑东,李湛.科技型中小企业成长阶段分析及划分标准[J].科学学与科学技术管理,2008(5):135-139.
⑥ 高松,庄晖,王莹.科技型中小企业生命周期各阶段经营特征研究[J].科研管理,2011(12):119-121.

　　从上述研究成果来看,成长阶段模型普遍具有连续性、不可逆转性、递进性等特点。由于企业成长的非线性,衰亡可能在任何一个生命阶段发生。多数的研究结果都认为企业的发展一定由成长、成熟、衰退等阶段构成,当企业面临一个阶段的困境时,必须采取积极措施促进企业继续发展,否则就会出现生存危机。

### 二、企业成长内涵研究

　　随着企业成长理论的研究不断发展,学者们关于企业成长内涵的界定也不断变化。这些界定各有侧重,到目前为止还未形成一致认可的定义。我们根据相关文献,将国内外学者对企业成长的理解和分析整理如下(见表3.1)。

**表 3.1　企业成长的界定**

| 作者与发表年份 | 对企业成长的理解和分析 |
| --- | --- |
| 伊迪丝·彭罗斯(1959) | 企业成长就是企业不断追求扩大规模的过程。 |
| 马歇尔(1964) | 企业成长取决于企业生命力和衰退力的较量。 |
| Guilford Babcock(1970) | 上市公司持续增长的本质是每股净收益的增长。 |
| Evans(1987) | 企业成长是从公司成立到观察期为止公司员工人数的对数的变化:成长＝(现有员工人数的对数－原有员工人数的对数)/公司年龄。 |
| 彼得·德鲁克(1980) | 企业的成长不在于其变大,而在于其越变越好。 |
| 堺屋太一(2000) | 企业成长不只局限于自身的成长,而是保持其经济学和社会性的内在统一。 |
| 毛蕴诗等(1994) | 原有业务的规模扩大称之为成长。 |
| 杨杜(1996) | 企业成长不仅是量的扩张,而且是质的变化。量包括销售额、资产额、人员数量等;质则包括资源结构、组织变革、业务领域、创新等。 |
| 陈佳贵、黄速建(1997) | 企业成长是量变和质变的动态过程。 |
| 李占祥(2002) | 企业与生态环境和自然因素紧密相连,企业要在改善生态环境和节约能源的基础上成长。 |
| 肖海林、王方华(2004) | 企业成长是指其所从事的创造财富的事业在一段较长的时间内,不断地实现自我超越,由小变大,由弱变强,持续地取得不低于市场平均利润率的收益,满足企业利益相关者的合理利益需求。 |
| 孙学敏(2004) | 企业成长的本质是企业内、外部的各种关系从不平衡到平衡,由低一级平衡向高一级平衡的发展。 |
| 陈高林(2005) | 企业成长是以企业核心意识为指引,并对成长动能持续性集聚和积累,从无到有、由小到大、循序渐进成长。 |
| 汤学俊(2007) | 企业通过不断实现量的扩张和质的飞跃实现成长,既要考虑近期利润,又要考虑长期营利性增长。 |
| 王建军(2010) | 企业的成长包括渐进式成长和突变式成长。前者是处于稳定状态的逐步成长,后者是企业不稳定的、骤然变化的成长。 |

此外,汤鸿、王学军、饶扬德还提出了代内成长和代际成长的概念。"代内成长"是企业在竞争环境、经营理念与战略变化不明显的状态下,资产只是量变为主导的由小到大的变化过程,在外界市场竞争中,优势的体现主要在企业间的"横向"比较;"代际成长"则是企业在不同成长阶段间跨越的进程中,在竞争环境、战略与经营理念呈现出重大变化的情况下,资产是质变为主导的由弱到强的跳跃式过程,因此其他企业竞争优势的体现在"纵向"演进。① 因此,企业进行资源、管理及技术创新要强调三者的协同,从而才能跨越代际陷阱,实现企业可持续成长。

从以上国内外学者对企业成长的解释中可以看出,企业成长是企业作为一种生命体,在"量"和"质"两个方面发生的变化,是企业发展的动态生命过程,受到多种因素的影响,有渐进式成长与突变式成长两种模式。企业成长能力是企业保持强大的竞争优势和持续发展的动力。企业通过不断地整合内外部竞争力以应对日益变化的环境,从而实现质量和数量的成长。数量的成长是企业通过利用多元化及规模的成长途径来实现的。而规模的成长是通过销售额的攀升、产量的增长、市场的扩大、员工的增加和资产的不断增值等一部分外在的因素实现的。质量的成长是企业利用技术和管理的创新,逐步扩大企业的生存和发展空间的能力。企业必须要跟随外部环境的动态变化而进行不断调整,要不断实现企业的革新及超越才能持续成长。

### 三、企业成长能力评价研究

企业成长能力指标的构建对于深入研究企业成长十分重要,尤其在实证研究中,对企业成长变量的测量成为开展研究的首要问题。学者们的研究方法和角度不同,构建出的企业成长能力评价指标也各不相同。

有些学者选择最能够代表企业成长的唯一指标对企业成长进行测量和分析。销售额、营业收入、雇员人数、资产、市场份额、利润等是较多学者选择的研究企业成长能力的评价指标。如程惠芳和幸勇以企业主营业绩收入的对数值来研究中国科技型上市公司企业的成长性。结果表明,企业规模变化与企业成长性之间存在着显著的正相关关系。② 谭庆美、吴金克则认为用资产市值账面比测量企业成长性最为稳妥,并用其评价了中小上市企业

---

①　汤鸿,王学军,饶扬德.创新协同与企业代际成长[J].思想战线,2009(4):113-116.

②　程惠芳,幸勇.中国科技企业的资本结构、企业规模与企业成长性[J].世界经济,2003(12):72-75.

的成长性。[①]

还有一些学者选择一个维度的多个评价指标对企业成长性进行测量和分析,如许秋红则设定了"相对成长潜力"维度,具体评价指标包括市场占有率和营业额增长速度等。[②] 王青燕和何有世用主营业务增长率、主营业务利润增长率和净利润增长率三个不同指标来对中国上市公司的成长性决定因素进行了统计分析,评价公司的成长性。[③] 姚秋运用主营业务收入增长率、净利润增长率和总资产市场价值与账面价值之比等三个指标来评价和分析企业成长性。[④] 无论用哪个指标或维度,单一指标或维度在衡量企业成长中存在着局限性,只能反映企业成长的某一个方面,不能全面体现企业成长的真实状况。

为了全面评价企业成长,很多学者在评价企业成长时,采用了多个维度或多个指标。如 Hangstefer 认为企业成长表现在绩效和成果两个方面,具体的维度包括市场位势优势、组织活力、生产力增益、财务绩效、利益相关者价值。具体的指标又由定性和定量两种类型构成,定性指标包括竞争优势、顾客关注指数和产品质量指数、生产力评级指数,定量指标包括净新订单增长率和收入利润增长率、顾客关注指数和产品质量指数、权责指数、创新水平指数、3C 效率指数、工资收入比、销售成本比、营业利润增长率、经营现金流的增长率、净资产收益率、营运资金周转率等。[⑤] 吴世农、李常青、余玮选用资产周转率、销售毛利率、负债率、主营业务增长率和期间费用率等 5 个指标建立了上市公司成长性的预判模型。[⑥] 纪志明以 2003 年 763 家上市公司为样本,引进虚拟变量,结合公司规模、资产结构、财务杠杆、股权结构为控制变量考察了企业成长性的行业特性。[⑦] 慕静、韩文秀、李全生提出了中

① 谭庆美,吴金克.资本结构、股权结构与中小企业成长性[J].证券市场导报,2011(2):67-72.

② 许秋红.信任与家族企业的可持续成长[J].中国人口·资源与环境,2011(4):158-163.

③ 王青燕,何有世.影响中国上市公司成长性的主要因素分析[J].统计与决策,2005(1):33-36.

④ 姚秋.债务期限结构、公司绩效与成长性[D].辽宁:东北财经大学,2006.

⑤ HANGSTEFER J B. Measuring company-growth momentum [J]. Management review,1999,88(10):62-63.

⑥ 吴世农,李常青,余玮.我国上市公司成长性的判定分析和实证研究[J].南开管理评论,1999(4):49-57.

⑦ 纪志明.上市公司成长性的行业特征分析[J].华南师范大学学报(社会科学版),2005(5):62-66.

小企业成长的评价指标体系,首先确定了成长速度、盈利能力和运营能力三个维度。其中成长速度维度包括营收总额成长速度、净利润成长速度两个指标,盈利能力维度包括销售净利率、总资产净利率、净资产报酬率三个指标,运营能力维度包括总资产周转率、净资产周转率和人均营收额三个指标。[①]

何朝晖也采用了多个指标分析企业成长能力,如企业获利能力、规模扩张能力、资金周转能力、企业偿债能力等,具体指标则包括净利润增长率、销售净利率、总资产收益率、净资产收益率、主营业务收入增长率、总资产增长率、净资产增长率、员工总数增长率、流动资产周转率增长率、应收账款周转率增长率、总资产周转率增长率、资产负债率、股东权益比率等。[②]张瑾认为企业的成长绩效包括财务指标增长和获得潜能增长两个维度。财务指标增长的具体指标是资产、销售额、净利润的增长率;获得潜能增长的具体指标是雇员人数、市场份额增长率。由于企业在一定时间内的成长目标不同,所以利润等财务指标并不能真实反映企业的成长状况,所以在对企业成长绩效进行评价时,不仅要考虑财务指标,同时还要考虑非财务指标,例如选择市场份额、雇员人数等来反映企业的成长潜能。[③]张洪兴、耿新认为企业成长绩效与财务绩效密不可分,企业成长可以帮助企业实现财务绩效目标;良好的财务绩效会使企业获取更多资源并加以分配。因此对企业的经营绩效设定了5个具体指标:市场份额增长率、销售额增长率、利润增长率、员工增长率、整体竞争力。[④]马淑文在对初创企业的研究中,认为成长绩效有两个维度:竞争绩效和潜力绩效。竞争绩效由多个具体指标构成,分别是销售收入增长率、税后利润增长率、市场份额增长率及雇员增长率,代表企业的经营与发展状态;潜力绩效包括技术创新能力、国际水平和组织学习能力,代表企业未来的获利能力。[⑤]李海超和衷文蓉认为要从两种能力(生存发展能力和持续创新能力)对高新技术企业成长力进行研究,构建评价指标体系,将高新技术企业成长力分为财务实力、市场竞争力、研发实力、新产品竞争

①　慕静,韩文秀,李全生.基于主成分分析法的中小企业成长性评价模型及其应用[J].系统工程理论方法应用,2005(4):369-371.

②　何朝晖.中小企业社会责任与成长性关系研究[D].长沙:中南大学,2009.

③　张瑾.民营企业家人力资本与企业成长绩效实证研究[D].济南:山东大学,2009.

④　张洪兴,耿新.企业家社会资本如何影响经营绩效——基于动态能力中介效应的分析[J].山东大学学报,2011(4):1-7.

⑤　马淑文.家族社会资本、创业导向与初创期企业成长绩效关系研究[J].商业经济与管理,2011,232(2):51-57.

力四个维度,建立四级指标评价体系。[①]

此外,2003 年中国企业评价协会、国家发展与改革委员会中小企业司、国家统计局工业交通统计司、国家工商总局个体私营经济监管司和全国工商业联合会经济部联合成立了"中小企业发展问题研究"课题组,确立了"成长型中小企业评价方法"——GEP 评估法。其构建的评估成长型中小企业的指标体系包括定量指标体系和定性指标体系。其中定量指标有企业的盈利水平、经济效率、偿债能力和行业成长能力等;定性指标则包括企业的管理水平、人力资源状况、融资能力和创新能力等。

综上所述,关于企业成长的理论和企业成长能力的指标相关研究非常多,也有些学者运用这些理论和指标对某类型企业成长能力进行评价分析,如民营企业、科技型企业、上市企业等,但对某个地区工业企业的成长研究比较少,更没有学者专门对工业小企业成长进行研究。

## 第二节　宁波工业小企业成长能力现状分析

小企业的成长关系到经济的稳定增长,因此越来越受到相关部门的重视。浙江省有数量庞大的工业小企业,有力地支撑着地方经济发展,也是各地方经济的特色和活力所在。为帮助工业小企业成长,2013 年浙江省率先提出并推进工业小微企业上规模的培育工作,开始实施规模以下工业小微企业转型升级为规模以上企业(简称"小升规")培育工程,计划在 3 年时间里,培育 10000 家"小升规"工业企业。

宁波市也在 2013 年提出了"小升规"三年专项行动计划并认真实施。截至 2015 年年底,经国家统计局审核确定,宁波市有 2233 家工业小微企业已经成长为规上工业企业,完成了目标任务的 111.7%。[②] 新增数量位居浙江省前列。这一方面说明宁波市推出的各项促进工业小企业成长的政策有效果,另一方面也体现出许多宁波工业小企业具备成长的潜力。本章将利用统计数据、调查数据等对宁波工业小企业的成长状况和成长能力进行评

---

① 李海超,裒文蓉.我国区域创新系统中高新技术企业成长力评价研究[J].科技进步与对策,2013(2):130-133.

② 中小企业处.我市"小升规"工作连续三年领跑全省[EB/OL].(2016-04-25)[2016-12-06].http://www.nbeic.gov.cn/art/2016/4/25/art_997_231660.html.

价和分析。

## 一、成长能力指标的确定

根据本章第一节对学者们关于企业成长理论的研究总结,课题组将工业小企业成长能力定义为企业跟随外部环境的动态变化,充分利用企业内部的资源不断调整和创新,从而实现企业质量成长和数量成长,并保持竞争优势和持续发展的能力。小企业成长能力通常由多个能力要素构成,单一的成长能力要素能够促进小企业成长,但多个成长能力要素在小企业成长中能相互影响并相互作用,将形成更强大的成长能力。

结合学者们所构建的企业成长能力评价指标以及本课题组调查所得宁波工业小企业成长状况,我们将工业小企业成长能力分为三个层次,分别为工业小企业成长基础能力、工业小企业成长主导能力和工业小企业成长核心能力(见表3.2)。

工业小企业成长基础能力包括人力资源能力和技术能力,它们对小企业的成长虽然没有起到决定性的作用,也不能主导企业的成长,但离开了它们,企业的成长核心能力和成长主导能力也就失去了支撑的基础,难以发挥其应有的作用。工业小企业成长主导能力包括经营管理能力和盈利能力,对小企业的成长起主导性作用,直接影响着小企业成长的进程。工业小企业成长核心能力包括经营信息化能力和创新能力,对其他能力和小企业成长起根本性、决定性的作用。因此,如果把小企业成长比为奔驰的列车,那么,成长基础能力就是列车车厢,成长主导能力就是火车头里的发动机,成长核心能力则是发动机里的核心部件。

**表 3. 2 工业小企业成长能力评价指标体系**

| | 工业小企业成长基础能力 | 人力资源能力 |
|---|---|---|
| 工业小企业成长能力 | | 技术能力 |
| | 工业小企业成长主导能力 | 经营管理能力 |
| | | 盈利能力 |
| | 工业小企业成长核心能力 | 信息化能力 |
| | | 创新能力 |

本章将结合课题组搜集、整理的小企业数据,课题组通过问卷调查得到的样本数据以及统计年鉴中规模以下工业企业的数据,对宁波工业小企业的成长能力进行分析。

我们课题组本次调研的单位包括宁波市经济和信息化委员会、宁波市统计局、宁波市中小企业8718公共服务平台、宁波市工业小企业等。2016年7月,我们对420家宁波工业小企业发放了调查问卷,回收有效问卷共390份。调研中,我们采用了电话调查、实地调查、网络调查等多种问卷调查方式,并对有关单位和部门以及部分小企业进行了实地走访和深入访谈,从而保证对宁波工业小企业的成长能力进行准确的评价和分析。

## 二、成长基础能力分析

### (一)人力资源能力

企业的人力资源管理实践和企业绩效之间存在普遍的相关性,小企业应根据企业实际情况和业务需求合理配置企业的基层员工、中层管理员工及高层管理人员,并建立合理有效的激励机制,尽量减少人才流失,调动各级员工的积极性和创造性,把人力资源转化成具有增值性的人力资本,从而增强小企业的竞争能力、提升竞争优势,实现小企业的持续成长。因此,小企业人力资源能力一般包括企业员工素质状况及培训和业绩管理办法等内容。课题组针对宁波工业小企业员工的素质设计了三个问题进行调查,分别是小企业中层人员的执行能力、生产员工的文化程度和企业各部门之间的沟通能力。在小企业业绩管理方面,我们则主要调查了工业小企业的员工激励措施。

小企业的中层人员是小企业人力资源的重要组成部分,他们处于"上传"和"下达"的枢纽位置,其执行能力的好坏直接影响企业健康成长。调查中我们发现,一方面,许多小企业的中层人员觉得自己工作非常累,但领导却不太满意其工作成绩,觉得中层人员执行力不够;另一方面,生产一线的主管或工人又觉得他们对生产业务并不够熟悉,常常瞎指挥。根据课题组调查,如图3.1所示,只有19.49%的工业小企业对本企业中层人员的执行能力表示非常认可,还有46.15%的工业小企业认为本企业中层人员执行能力比较好,其余34.36%的企业对中层人员的执行能力不太认可。

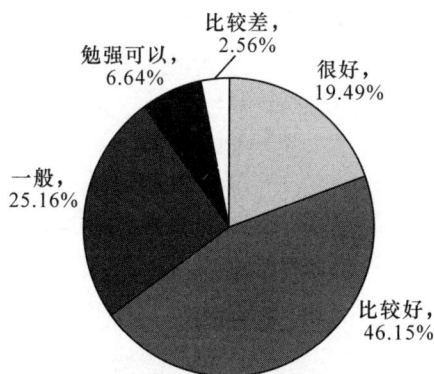

图 3.1　2015 年宁波工业小企业中层人员执行能力

工业小企业若想要不断成长,必须有高素质的生产工人。可以说,一流素质的优秀员工对企业成长的推动有时甚至超过企业拥有的资金和技术,而员工的素质往往与其文化程度相关。调查表明,如图 3.2 所示,2015 年宁波工业小企业大部分从事生产的员工,具有大专以上学历的员工只有16.40%,47.14%的生产员工是初中以下的文化程度,小企业的生产员工文化程度较低,显然不利于小企业的持续成长和创新。

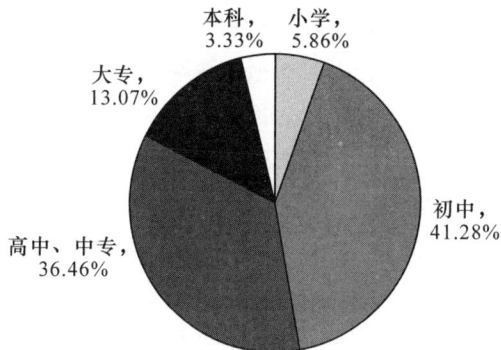

图 3.2　2015 年宁波工业小企业从事生产的员工文化程度

技术的进步使人类社会面临着越来越快速的变化,小企业面临越来越复杂的挑战,许多困难和问题单靠个人或单个部门已经很难解决。小企业成长过程中不仅需要企业内部的协调,还需要企业与客户、供应商、甚至竞争对手之间的沟通与协作。只有实现企业内部的顺畅沟通,企业各部门才能通力合作,从而健康成长。关于企业内部沟通,课题组调查结果如图 3.3所示,约 33.31%的小企业认为企业内部沟通很顺畅,企业各部门合作愉快,

57.14％的工业小企业表示在工作中企业各部门偶尔会产生分歧,只有9.55％的小企业表示沟通中常常产生冲突。由此看,宁波工业小企业的内部沟通能力比较好,有助于企业的成长。

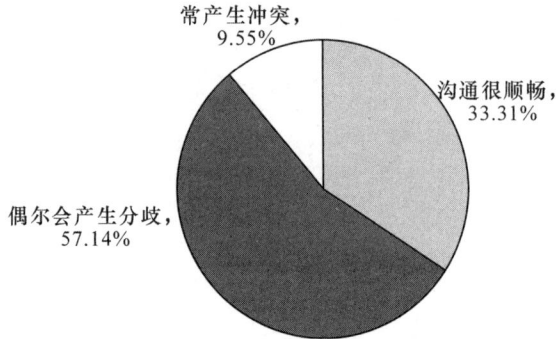

图 3.3　2015 年宁波工业小企业各部门之间的沟通能力

　　员工激励指企业的管理者通过多种措施和手段,激发起员工的需要、动机和欲望并树立自己的目标,并在追求这一目标过程中保持积极心态,发挥潜在能力和创造性,最终高效地实现企业目标。有效的员工激励措施将使企业拥有稳定的人力资源,并能使其充满热情地高效工作,这对于小企业的成长十分重要。员工激励的措施多种多样,调查中,我们列举了年终奖、销售提成、给予股权、职务提升和发放奖品等物质激励措施以及送出去培养、组织参加旅游等精神激励措施。如图 3.4 所示,物质激励方法是宁波工业小企业常用的激励方法。近一半的小企业都使用了年终奖、销售提成和职务提升的激励方法,只有 14.10％的小企业选择了送出去培养的激励方法,选择给予股权的小企业更少,只有 4.30％。虽然从小企业短期成长来说,物质激励效果明显。但从小企业的长期持续成长来看,送出去培养等精神激励措施更有助于提升员工的工作积极性和对企业的忠诚度。组织旅游则有助于企业员工的相互沟通和了解,对工作中的协作沟通也有帮助。而将员工送出去培养对小企业人力资源能力的提高也很有帮助,员工培训至少可从以下几个方面发挥作用:为企业造就人才,增加人力资本存量;树立良好的企业形象;提高员工对组织创新的认识,增强企业的生命力;使新员工尽快进入角色;提高员工工作绩效,从而提高用人成本的使用效益;改善员工工作态度,增强企业的稳定性等。

　　课题组认为小企业应更加重视精神激励在人力资源管理中的作用,根据企业实际情况将多种激励措施搭配使用,将有助于企业成长。

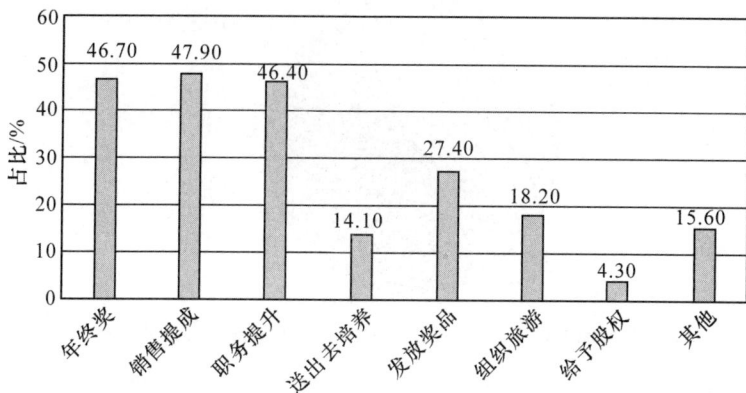

**图 3.4　2015 年宁波工业小企业常用的激励员工方法**

## (二)技术能力

　　小企业的技术能力是企业能够持续成长的另一个必备的基础能力,是企业能够长期为顾客提供价值的主要因素。韦思特豪(Westphal)和金(Kim)把技术能力定义为有效使用技术知识的能力。技术能力中的一个重要概念是学习,贝尔(Bell)认为通过学习,人力资本可以获得技术知识和技术技艺。技术能力是获取、使用、适应、改变和创造技术所需要的大量知识和技艺的总和。对于工业企业来说,技术能力是企业吸取外部知识、提升技术水平、加快自主创新的能力。小企业设备的技术水平、技术研发人员状况及研发支出占比等都能体现出自身的技术能力,直接关系到企业对技术的引进、吸收和创新。当小企业的现有技术水平偏低时,技术的引进、吸收能力相对重要一些,当技术水平越来越高时,小企业的技术创新能力越来越重要。在不同的技术水平阶段,如果小企业相应的技术能力跟不上,小企业技术水平的提高将受限制,不利于小企业的持续成长。

　　在宁波工业小企业中,如图 3.5 表明,32.97% 的工业小企业所用的设备技术水平比较先进,是 2010 年以后的技术水平;但更多工业小企业的生产设备技术水平一般,有 48.77% 的工业小企业的生产设备是 2000 年以后的技术水平;其余 18.26% 的工业小企业生产设备比较落后。虽然不同行业的生产设备各有特点,但技术水平落后的生产设备无法高效生产新技术产品,显然会阻碍企业的成长。

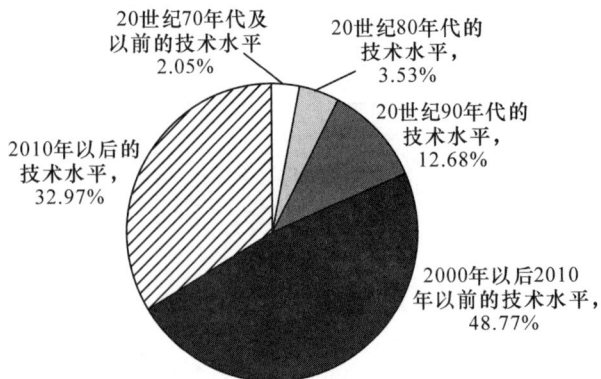

**图 3.5　2015 年宁波工业小企业主要生产设备的技术水平情况**

工业小企业的技术能力与小企业技术研发人员的数量和质量也密切相关。从图 3.6 可以看出,工业小企业技术研发人员在总员工中所占比重为 3%~5%的,有 45.61%;排在第二位的是技术研发人员在总员工中所占比重为 3%以下的,有 24.71%;调查中只有 10 个小企业表示其研发人员数量充足,达到 20%以上,占样本总数的 2.56%;还有 10.51%的小企业研发人员占总员工比例达到 10%~20%。

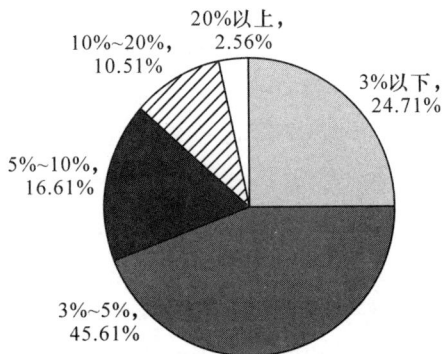

**图 3.6　2015 年宁波工业小企业技术研发人员在总员工中所占的比重情况**

研发费用的情况如图 3.7 所示,2015 年,只有 31.28%的工业小企业研发费用总额不足同期销售收入的 5%,与前一年课题组所做的调研结果(39.2%)相比有所减少。说明宁波工业小企业越来越重视研发投入,这有利于小企业技术能力的提升。

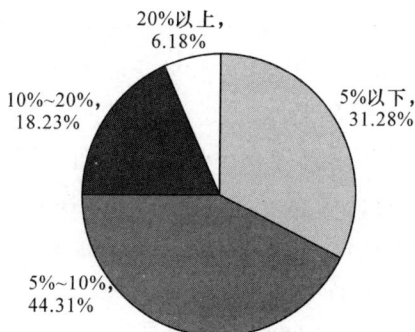

**图 3.7　2015 年宁波工业小企业研发费用占销售收入的比重情况**

### 三、成长主导能力分析

（一）经营管理能力

在小企业成长的过程中,管理水平的提升往往滞后于企业的发展。有的小企业花大价钱买来先进技术和生产设备,但却生产不出好的产品;有的小企业虽然生产规模扩大了,职工人数、产品线增加了或融资投资活动更复杂了,但因为经营管理水平没有提升,结果企业不能顺利成长。因此,工业小企业的管理能力只有与企业规模扩大相匹配,小企业才能持续健康成长。据图 3.8 表明,一半以上的宁波工业小企业经营管理能力只达到基本满足发展需要的水平,为 52.5%,企业想要成长,必须尽快提升经营管理水平;达到较好经营管理水平的宁波工业小企业比例为 32.4%,这些企业随着规模扩大,经营管理水平也还需继续改进;只有 7.4% 的工业小企业被认为经营管理能力很好;还有 7.7% 的工业小企业经营管理能力较差,若不尽快提升经营管理能力,企业可能将很难继续成长甚至继续生存。

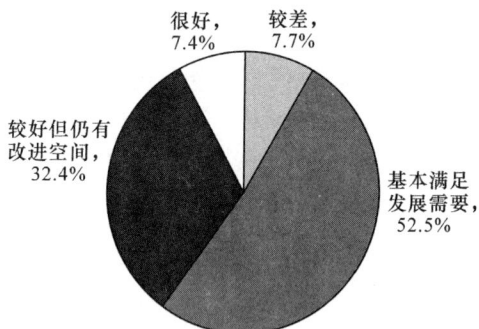

**图 3.8　2015 年宁波工业小企业的经营管理水平情况**

　　小企业的经营管理能力与企业从事管理的员工文化程度直接相关。从图 3.9 所得的调查结果来看,只有 8.5％的宁波工业小企业管理员工为硕士学历,本科和大专学历的分别为 18.3％和 26.1％,占比最大的是高中、中专学历,为 33.1％,其余的则是初中或小学学历。随着经济环境的复杂化和市场变化的加速,现代企业的经营管理需要使企业生产、财务等各种业务,按照企业经营目的顺利地执行,有效地调整,因此越来越需要专业的经营管理人才。管理员工是否受过高等教育,必然影响到企业的经营管理能力。根据以上数据,我们认为宁波小企业的管理员工文化程度还有待提升。即使不用获得更高学历,也需进一步学习现代企业管理专业知识,从而提升小企业经营管理能力。

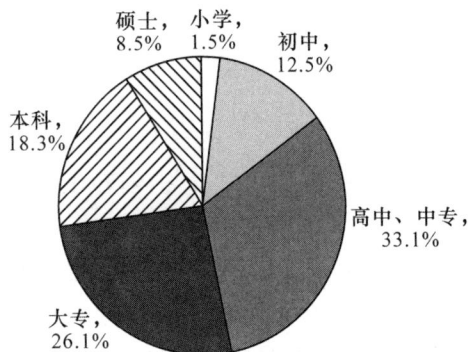

**图 3.9　2015 年宁波工业小企业从事管理的员工文化程度情况**

**(二)盈利能力**

　　盈利能力是衡量工业小企业成长能力的最重要指标之一,是评价小企业发展前景的核心内容。传统上衡量企业盈利能力的指标主要有销售净利率、净资产收益率、总资产报酬率、经济附加值率等指标。课题组采用了宏观和微观结合的方法对宁波工业小企业盈利能力进行评价。宏观的评价主要使用宁波市统计年鉴中规模以下工业企业的数据,微观的评价则利用课题组的调查数据。

　　根据历年宁波市统计年鉴的数据,我们计算了宁波工业小企业平均营业利润率、净资产收益率和总资产报酬率三个指标相对上一年的增长率。三个指标的计算方法如下:

　　宁波工业小企业平均营业利润率＝(平均营业利润/平均主营业务收入)×100％

宁波工业小企业平均净资产收益率＝（平均营业利润/平均净资产）×100％

宁波工业小企业平均总资产报酬率＝（平均营业利润总额＋平均利息支出）/平均资产总额×100％

计算结果如图 3.10 所示,宁波工业小企业近 5 年的平均盈利能力不容乐观,平均营业利润率和平均总资产报酬率一直处于负增长的状况。特别是 2015 年,宁波工业小企业平均营业利润率比 2014 年下降了 35.15％,可见许多小企业正面临着生存危机。此外,宁波工业小企业的平均净资产收益率除了 2014 年为增长外,其余年份都是负增长。因此,从宏观上看,近几年宁波小企业的盈利能力没有增长,这与我国宏观经济状况密切相关。由于全球经济发展到新的阶段,中国经济高速增长的动力已近消耗完毕,新的增长动力还未完全形成。中国企业正面临着成长的阵痛,对于小企业来说更是如此。

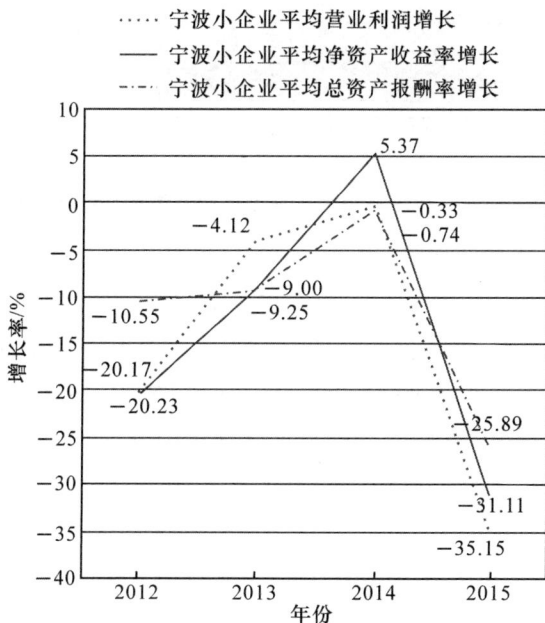

**图 3.10　2012—2015 年宁波工业小企业平均盈利指标情况**

从微观上来说,课题组对样本企业 2012—2015 年宁波工业小企业的盈利状况、销售收入、净利润以及与同行业对比的情况进行了调查。调查结果比宏观数据相对乐观。

图 3.11 表明,28.12％的样本小企业表示企业 2012—2015 年的盈利在平稳增加,比 2012—2015 年销售收入增加的小企业比例低 9.75％;54.62％的企业表示 2012—2015 年盈利基本持平,比 2012—2015 年销售收入持平的小企业比例高 7.01％;还有 17.26％的企业表示 2012—2015 年盈利逐渐减少,高于 2012—2015 年销售收入减少的小企业比例。由此可以看出,虽然一部分宁波工业小企业的销售收入有所增长或持平,但利润率却在不断下降。对这些企业来说,必须寻找新的盈利增长点,才能保证企业的继续成长甚至生存。

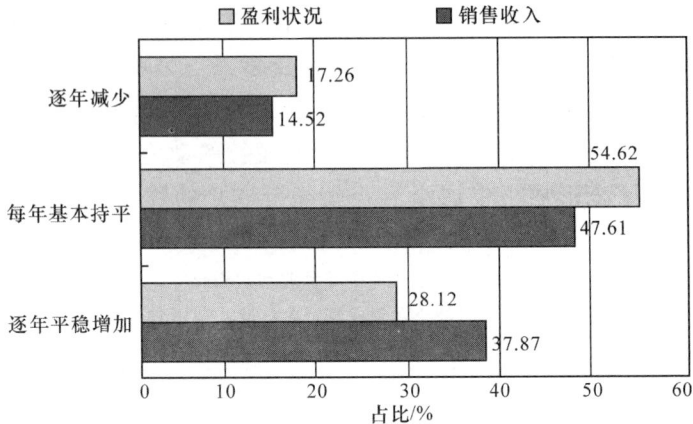

**图 3.11 2012—2015 年宁波工业小企业销售收入和盈利情况**

图 3.12 显示了宁波工业小企业 2012—2015 年净利润的具体情况,平均年净利润率为 20％以上的小企业仅占样本企业的 12.51％,亏损的小企业比例已达到 14.41％,大部分的小企业 2012—2015 年平均净利润率不足 20％。由此看出,宁波小企业近年来的盈利能力并未大幅提升,与前面的其他调查结果保持一致。

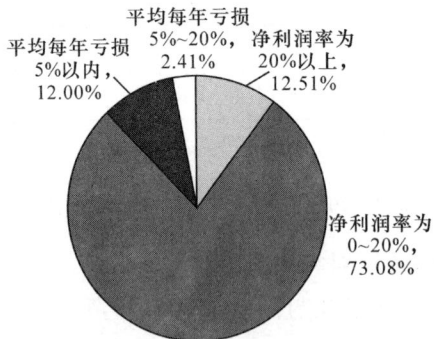

**图 3.12 2012—2015 年宁波工业小企业净利润率情况**

　　另一方面,小企业的成长与行业的成长也密不可分。课题组调查结果如图 3.13 表明,宁波市工业小企业业务增长情况与同行业平均水平相比,盈利能力较好。25.34%的工业小企业表示其业务增长率高于同行业平均水平,58.65%的工业小企业表示其业务增长率和同行业平均水平持平,只有 16.01%的工业小企业业务增长率比同行业平均水平要低。

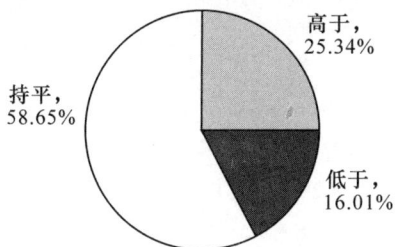

高于,
25.34%

持平,
58.65%

低于,
16.01%

**图 3.13　2015 年宁波工业小企业的业务增长率相比行业平均水平情况**

### 四、成长核心能力分析

#### (一)信息化能力

　　20 世纪 50 年代中期开始的信息革命使人类社会从工业时代步入了信息化时代。信息化能力体现在企业在网络通信、企业网站、企业管理信息系统等方面的投入建设情况,以及在企业生产管理与设备控制、产品开发和设计、客户资源管理、质量管理、网上销售等方面的运用情况。企业的信息化能力支撑着企业生产、销售、服务、品牌推广等各环节,并随着信息技术在企业中应用的不断深入显得越来越重要。工业小企业要持续成长,在信息化时代具有高水平的信息化能力十分重要。

　　宁波市政府高度重视制造业信息化工作,早在 2002 年,宁波就在服装、电子、机械(模具)行业中全面启动了制造业信息化工程,并从 2003 年起开始实施《宁波市“十五”制造业信息化发展规划》,创建了“宁波市制造业信息化工程示范企业”项目申报工作,对信息化与工业化融合标杆企业、信息化优秀服务商和中介机构、优秀企业信息化公共服务平台给予政策和资金上的大力支持。宁波市政府还结合宁波的特点,提出推进宁波企业信息化,实现“四化”目标:制造过程自动化、工业产品智能化、企业管理现代化、商务交流网络化。2012 年,宁波市不仅出台了指导“十二五”工业化与信息融合的行动纲领——《宁波市信息化与工业化融合“十二五”发展专项规划》,而且成功召开了“2012 年中国(宁波)制造业信息化高峰论坛”,旨在助力制造业加快推动两化深度融合,助力工业企业持续成长。

　　课题组对宁波工业小企业的计算机应用和信息化状况进行了调查。调查结果如图 3.14 所示,43.85％的宁波工业小企业表示企业缺乏专业技术人员,影响了企业信息化能力的提升;16.15％的小企业则表示资金不足,影响了企业的信息化建设。此外,没有系统性的信息化建设解决方案、员工素质不高、企业新旧管理模式的冲突等因素也都不同程度地影响着小企业的信息化能力。

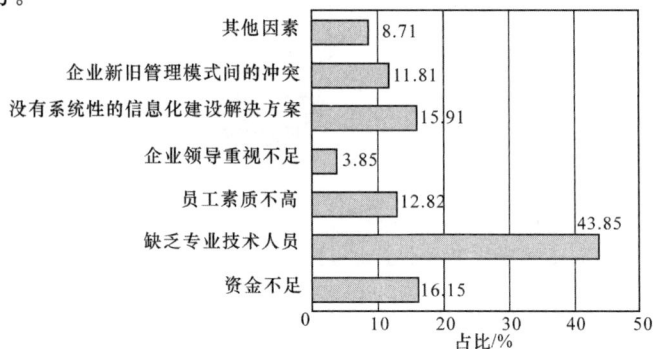

图 3.14　2015 年影响宁波工业小企业信息化能力的因素

　　此外,随着互联网的普及和应用,宁波工业小企业信息化能力与企业对互联网的应用密切相关(见图 3.15)。目前宁波许多工业小企业已经越来越多地利用互联网,根据课题组 2015 年的调查,目前 26.0％和 25.2％的宁波工业小企业使用互联网的主要目的分别是获取市场信息和进行企业宣传,还有 20.1％的小企业已经利用互联网发展电子商务,但是比例并不高。而利用互联网建立现代管理体系的小企业只有 13.3％,占比最低。由此看出,宁波工业小企业与互联网的融合还远远不够,需要进一步增强意识,采取行动,运用互联网提升企业信息化能力。

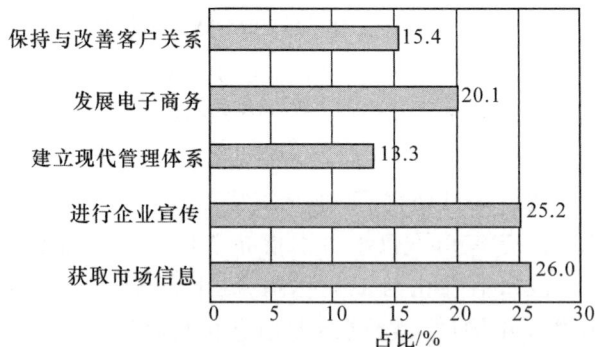

图 3.15　2015 年宁波工业小企业利用互联网的主要目的

综上所述,宁波工业小企业的信息化能力需要继续增强,可采取的措施有:增加投入进行硬件设施信息化,提高企业员工的学习力和员工素质,培养或招募更多信息技术人员,加强互联网和产品生产、企业管理的结合,加强对相关互联网平台的应用等。

此外,企业信息化能力的增强有赖于对员工培训的增加。无论是对员工进行专业技能培训、团队合作能力培训,还是企业文化、管理制度、安全措施等方面的培训,对于企业管理水平的提高都很有好处。一个拥有较强学习力的企业肯定是管理水平不断提升的企业。根据本课题调查,宁波工业小企业对从事管理的员工安排参加公司组织或出资的培训或进修的情况如图 3.16 所示:45.60%的小企业安排公司的管理员工每年参加 1 次及以上的培训;31.80%的企业没有安排或出资对管理员工进行培训,他们仅靠自学和自我训练进行学习,对提升企业管理水平的作用相对较小。由此说明,较多宁波工业小企业并不太重视本企业管理员工的培训,对本企业管理水平的认识也不够客观,提升本企业管理水平的需求不是很强烈,这些小企业很可能无法适应变化速度越来越快的市场环境。

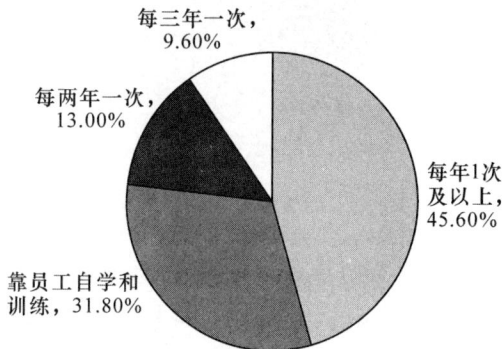

**图 3.16　2015 年宁波工业小企业管理员工参加公司组织的培训及进修情况**

（二）创新能力

创新能力是企业成长的另一个核心能力。因为,在激烈的市场竞争环境下,企业保持活力、不断成长的动力源泉就是创新。创新可以使企业获得相对于竞争对手的先动优势,对小企业来说尤其如此。

小企业的创新能力是企业发起并形成有效创新行为的综合能力,这种能力对其获得良好的成长机会和超额利润有重要的贡献。当然,创新也存在一定风险,但若不愿承担风险,小企业可能将无法生存,再也没有承担风险的机会。对企业来说,创新可从多方面体现,如产品开发、生产、技术获取、经营管理、资源供应等。课题组主要对宁波工业小企业在产品上的创新进行了调查。

调查发现,如图 3.17 所示,2015 年,宁波工业小企业新产品开发数量在 5 个以下的比例最高,达到了 47.67%;21.74% 的企业开发了 6~10 个新产品;17.32% 的企业 2015 年开发了 11~20 个新产品;5.16% 的企业 2015 年开发的新产品达到了 20 个以上。2014 年课题组调查的数据分别为 42.60%、24.30%、11.10%、12.10%。还有 8.11% 的企业表示 2015 年没有开发新产品。与 2014 年相比,2015 年进行产品创新的宁波工业小企业更多了,比 2014 年高了 1.79 个百分点。可见,越来越多的小企业认识到产品创新对于企业的重要性。

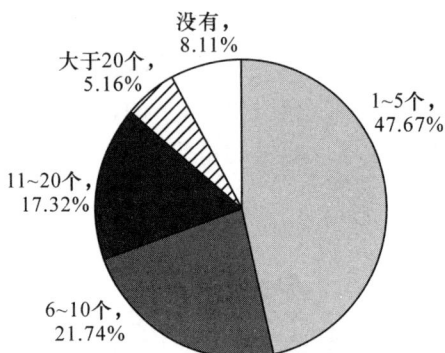

**图 3.17　2015 年宁波工业小企业开发新产品情况**

宁波工业小企业的产品创新有三种模式,分别是自主创新、模仿创新和合作创新。调查表明,如图 3.18 所示,宁波工业小企业采用最多的创新模式是自主创新,独立研发新产品占比最高,为 35.82%。学习创新即采用直接购买其他企业、科研院所或高等院校的技术开发新产品的比例很小,只有 6.38%。在采用合作创新模式时,27.15% 的企业选择与大企业合作开发新产品,25.52% 的企业选择与其他中小企业合作研发新产品。选择与高等院校、科研院所合作研发的比例很低,分别仅为 3.59% 和 1.54%。由于小企业资金实力和技术人员有限,合作开发新产品的手段还需进一步鼓励,特别是与高校、科研院所的合作开发需大力推进,从而提高宁波工业小企业的创新能力。

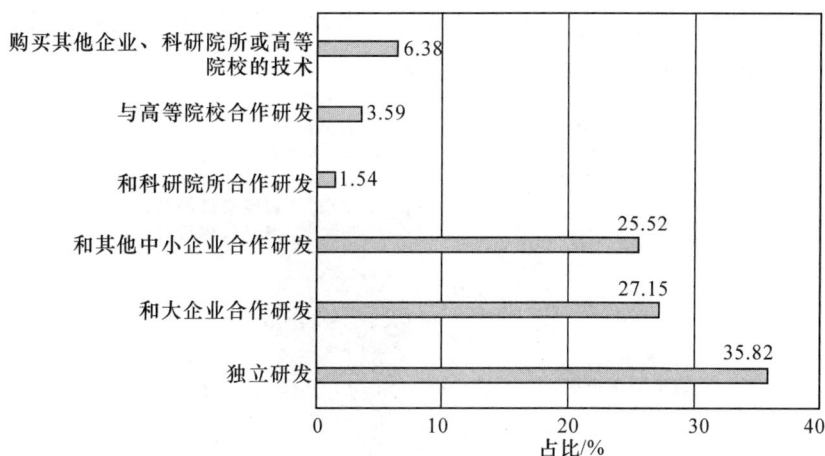

**图 3.18　2015 年宁波工业小企业新产品开发手段**

　　关于新产品开发的效果,我们调查了这些新产品 2015 年给创新企业带来的收入在企业总收入中所占的比重。如图 3.19 所示,45.49% 的样本企业表示新产品带来的收入在企业总收入中占的比重为 6%～20%,30.06% 的小企业表示新产品带来的收入在企业总收入中占的比重为 5% 及以下,新产品带来的收入在企业总收入所占比重达 20%～40% 甚至 40% 以上的企业比重分别为 21.89% 和 2.56%。

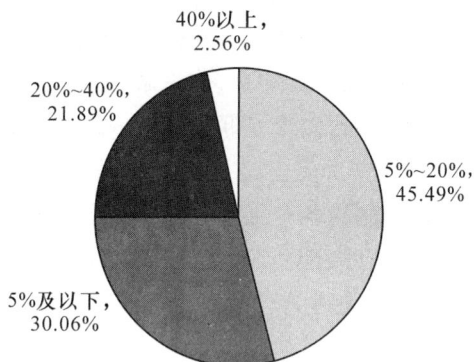

**图 3.19　2015 年宁波工业小企业新产品带来的收入占总体收入情况**

　　从宁波工业小企业对自身创新现状的评价来看(见图 3.20),没有创新的小企业比较少,只有 7.97%。大部分小企业进行了创新探索,其中 39.48% 的企业取得了初步进展,15.71% 的小企业则已经从企业创新中获得较大收益。表示企业创新过程中失败的企业有 12.79%,还有 24.05% 的小企业表示企业创新后未看到显著成果。因此,总体上看,宁波工业小企业创新的积极性比较高,但创新能力还需进一步提高。

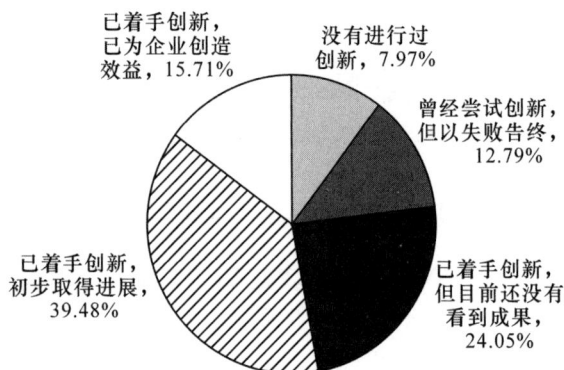

**图 3.20　2015 年宁波工业小企业创新情况**

## 第三节　融合新经济,促进学习与成长

2016 年,中国政府工作报告中首先提出了"新经济"的说法。李克强总理对"新经济"进行解读时指出:发展"新经济",小微企业可以大有作为。国家行政学院马建堂认为,新经济是指在经济全球化条件下,由新一轮科技革命和产业革命所催生的新产品、新服务、新产业、新业态、新模式等"五新"的综合。新经济的核心技术基础包含互联网＋、大数据、云计算、物联网、智能化、传感感应技术等,新经济当前已经从技术变革层面拓展到企业运行、产业融合、社会生活、人类交往的各个维度,正在展现它推动产业融合、经济转型升级和社会变迁进步的巨大能量。[①] 宁波小企业应主动认识和了解中国"新经济"的内涵与特点,主动进行学习和创新,与新经济相融合,由此才能保持活力,不断成长。

### 一、主动与互联网深度融合

众所周知,互联网越来越深刻地影响着企业和消费者。有人认为,正因为互联网的冲击,才使我国近几年实体经济低迷不振,我国许多制造企业纷

---

① 　新华社. 专家:我国新经济发展呈现三方面特点[EB/OL]. (2016-07-19)[2016-12-22].
http://news. xinhuanet. com/fortune/2016-07/19/c_1119245117. htm.

纷倒闭。事实上,制造业与互联网深度融合正是全球产业变革的方向,是制造业迈向中高端的重要路径。这种融合贯穿制造业的所有环节和领域,如生产制造、售后服务、产品营销、企业经营管理等。在工业和信息化部制定的《促进中小企业发展规划(2016—2020 年)》中,专门提出应推进中小企业信息化进程,提升中小企业互联网和信息技术应用能力。2016 年 8 月,宁波成为全国首个"中国制造 2025"试点示范城市,成为传统产业的智能化道路上的领头羊,宁波工业小企业与互联网融合势在必行。在此过程中,宁波工业小企业需做到以下两点。

首先,应拥有互联网思维。互联网思维的体现之一就是企业更加重视对消费者需求的关注。具体来说,企业要通过互联网主动关注用户对产品的需求,通过大数据收集用户的偏好和使用产品的体验,从而改进、创新自己的产品,为用户创造更大价值。传统的生产—消费模式下企业进行大规模生产,消费者缺乏主动权。而互联网正在使生产者和消费者之间的关系发生变化,消费者从被动消费变为主导消费,从而导致企业价值链主导权从生产商、流通商转到消费者手中。因此,工业企业的生产必须进行升级改造才能适应消费者的需求。在"生产—销售—消费"协同升级过程中,企业生产改造升级的动力最终来源于下游销售端和消费端。若消费者对本行业产品越倾向于在线购买,并愿意将消费信息共享,则说明下游的互联网化程度越高,由此也将倒逼着工业小企业将制造环节与互联网进行融合。

其次,选择适合企业自身的融合模式。工业小企业与互联网融合之初,如表 3.3 所示,各个行业与互联网融合的重点并不完全一样,比如消费品行业融合的重点是个性化定制、产品的改进创新和质量的追溯保证,装备行业融合的重点是产品的智能化和装备联网,原材料行业融合的重点是供应链管理和质量管理等全流程管理等。纺织服装行业则是零售端高度互联网化的产业,因此在服装工厂里面,出现了柔性化生产、生产周期缩短的现象,生产方式和装备也发生了变化。而智能装备和智能产品,则可将传感器嵌入产品,在客户使用时不断采集数据上传到云端,分析相关数据后,生产更适合消费者的产品。因此,工业小企业要想在互联网时代更好成长,应全方位专注企业自身的产品以及熟知本行业互联网化的程度,通过互联网了解最下游的消费者,主动进行制造升级。

**表 3.3　制造业与互联网融合七大模式①**

| 融合模式 | 适用行业 | 具体内容 |
|---|---|---|
| 众设、众包研发设计模式 | 纺织、汽车等行业 | 通过搭建基于互联网的开放式网络平台,集聚并对接线下各类社会创新资源,开展众设、众包研发设计 |
| 大规模个性化定制模式 | 家电、服装、家具等行业 | 通过 C2B 模式,就产品设计、制造与用户进行实时互动,及时响应用户个性化需求,实现以大批量生产的低成本、高质量和高效率的方式提供定制产品和服务 |
| 精准供应链模式 | 原材料等行业 | 物流企业通过在线上配置线下资源的方式,整合信息流、资金流、物流,改变原有供应链运作模式 |
| 平台化生态化组织模式 | 各种行业 | 企业在开展互联网化转型的过程中,对组织架构进行调整,使传统的科层制金字塔组织结构向扁平化、平台化、生态化组织结构转变 |
| 数据化在线化服务模式 | 机器设备等行业 | 制造企业利用互联网、物联网、云计算、大数据等技术,开展对联网设备的在线远程监测、故障诊断和运行维护等服务,拓展制造业价值链和企业盈利空间,推动生产型制造向服务型制造转变 |
| 分布式网络化资源优化配置模式 | 电子工程等行业 | 制造企业借助互联网,在全球范围内发现和动态调整合作对象,整合企业间优势资源,实现全球分散化异地协同设计、制造和服务 |
| 社交化场景化营销模式 | 智能装备和智能产品等消费品行业 | 企业利用互联网平台、大数据等技术,通过线上线下相结合的方式与消费者开展网上实时互动,收集分析用户社交和偏好信息,实现基于具体场景的社交式营销 |

　　总之,随着制造业与互联网融合发展进入深水区,以互联网为核心生产力和创新要素的制造业新形态不断加速形成,贯穿制造全过程、产品全生命周期、全产业链的模式创新全面铺开。有条件的工业小企业可通过网络化制造模式,实现生产经营各环节的企业间协同,形成网络化企业集群。充分利用工业云服务平台,共享开放的制造资源,结合行业或产品实际发展,形成基于互联网的个性化定制、众包设计等新型制造模式。

## 二、积极与各种创新资源合作

　　如前所述,课题组调查结果表明,宁波工业小企业的技术能力、创新能力一般,还需进一步加强。但小企业由于其规模和资金有限,独立研发创新的能力有限,所以积极与各级各类重点实验室、制造业研究中心、工程研究

---

　　① 杨春立.制造业与互联网融合初现七大模式[EB/OL]. (2016-06-17)[2016-12-22]. http://news.163.com/16/0617/09/BPOK45BJ00014AED.html.

中心、高校、科研院所等创新资源合作,是小企业提高技术创新能力的有效手段之一。小企业积极实施产学研合作能够给企业带来如降低研发成本、合作培养人才、及时获得行业资讯等优势。而且这些创新资源的研发成果通过合作、转让、许可和投资入股等方式,可以推动技术成果转化和应用。

首先,宁波工业小企业可在本市或上海、杭州等地高校或科研院所中发布课题项目,与相关科研人员展开联合研究,解决企业急需解决的技术难题,并根据技术与项目的不同属性选择使用具体的合作方式,如委托开发、合作开发、共建实体等方式。有条件的小企业还可以借助互联网平台与国外高校、科研机构进行科技项目合作,或与境外研究机构建立合作伙伴关系,组建产学研跨境创新协同网络。此外,小企业还可以借助互联网探索组建基于云平台的虚拟研发中心,从而节约大量的软硬件资金投入,并能将不同地域的人才有机地组织起来,用最小的成本进行企业技术研发和创新。

其次,宁波工业小企业在技术人才培养方面也可以与高校及科研院所合作,一方面可以主动接纳高校相关专业学生在企业实习,培养和挖掘人才;另一方面,也可以在关系较为紧密的合作研发、共建实体等产学研合作过程中提升企业自身科研人员的知识素养、开拓技术视野。

最后,宁波工业小企业应主动及时获取本行业资讯,通过产学研合作对本行业先进技术进行学习和了解;充分利用高校对技术前沿的跟踪能力,及时了解行业技术发展趋势;还可以通过与产学研技术创新战略联盟、技术中介机构的密切联系,时刻关注本企业产品科技成果、知识产权的推广和转化状况。

总之,目前,国内企业生产成本不断上升,过去生产的中低端产品在市场上面临的竞争压力越来越大,生存空间也不断被挤压。小企业要想在当前竞争激烈的市场上胜出,必须要不断创新,致力于成为本行业"专精特新"技术的"隐形冠军"。

### 三、提升学习力,获取新知识

企业是由各种生产要素如土地、劳动力、资本、技术和知识构成的综合体。企业在市场竞争中能持续生存成长的根本技能就是不断地获取并运用新知识、新技术,而提高这种技能的关键是提升企业学习力。通过学习,人力资本可以获得技术知识和技术技艺。技术能力是获取、使用、适应、改变和创造技术所需要的大量知识和技艺的总和。因此,只有不断提高学习力,工业小企业才能不断提升生产管理水平和产品质量技术,从而适应瞬息变化的市场。宁波工业小企业应不断进行学习力修炼,从而最大限度地发掘企业内外各种资源的生产力,促进企业的持续成长。小企业在提升学习力时,要注意以下几点。

首先,企业要将内部学习与外部学习相结合。企业内部学习是企业以自身力量对新募员工或老员工通过各种方式、手段使其在知识、技能、态度等诸方面有所改进,达到预期标准的过程。内部学习是企业学习能力提升的基石。外部学习则是企业从外部获取培训资源,对企业自身无法承担的培训内容进行学习。内部学习对小型企业短期绩效改善具有积极意义,外部学习则有利于小型企业的长期绩效的改善。小企业的人力资源部门可根据经济形势的变化和企业具体情况对企业不同员工的学习内容进行规划和指导。

其次,充分利用互联网学习资源提升小企业的学习力。互联网时代对工业小企业的管理人才和基层工人提出了更高的要求,既要懂制造技术,又要懂互联网技术;既要有专门人才,又要有复合型人才。如前所述,课题组调查表明,无论是宁波工业小企业的管理层员工还是基层工人,其文化程度、执行能力、沟通能力等都需要进一步提升。小企业必须更加重视人才的培训和利用,才能适应日益严峻的企业发展环境。值得庆幸的是,随着互联网的发展,网络教育的相关网站和信息越来越丰富。小企业利用网络资源引导或组织员工共同学习,既有利于提升员工的素质,又促进了员工们的相互沟通和了解,有利于增强员工对企业的向心力,最终提升小企业的学习力和成长力。此外,网络学习的低成本甚至零成本对小企业来说十分有利,应充分利用。网络学习的内容和形式可根据员工的实际情况和企业发展目标进行安排。我们整理了部分可供小企业学习和利用的网络资源,如表 3.4 所示。

表 3.4　工业小企业提升学习力可利用的部分网络资源

| 学习项目 | 资源 |
| --- | --- |
| 经济管理知识 | 中国金融论坛、沃顿知识在线、FT 中文网、金融经济学网站、管理321 经管资源学习平台、管理论坛、东方企业家、中国大学慕课中相关课程等 |
| 人文素养 | TED——Ideas Worth Spreading、500px——最出色的摄影社区、TOPYS——全球顶尖创意分享平台、知乎等 |
| 计算机知识 | 慕课网、优才网、51CTO 学院、Oschina 开源中国社区、Oeasy 学软件、Quora 开发设计人员在线工具、无线互联 3G 学院等 |

续表

| 学习项目 | 资源 |
|---|---|
| 团队合作 | 今目标——互联网工作平台、Tower 平台、teambition 等团队管理可用的平台或软件；网易公开课、可汗学院、腾讯课堂中的团队建设管理课程等 |
| 语言学习 | 新东方多媒体学习平台、朗播网、沪江 CC 课堂、普特英语听力网、多语言学习网站、小语种入门、法语学习网、Study Spanish、JP wind 和风日语、dedecn 德语、韩语学习网等 |

　　最后，积极参加宁波有关机构开设的提升工业小企业成长能力的面授课程。随着中国经济进入新常态，宁波工业小企业的成长环境发生了巨大变化。为了帮助宁波工业企业特别是中小企业提升成长能力，宁波市经济和信息化委员会近年来持续主办了多次内容丰富的培训课程，培训老师都是既有理论基础又有大量企业调研实践的知名专家学者。这些培训课程通常由承办机构预收培训保证金每人 500 元，学员全程参加培训后由承办机构全额退还。因此，对小企业来说大大节约了培训成本。宁波小企业若能主动关注培训信息并积极安排员工报名参加培训，并鼓励员工将所学内容运用于企业实践，必将提升企业的成长能力。2014 年、2015 年宁波市经济和信息化委员会针对中小企业开设了素质提升系列培训课程，如表 3.5 和表 3.6 所示。

**表 3.5　2014 年宁波市经济和信息化委员会部分培训课程**

| 培训内容 | 培训对象 | 人数 | 时间 |
|---|---|---|---|
| 宏观经济形势和政策解读 | 中小企业董事长、总经理，经信系统管理干部等 | 400 | 4 月 19 日 |
| 中小企业精益管理实战班 | 中小企业业总经理、生产副总经理、厂长、部门经理等 | 60 | 4 月 24—26 日 |
| 中小企业转型战略及创新驱动力提升培训班 | 战略性新兴产业和传统产业转型中小企业的企业家和高层经营管理者 | 80 | 7 月 26—27 日 |
| 改革与企业未来投资 | 中小企业董事长、总经理 | 120 | 4 月 26—27 日 |
| 工业设计经"赢"与品牌创新 | 中小企业负责人，工业设计相关负责人 | 80 | 9 月 17—18 日 |
| 制造业零缺陷质量管理实战班 | 中小企业总经理、厂长 | 80 | 10 月 16—17 日 |
| 现代企业管理与商业模式创新 | 中小企业董事长、总裁、总经理、副总经理 | 120 | 5 月 10—11 日 |

续表

| 培训内容 | 培训对象 | 人数 | 时间 |
|---|---|---|---|
| IE 工业工程实战训练班 | 中小企业副总、厂长、生产部经理、工程师及工艺工程（PE）工程师等 | 80 | 6 月 6—7 日 |
| 制造型企业的供应链管理战略培训班 | 中小企业总经理、副总经理、供应链总监 | 80 | 6 月 7—8 日 |
| 中小企业运营管控系统培训班 | 中小企业董事长、总经理 | 80 | 6 月 27—28 日 |
| 品质改善与工具运用实务班 | 中小企业品保、工程、技术、设计等中层管理者与干部 | 100 | 7 月 4—7 日 |
| 企业心智系统的蜕变与突破 | 中小企业董事长、总经理 | 80 | 10 月 15—16 日 |
| 中小企业电子商务战略及应用培训班 | 中小企业董事长、总经理 | 100 | 8 月 22—23 日 |
| 极速创意营销 | 中小企业董事长、总裁、总经理、副总经理、营销总监 | 100 | 5 月 16—17 日 |
| 人力资源战略规划和核心体系建设培训班 | 总经理、人力资源负责人、部门经理、优秀储备干部 | 80 | 5 月 23—25 日 |

资料来源：根据宁波市经济和信息化委员会网站公布的培训信息整理而得。

表 3.6  2015 年宁波市经济和信息化委员会部分培训课程

| 培训内容 | 培训对象 | 人数 | 时间 |
|---|---|---|---|
| 精益物流实战班 | 工业中小企业总经理、副总经理、部门经理等管理者 | 40 | 9 月 15—18 日 |
| 精益标杆企业见学考察培训班 | 工业中小企总经理、副总经理、厂长、生产经理、精益经理、品质经理 | 40 | 7 月 30 日—8 月 1 日 |
| 中小企业赢利能力提升培训班 | 工业中小企业董事长、总经理 | 80 | 10 月 14—15 日 |
| 中小企业战略管理思维创新培训班 | 工业中小企业董事长、总经理 | 80 | 9 月 16—17 日 |
| 企业融资管理与风险防范培训班 | 工业中小企业董事长、总经理、财务总监 | 80 | 9 月 12—13 日 |
| "新常态 新思路"企业家走进名校专题研修班 | 工业中小企业董事长、总经理 | 40 | 8 月中下旬 |
| 中小企业品牌战略与营销创新培训班 | 工业中小企业董事长、总经理、营销经理等高层决策者 | 80 | 6 月 5—6 日 |
| 中小企业转型战略及创新驱动力提升培训班 | 战略性新兴产业和传统产业转型中小企业的企业家和高层经营管理者 | 80 | 7 月 26—27 日 |

资料来源：根据宁波市经济和信息化委员会网站公布的培训信息整理而得。

　　宁波市经济和信息化委员会的培训大多是宏观形势解读及企业管理方面的培训。宁波市人力资源和社会保障局的人才培训中心则专门针对工业企业的制造流程开设了一些培训课程,如表 3.7 所示。这些课程虽然没有完全免费,但为了帮助企业节省培训成本,宁波市人才培训中心推出了一些优惠方案,部分符合条件的学员还可享受政府补助的学习费用。

表 3.7　2015 年宁波人才培训中心部分课程

| 培训内容 | 培训对象 | 培训时间 |
|---|---|---|
| 生产员工岗位培训体系建立 | 运营经理、高级生产经理、生产经理、生产主管、培训经理、HR 培训主管、企业培训负责人 | 6 月 26—27 日 |
| 生产绩效 KPI 提升与执行力 | 运营总监、生产总监、工厂经理、生产经理、高级生产主管、生产主管及其储备人员 | 5 月 29—30 日 |
| 多品种小批量的生产计划与排程 | 生产型企业的总经理、厂长、生产总监/经理、质量总监/经理、生产工程/工艺部经理、生产计划与物料控制经理/主管、精益生产负责人、生产主管、工程师等中高层生产管理人员 | 5 月 8—9 日 |
| 工厂 5S 与目视管理 | 5S 专员、5S 推进主管、班组长、生产主管、仓储主管、生产经理等 | 6 月 12—13 日 |
| TWI 一线主管技能提升训练 | 生产主管、车间主任、现场班组长、领班、拉长 | 8 月 21—22 日 |
| QCC 品管圈 | 各部门主管、工程师、技术员、基层班组长及骨干员工 | 9 月 11—12 日 |
| 现场质量问题分析与解决 | 质量工程师、工艺工程师、维护工程师、一线主管、领班、车间主管、生产主管、班组长 | 5 月 15—16 日 |
| 精益生产全景式模拟 | 生产型企业的总经理、厂长、生产总监/经理、质量总监/经理、生产工程/工艺部经理、生产计划与物料控制经理/主管、精益生产负责人、生产主管、工程师等中高层生产管理人员 | 4 月 24—25 日 |
| 现代工业工程 IE 最佳实践 | IE 工程师、精益制造工程师、工艺工程师、生产主管、生产经理、工程经理 | 9 月 18—19 日 |
| 生产计划与物料控制 | 制造业企业总经理、副总经理、PMC、采购、计划、调度、运作、生产、资材/库存等部门相关人员 | 6 月 5—6 日 |
| 采购成本分析与谈判技巧 | 高层管理、中层管理、基层主管 | 7 月 3—4 日 |
| 供应商开发、评估与关系管理 | 高层管理、中层管理、基层主管 | 8 月 7—8 日 |

资料来源:根据宁波市人才培训网站公布的信息整理而得。

总之,工业小企业在互联网时代正在发生很大的变化,企业员工将从原来的雇佣者和执行者转变成创业者和合伙人。只有充分挖掘员工的潜力,让员工们不断学习和提升素质,宁波工业小企业才能融入新经济,获得持续成长的动力。

# 第四章 宁波工业小企业适应能力分析

有数据显示,中国中小企业的平均寿命仅为 2.5 年,与美国中小企业平均寿命 8.2 年、日本中小企业平均寿命 12.5 年相比,相差甚远。[①] 宁波工业小企业虽然单个规模不大,总量却对宁波经济的发展极为重要,尤其在促进地区经济的增长、解决就业、科技产品的创新等方面发挥了越来越重要的作用。因此,对宁波工业小企业适应能力进行分析,能够有效地发现宁波工业小企业的生存和发展问题,并有效地提出提高工业小企业适应能力的方法和建议,不仅有助于宁波工业小企业的发展,也有助于宁波国民经济的平稳发展。

## 第一节 小企业适应能力阐释

相对于大企业而言,小企业经济规模小、资金不足、技术薄弱、缺少对市场的适应能力和与大企业的竞争能力,但小企业具有经营灵活、发展潜力大的特征,加之其在国民经济中的作用,对小企业适应能力和竞争力的研究,对于推动区域经济的发展尤显重要。

### 一、小企业适应能力的界定

关于适应能力的含义,对其进行精确阐述的学者并不多。胡大立认为

---

① 刘兴国. 中国企业平均寿命为什么短[EB/OL]. (2016-06-01)[2016-12-06]. http://www.ce.cn/xwzx/gnsz/gdxw/201606/01/t20160601_12370561.shtml.

企业适应能力是企业在适应、协调和驾驭外部环境的过程中成功地从事经营活动的能力。竞争中的各种形式只是竞争力前台表演，它的背后则是企业的实力。企业的实力来源于企业的素质，也就是企业内部各种因素有机结合之后所发生的作用。主要包括如下能力：生存能力、适应能力、竞争能力、盈利能力、发展能力。其中适应能力指企业能经受得起外界刺激和冲击，在国家经济政策调整、原材料供应条件改变、市场情况和消费者的需求发生变化、科学技术发生重大改革、社会经济生活发生动荡等情况时，能否主动适时地对自己的生产经营活动做出调节以维护自己的生存，保证计划任务的完成，提高经济效益，以及保持企业不断发展。①

企业组织和外部环境之间能够相互作用，当组织有能力引发变化，并对未知的变化做出反应时，企业的适应能力在防范与减少风险和错误方面起到关键的作用。而组织更新和组织学习也与适应能力有关，组织更新需要持续不断，成功的组织必须具有经常改进自身与内外部需要之间的适应性能力。

小企业适应能力是一个相当广泛的概念，是小企业主动适时改变企业行为更好适应变化的环境，以找到外部市场适当位置的能力。分析小企业的适应能力需要分析企业自身状况与外部市场环境所构成的系统，综合考虑企业长期和短期的生存和发展能力，包括市场融资能力、企业竞争能力、市场反应能力、企业应变能力和技术适应能力。② 企业是一个相对独立的开放系统，其所面临的环境因素越来越不确定，如果小企业能主动适应外部环境的变化，提高企业的适应能力，企业就能拥有更强的竞争能力。

## 二、小企业适应能力的相关理论

### (一)环境影响论

哈佛大学安德鲁斯教授曾全面地分析环境因素对企业发展的影响。他指出，战略行为是一种内部结构变化和环境互相作用过程中产生的组织过程，企业的战略行为模式可以包括外部环境、战略目标、战略能力、管理能力、权力结构、战略领导、战略行为等因素。环境影响论还认为企业是个开放的系统，系统内的各个组织要互相适应，同时又要和外部环境互相适应，即"内在"和"外在"的双重适应。它强调环境是影响企业的关键因素，外部

---

① 胡大立.企业竞争力论[M].北京:经济管理出版社,2001.
② 于水英.小微企业市场适应能力评价研究[D].大庆:东北石油大学,2014.

环境影响了企业内部系统的调整,但企业系统的调整却永远滞后于外部环境的变化。企业内部组织的调整应根据结构来变化,以缩短企业内部组织与结构相适应的过程。企业内部的调整要求组织结构变化和战略调整相适应,这其实也是企业对外部环境适应的过程。

企业间存在着同质性和异质性,但都是以适应外部环境作为企业系统内部组织调整的目标。外部环境对企业内部的影响是多方面的,企业的市场占有率和盈利率的大小,很大程度上取决于企业是否善于利用外部环境。

(二)企业进化论

企业进化论研究的代表人物是悉尼·温特,企业进化论研究了企业资金和物质资源的差异性,企业起源和外部环境变化应该进行有机统一。企业进化论认为企业进化类似于生物的进化过程,通过生物进化的遗传性、多样性、自然选择性这三种核心机制来完成,企业进化的影响因素主要包括企业内部组织、路径依赖、创新因素等。伊迪丝·彭罗斯指出由于企业不断产生新的资源,因此企业不存在最佳规模,新生成的资源可以用来扩大"相邻"市场。

(三)企业成长理论

亚当·斯密最早提出了企业成长理论,他指出企业成长是由市场规模大小和社会分工程度共同来决定的,不同行业的企业存在行业差别和社会分工的差异,所以企业的成长机会也不同,企业成长及其规模由"市场—技术结构"来决定。罗纳德·科斯认为企业要想可持续性成长,必须进行适当合理的制度调整和制度创新,他从"交易成本"的角度说明了企业成长的原因。张五常指出企业契约能力和市场契约能力影响了企业的边界和范围,也决定了企业的成长。奥利弗·威廉姆森以"资产专用性"的角度来解释企业的成长,指出企业处于信息不对称的市场中,需要与其他竞争或合作企业达成默契或签订合约,尽管如此,专用性资产不足的状况也可能发生,解决这种问题最有效的方法是把市场交易逐渐转化为企业内部交易。企业要想实现这个转化过程,则需要进行前后整合,此时企业的成长就表现为纵向边界的拓展。

(四)自适应能力

根据在生物学上的定义,自适应性是指生命体能改变自己的习性来适应环境的一种能力和特性。自适应性理论的研究对象是在一定程度上存在不确定性的生物系统,生物系统内部既包含一定的已知因素,又包含一定的随机未知因素,外部环境系统对生物内部系统的影响也包含一定的随机未知因素。自适应性理论所要研究解决的就是实现这个类型生物系统的预测和近似最优化控制的问题。

根据管理学的定义,自适应性指的是企业内部系统的自适应性,主要有以下三层含义:(1)自主性。企业要独立自主经营、自负盈亏、自主适应外部环境,并对自己的一切行为负责任;(2)自行性。根据自我控制原理,企业需要对经营活动中的偏差自行纠错;(3)自动性。企业作为具有生命特征的有机体,需要主动自觉地去适应外界环境,并能够根据环境变化特征和趋势,自动调整其目标、结构和行为。

### 三、形成机制与评价原则

#### (一)企业适应能力的形成机制

企业适应能力的形成机制,是企业通过对自身的自动调整,主动对外部的环境变化做出反应的一种自我调节机制。首先,企业需要具备能自动调整自身与外部环境之间的动态平衡功能,这是一种成长功能。其次,同时要维持企业内部各要素之间的相对平衡,即维护功能。成长功能的作用在于促进企业变动,即根据环境条件的变化重新调整企业的内部组合和秩序,以保持企业目标、企业功能及其相应结构与企业环境达到动态的平衡和协调;而维护功能的作用在于维护已建立的企业内部关系和秩序,以使自身结构和功能保持相对的平衡与稳定。

成长功能在某种程度上维护企业自身不受外部环境和内部条件变化的过多影响,使企业在较稳定正常的环境条件下得以生存;而企业的发展,企业在不稳定的非正常环境条件下的自适应,则取决于它的维护功能。但是,这两种功能都是为保证企业的生存和发展所必需的,二者缺一不可,这是因为当环境变化的影响一旦达到了企业的感知应变临界(指环境变化引起企业必须做出功能性和结构性调整的界限,亦即企业必须做出高级应变反应的界限)时,如果仅有维护功能而缺少成长功能使企业自身做出必要的应变反应,就会导致企业因与环境不适应而使其生存受到威胁,或者成长中出现严重失误;反之,即使具有成长功能,但缺少使企业自身稳定有序运行的维护功能,或维护功能缺乏在新环境条件下抗随机变动的能力,也同样难以保证企业的稳定生存和发展。所以,只有自适应机制的成长功能和维护功能有机结合,才有可能使企业适应环境变化而成为富有活力的动态有序的经济实体。因此,企业的适应能力表现为企业系统的维护功能和成长功能,而企业系统的维护功能和成长功能与企业的控制能力和创新能力有着对应关系，企业通过控制的监控实现企业系统的维护功能，创新及创造则实现企业系统的成长功能。[1]

（二）企业适应能力评价的原则

适应能力的确定和评价是一个复杂的概念体系。要增强企业适应能力，首先要确定和评价企业的适应能力。根据相关文献的研究，评价企业适应能力的原则主要有以下四点。

第一，效率性。效率是指企业能够在一些绩效水平方面保持一致的能力。随着适应能力水平的提高，企业能够在许多种产品的生产过程中保持一致的产出水平和质量水平。即企业在适应变化的同时，能够保持较高的效率。

第二，应变性。应变是指在特定时间内对变化做出反应的能力，它是反映适应能力大小的另一个标准。它是指企业为了充分利用外部与内部的机会，缩小危机的影响而表现出来的灵活性和敏感性，是企业实施应变程序的速度。

第三，功能性。功能性是指企业对环境变化的准备程度或反应程度，体现着企业应变的活动范围，即企业对可预测的环境变化所做出的准备程度和对未知变化做出某种反应的余地。例如：面对可预测性变化的时候，通过分析环境发展变化的可能趋势，企业可以及早做出适时的调整。

第四，稳定性。稳定性是企业成功持续对不可预测的环境变化（不确定的环境中所发生的重大的快速变化）做出反应的能力，使企业在不可预测的将来仍保持足够的适应能力。埃文斯将其称作应对新背景条件的能力，卢科斯等人将其称为适应新的或不断变化的环境的能力。[2]

# 第二节　宁波工业小企业适应能力现状分析

宁波工业小企业数量多，行业涉及面广，灵活性强，在宁波国民经济体系中起到了重要的支撑作用。为了更好地了解宁波工业小企业的适应能

①　杨秀芝.基于适应能力的跨国公司竞争力研究[D].哈尔滨:哈尔滨工程大学,2006.

②　杨秀芝.基于适应能力的跨国公司竞争力研究[D].哈尔滨:哈尔滨工程大学,2006.

力,课题组于 2016 年 7 月在宁波大市范围内进行了一次抽样调查,通过实地走访、邮件,电话访谈等方式,回收有效问卷共 390 份,调查的宁波工业小企业分布于奉化、象山、鄞州、老三区、北仑区、慈溪、镇海、宁海、余姚等 9 个区域。

问卷的调查对象针对宁波工业小企业,即从业人员 20 人及以上、300 人以下,且营业收入 300 万元及以上、2000 万元以下的小型工业企业。问卷主要围绕市场融资能力、市场竞争能力、市场反应能力、企业应变能力、技术适应能力等 5 个方面进行设计。其中,市场融资能力是指企业为取得资产而通过货币手段来集资的能力,侧重于小企业的生存能力;市场竞争力既能够体现企业的生存能力又能够体现企业的发展能力;市场反应能力是企业对于市场变化的感知能力,决策者如能快速搜集市场信息,采取有效手段,快速组织实施,就能提高市场反应能力,提高小企业抵御市场风险的能力;企业应变能力指企业对市场和外部环境变化做出有效反应,从而取得经营成功的能力,是企业在变化中求生存的关键;技术适应能力是指企业为适应市场发展和社会需求,在技术方面能够引进和研发的能力,技术适应能力有助于提高企业技术创新能力和提高企业在新技术冲击下的快速适应能力。

问卷在各个区域的分布如表 4.1 所示,分布比例基本平衡,由于工业小企业分布较分散,企业主对调研配合程度存在差异,样本在区域分布上,出现某两个区域的不均衡,但并不影响其他区域数据对宁波工业小企业情况的真实反映,其中鄞州和镇海地区的占比相对较高,分别为 15.64% 和 15.38%,其余地区均在 10% 左右。此外,部分问卷中会出现有问题错答或漏答的现象,本章仅分析每一问题的有效答题数,如问卷 390 份,而某一题目的有效答题数为 360 份,即以 360 份为该题总数进行分析,并得出结论。部分问题为多项选择,因而会出现总选项数超过被调查样本总数的情况。

**表 4.1　宁波工业小企业样本区域分布情况**

| 区域 | 奉化 | 象山 | 鄞州 | 老三区 | 北仑区 | 慈溪 | 镇海 | 宁海 | 余姚 |
|---|---|---|---|---|---|---|---|---|---|
| 问卷回收数/份 | 30 | 35 | 61 | 40 | 40 | 45 | 60 | 40 | 39 |
| 占比/% | 7.69 | 8.97 | 15.64 | 10.26 | 10.26 | 11.54 | 15.38 | 10.26 | 10.00 |

**一、总体发展情况**

从 2011—2015 年的数据来看(见表 4.2),宁波工业小企业的数量基本稳定,从 2011 年开始有略微下降,其中 2014 年数量最少,工业小企业的从业人员呈现了持续减少的特点。

表 4.2 2011—2015 年宁波工业小企业发展情况

| 项目 | 2011 年 | 2012 年 | 2013 年 | 2014 年 | 2015 年 |
|---|---|---|---|---|---|
| 企业数/个 | 42125 | 41555 | 40839 | 39789 | 40506 |
| 期末从业人员/个 | 931906 | 911498 | 914429 | 854193 | 721619 |
| 工业总产值/万元 | 20070588 | 21096005 | 21480174 | 21042452 | 17629426 |
| 单位企业平均总产值/万元 | 476.45 | 507.66 | 525.97 | 528.85 | 435.23 |
| 主营业务收入/万元 | 19677596 | 20887134 | 21267499 | 20834111 | 17454877 |
| 单位企业平均主营业务收入/万元 | 467.12 | 502.64 | 520.76 | 523.61 | 430.92 |
| 出口产品销售收入/万元 | 3865985 | 4016785 | 3837221 | 3560625 | 2959730 |
| 单位企业平均出口产品销售收入/万元 | 91.77 | 96.66 | 93.96 | 89.49 | 73.07 |
| 营业利润/万元 | 1223830 | 1036287 | 1011660 | 987820 | 536703 |
| 单位企业平均营业利润/万元 | 29.05 | 24.94 | 24.77 | 24.83 | 13.25 |

数据来源:2012—2016 年宁波统计年鉴。

从宁波工业小企业营业利润来看(见图 4.1),5 年里下降尤为明显,2015 年的利润总额只为 53.67 亿元,与 2011 年 122.34 亿元相比,减少了56.1%。这样的现象,也同样在浙江工业小企业统计的数据中有所体现,2011 年,浙江工业小企业的营业利润为 460.55 亿元,在随后几年中出现略微波动后,2015 年的营业利润为 248.47 亿元,下降了 46.05%,如图 4.2所示。

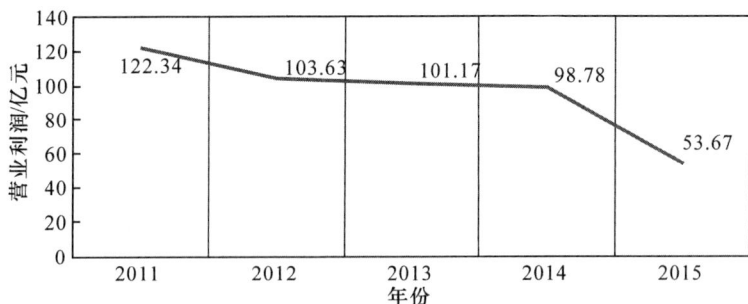

图 4.1 2011—2015 年宁波工业小企业营业利润情况

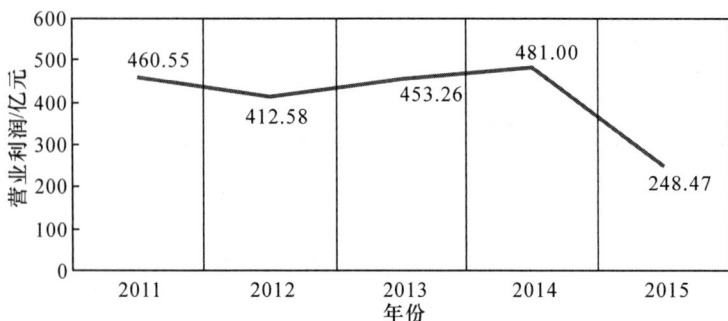

**图 4.2 2011—2015 年浙江工业小企业营业利润情况**

对宁波统计年鉴的数据进行处理后,按照每单位企业的经济指标来分析,也大致呈现了相同的趋势,2015 年的下降情况比较明显。这些数据表明,宁波工业小企业的发展状况并不乐观,除了工业小企业自身发展因素外,也与目前经济新常态下,整个社会对经济结构的调整有关,当然,也存在其他的因素,如是否这几年升规的企业数有所增加,但这一点并不能在规上企业经济指标数据中得到证实。不同年份的工业小企业经济指标波动较大,也说明了其对外部环境的变化较为敏感,外部的适应能力并不强。在经济形势与政策外在因素发生较大变化时,企业如何得以生存与发展,这是本课题对目前工业小企业进行调研的目的所在。

### 二、市场适应能力

对工业小企业市场适应能力的分析,能够有效发现工业小企业的生存和发展问题,并能有效地提出工业小企业市场适应能力提升的方法。

#### (一)市场融资能力

随着企业生存环境和发展环境日益复杂多变,宁波工业小企业家们对融资问题越来越重视,尤其在进行长期战略规划时,对其会慎重考虑。

第一,宁波工业小企业负债率略微偏高。资产负债率反映了在总资产中有多大比例是通过借债来筹资的,即债权人所提供的资金占全部资金的比重,以及企业资产对债权人权益的保障程度。这一比率越低(50%以下),表明企业的偿债能力越强。从表 4.3 来看,宁波工业小企业近五年的资产负债率呈现出轻微上升的趋势,并在 2015 年达到近五年最高 59.82%,虽然波动的幅度并不巨大,但资产负债率超过了公认的 50%的安全值。

表 4.3　2011—2015 年宁波工业小企业资产负债率情况

| 项目 | 2011 年 | 2012 年 | 2013 年 | 2014 年 | 2015 年 |
|---|---|---|---|---|---|
| 资产总计/万元 | 2148.32 | 2142.09 | 2321.29 | 2227.91 | 1925.46 |
| 负债合计/万元 | 1218.08 | 1155.33 | 1262.71 | 1246.98 | 1151.78 |
| 资产负债率/% | 56.70 | 53.93 | 54.40 | 55.97 | 59.82 |

数据来源:2012—2016 年宁波统计年鉴。

此外,从图 4.3 也可以看出,2011—2015 年来,随着宁波工业小企业的营业利润出现了大幅度的下滑,工业小企业的应收账款也呈现了上升的趋势,这说明不仅资产负债率比较高,工业小企业在销售过程中,被采购企业占用的资金数量也有所上升,而这些账款容易成为坏账呆账,进而引起"三角债务"或是"多角债务"的产生,严重影响了企业的健康运营。

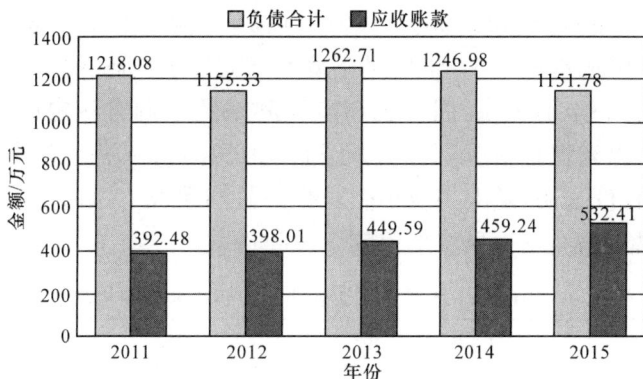

数据来源:2012—2016 年宁波统计年鉴。

图 4.3　2011—2015 年宁波工业小企业负债和应收账款情况

第二,宁波工业小企业融资方式多样化。宁波工业小企业融资方式比较多样化。从问卷的数据来看,工业小企业采用最多的融资方式仍然是银行贷款。被调查的企业中,有 166 家企业采用了银行贷款的方式,通过"供应商临时赊账"融资的企业有 77 家,通过"亲戚朋友借款"的有 67 家,"民间借贷"的企业有 62 家,"小额借款公司贷款"的有 60 家,其他方式融资的有110 家企业。可见,在被调查的 390 家企业中,有 42.6% 的企业通过银行融资。但随着小企业的不断发展,其资金缺口仍然存在,为了防止因民间借贷、供应商临时赊账等融资方式带来的不必要的经营风险,工业小企业仍然期望银行能进一步放开对其的贷款额度,进而获得更多的融资支持。

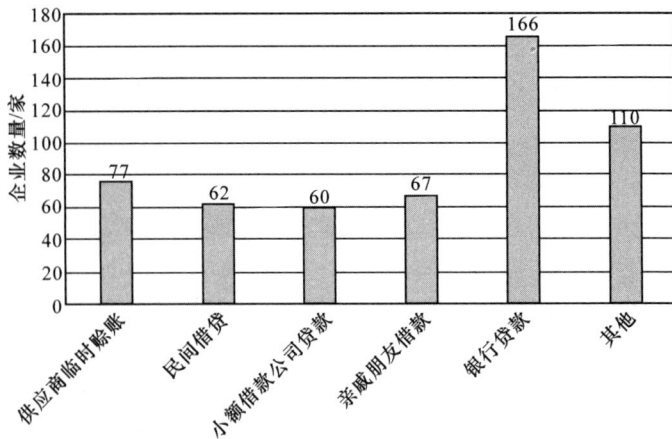

**图 4.4　2011—2015 年宁波工业小企业融资方式情况**

从表 4.4 中可以看出,2011—2015 年来,宁波工业小企业的利息总支出,即部分融资成本在 2013 年后呈下降趋势,这与工业小企业总体盈利状况有所下降有一定的关系,同时也和市场利率的下调有一定的联系。2014 年,利息总支出和银行借款利息有所下降,但民间借款利息却出现了上升,这也从某一程度说明,随着工业小企业受到盈利状况下滑的影响,从银行借款的难度开始加剧,进而更多地依赖于民间借款。

**表 4.4　2011—2015 年宁波工业小企业银行和民间借款情况**

| 项目 | 2011 年 | 2012 年 | 2013 年 | 2014 年 | 2015 年 |
|---|---|---|---|---|---|
| 利息总支出/万元 | 318808 | 339578 | 341444 | 301277 | 288954 |
| 银行借款利息/万元 | 284025 | 319432 | 320149 | 278102 | — |
| 民间借款利息/万元 | 24124 | 20146 | 21296 | 23175 | — |

数据来源:2012—2016 年宁波统计年鉴。

第三,宁波工业小企业融资难原因以企业内部因素为主。在对企业融资困难的原因的调查中,采用了多项选择,要求被调查者填写他认为最重要的融资难原因。从调查的结果来看,如图 4.5 所示,选择"企业内部因素"的企业最多,有 198 家;还有 59 家企业认为是企业资信等级不够的原因。在问卷调查中,也随机对部分企业人员进行了访问,对于企业的内部因素的具体原因,有 35 家企业表示,企业的资本负债率过高,也有管理、技术等其他方面的原因。由此可以看出,工业小企业对自身的经营状况有较好的把握,能从现象中分析自身的原因,并存在一定的危机感,这恰恰也是推动工业小企业继续发展的动力之一。

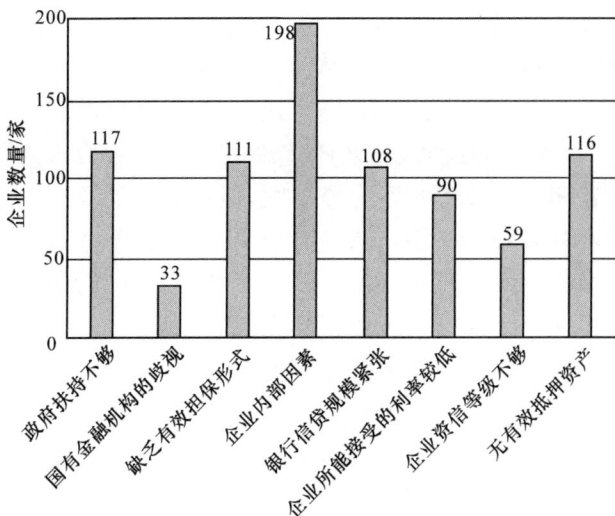

**图4.5　宁波工业小企业融资困难原因**

此外,有关融资难原因调查中,有117家企业认为政府的扶持力度还不够,116家企业认为造成融资难的原因是缺少有效的抵押资产,111家企业认为缺少有效的担保形式,108家企业选择了"银行信贷规模紧张"的选项,选择"企业所能接受的利率较低"选项有90家企业,认为国有金融机构存在歧视的企业有33家。因此,要解决工业小企业融资难的问题,应该从企业内部改革和企业外部环境改善两方面入手。

**(二)市场竞争能力**

工业小企业竞争能力是指企业在市场中具有能够持续地比其他企业更有效地向市场提供产品或服务,并获得赢利和自身发展的综合素质。工业小企业能表现竞争力的产品越多,其市场竞争能力就越强,这就要求企业在保持可持续业务增长的同时,还应对企业经营战略进行高瞻性的规划。

第一,宁波工业小企业业务增长率基本与行业平均水平持平。

在此次调研中,课题组让工业小企业主对自己业务增长情况与行业平均水平进行了自评。调查结果发现,有221家企业认为本公司的业务增长率与行业平均水平持平,100家企业认为超过了行业平均水平,仅有55家企业落后于行业平均水平。

业务增长率是指企业本年主营业务收入增长额同上年主营业务收入总额的比率。业务增长率表示主营业务收入的增减变动情况,是评价企业成长状况和发展能力的重要指标。从表 4.5 可以看出,宁波工业小企业2012—2015 年业务增长率呈下降趋势,并在 2014 年后出现了负增长,2015年更是出现了 16.22% 的递减,可见,受到经济结构等宏观因素的影响,工业小企业成长状况和发展能力并不十分乐观,但从问卷的数据可见,企业主对企业业务水平的自评较为满意。在接受访谈的企业主中,有一半以上的企业表示企业的销售收入和盈利状况近年处于持平状况,与统计数据相比,他们对今后的发展前景表现出更为积极和乐观的态度。

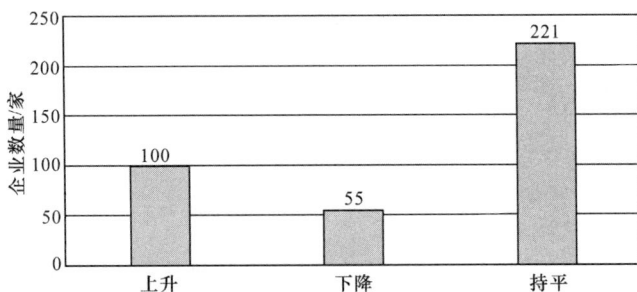

**图 4.6 宁波工业小企业业务增长率情况**

**表 4.5 宁波工业小企业业务增长率情况**

| 年份 | 2012 | 2013 | 2014 | 2015 |
|---|---|---|---|---|
| 业务增长率/% | 6.15 | 1.82 | −2.04 | −16.22 |

数据来源:2013—2016 年宁波统计年鉴。

第二,宁波工业小企业负债水平平稳。

被调查的 390 家工业小企业中,有 205 家企业的负债率在 2013—2015年中处于基本持平的水平,有 153 家企业处于逐年下降的水平,仅有 18 家企业认为处于每年递增的状态(见图 4.7)。从调查的数据来看,被调查企业的负债率近年发展比较平稳,尽管根据上文分析得出,宁波工业小企业整体资产负债率在 2013—2015 年相对平稳,但均在 50% 以上,存在一定的偿还风险,不过,随着小企业主对企业低负债率的不断重视,工业小企业科学经营理念的不断强化,高负债率的问题有可能会在今后的几年有所改善。

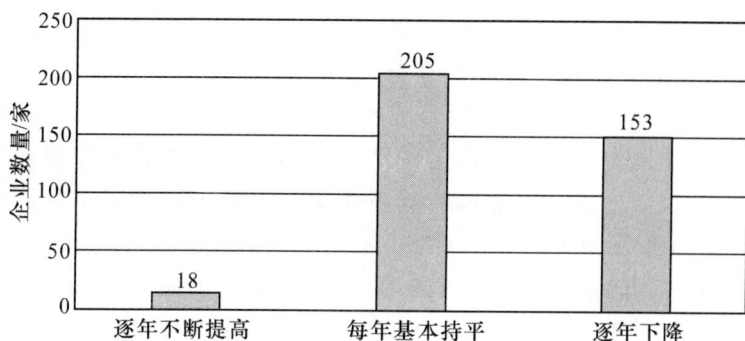

**图 4.7 2013—2015 年宁波工业小企业负债率情况**

第三,宁波工业小企业初具企业战略意识。

工业小企业战略能力可以分解为战略思维能力、战略资源管理能力、组织自适应与更新能力。无数企业的案例表明,企业主的战略思维能力是企业成长与发展的直接动力,具备战略思维能力,企业才能善于发现机会、识别机会、利用机会,进而做出正确的战略选择和决策。工业小企业机制灵活,对战略管理和战略能力却不如大中型工业企业重视。但是从调查的结果来看,有相当数量的工业小企业主已具备了企业战略意识,并把企业战略提到了一定的高度,尽管这其中部分企业主还未制定具体的战略规划,但这将成为他们今后努力的方向。

从问卷的统计数据来看,被调查的工业小企业中 177 家企业已经制定了战略规划,占比 47.7%(见图 4.8)。可见,宁波工业小企业的企业战略意识已初步具备,并期待其不断深入,直至形成科学有效的战略规划。

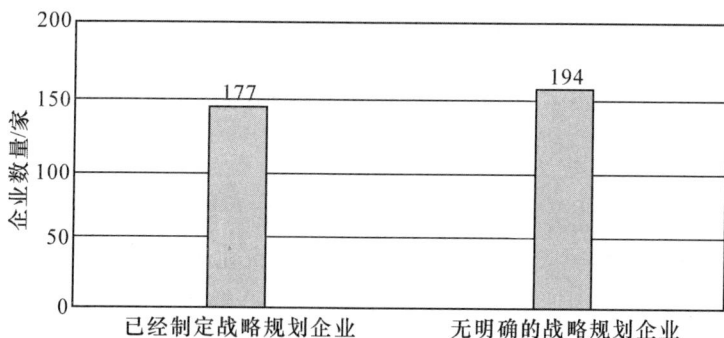

**图 4.8 宁波工业小企业战略规划制定情况**

第四,宁波工业小企业青睐多元化竞争战略。

竞争战略的中心内容是寻找在某一特定产业或市场中建立竞争优势,指企业具有某种其竞争对手所没有或相对缺乏的特殊能力,以便能更有效、更经济、更快捷地为顾客提供所需的产品和服务。企业竞争战略规划的有效实施,将会有效地提高企业的市场竞争力。在对宁波工业小企业竞争战略实施情况调研中,我们发现,有 151 家企业实施了多元化竞争策略,说明这些企业的经营策略属于开拓发展型,是企业发展多品种或多种经营模式的长期谋划,尽管有一部分企业的竞争战略仍处于萌发和初级阶段。这也说明了,这部分宁波工业小企业主的市场竞争意识较强,能够紧跟市场的形势,并在今后的竞争战略实施中有所作为。此外,如图 4.9 所示,有 63 家企业选择了差异化策略,67 家企业选择了产品高档次策略,65 家企业选择了低成本策略。

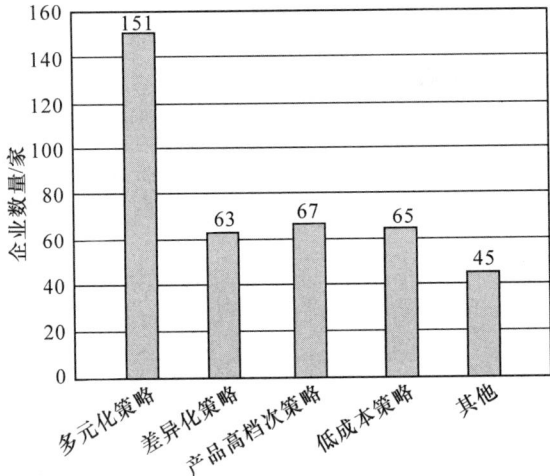

**图 4.9 宁波工业小企业竞争策略实施情况**

(三) 市场反应能力

工业小企业的市场经营活动受国内外市场大环境的影响和制约,想让企业在竞争中取胜,就要有快速感应市场环境变化的能力,不断提高对市场的快速反应能力是企业能在这个竞争激烈的市场中占有一席之地的根本保证。

第一,宁波工业小企业多数重视市场分析。

宁波工业小企业多数认为实时适应市场的变化是企业得以生存和发展的关键因素,因而重视对市场信息的分析。从调查的结果来看,如图 4.10

所示,有205家企业表示,企业已具有市场信息分析和预测人员,能定期对市场的行情进行关注,并作为企业决策的依据之一,占比55.4％。尽管部分企业的市场分析和预测人员并非专业人员,主要以企业主为主,但其对市场分析的重视程度对企业今后的发展具有较大的帮助。

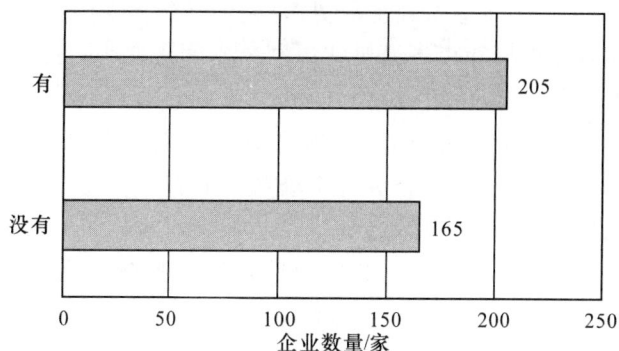

**图4.10　宁波工业小企业市场信息分析人员情况**

第二,宁波工业小企业市场预测准确性仍不够。

宁波工业小企业重视对市场信息的分析和预测,但其分析的方法和准确性仍有上升的空间。课题组在对工业小企业的市场预测准确性调查中,得到如图4.11所示的结果,有42家企业表示对市场的预测很准确,占比11.14％;有315家企业的市场预测基本准确,占比83.55％;20家企业的市场预测完全不准确。可见,工业小企业市场预测方法的科学性和准确性对企业的市场反应能力有一定的制约作用,提高市场预测准确性有助于企业对市场变化的适应。

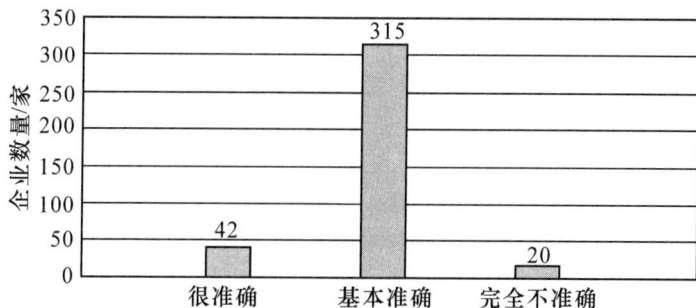

**图4.11　宁波工业小企业市场预测准确性情况**

在与企业主的访谈中,课题组了解到,工业小企业对市场预测,主要通过对新闻、报告、市场已有销售行情、原材料市场、行业协会等方面的信息获取,进行定性的分析,很少具有定量的分析,分析的结果缺少验证的方法和渠道。

第三,宁波工业小企业对经济形势敏感性一般。

对市场机会的把握和市场危机的识别离不开工业小企业经营者对经济形势的敏感性,同样的经济事件对不同的经营者会带来不同的经济信号,进而影响其决策判断。对经济形势的敏感性既包括对经济形势判断的时效性也包括准确性,这不仅要求经营者对市场和产品有深入的了解,也要求经营者具备相关的经济管理方面的知识。

在工业小企业对自身经济形势敏感性自评的调查中,结果如图 4.12 所示,有 258 家企业表示对经济形势的敏感性一般,占比 68.43%;有 24 家企业表示敏感性迟钝,占比 6.37%;有 95 家企业认为对经济形势有较高的敏感性,占到了本题所选企业数的 25.20%。工业小企业经营者缺少对经济形势的敏感性,会对工业小企业的市场开拓、产品竞争力提升产生一定的阻力影响。

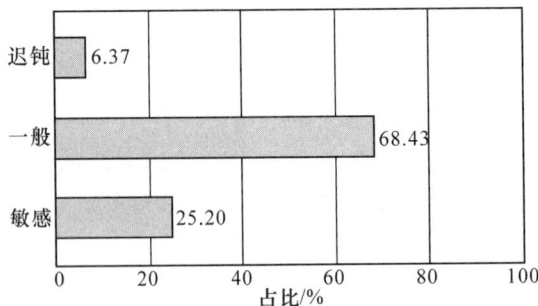

**图 4.12　宁波工业小企业经济敏感度情况**

第四,宁波工业小企业市场调研不足。

企业在做决策之前,需要进行可行性分析,包括市场前景如何、竞争情况如何、技术方面是否先进、经济方面是否合算等,需要有一个全面的分析,即用市场经济规律去分析,进行深入细致的调查研究,透过市场现状,揭示市场运行的规律、本质。投资越大,风险性越大。一份好的市场调查报告,能给企业的市场经营活动提供有效的导向作用,能为企业的决策提供客观依据。

　　然而,课题组在调研中发现(见图4.13),有275家企业在决策前偶尔进行市场调研和可行性分析,占比达73.92%;23家企业从未进行过市场调研和可行性分析,占比6.18%;仅有74家企业的市场调研具有常态化,占比19.89%。宁波工业小企业缺少对市场的调研,严重影响了企业的市场应变能力,因而投资和经营的风险相对较高。

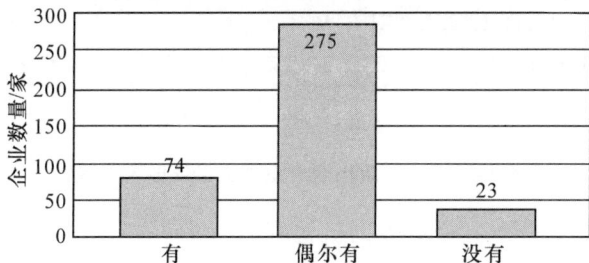

**图4.13　宁波工业小企业市场调研情况**

### 三、企业应变能力

　　企业总是处在经常变化的外部环境中,企业要具有一种由适应市场变化到引导市场变化再到主导市场变化的能力,才能提高企业竞争力。影响企业应变能力的因素有很多,既包括企业对外部环境做出的反应,也包括企业自身所具备的反应决策能力。

　　第一,宁波工业小企业重大决策依据以企业主为主。

　　企业的决策分为长期决策和短期决策,短期决策主要考虑的是风险和报酬,而长期决策需要考虑资金的时间价值及投入和产出的比例。重大决策的产生,需要多方面的信息搜集、分析,考虑的因素越多,决策的依据就越充足,而决策的主要依据来源也会影响到决策的科学性。

　　宁波工业小企业重大决策依据的主要来源为经营者个人的远见和决断,调查结果如图4.14所示。在企业的决策形成过程中,依据以经营者个人远见和决断为主的企业数有221家,员工建议作为依据的企业有56家,内部智囊为依据来源的企业有46家,以经济政策为依据的企业有65家,以上级指示为依据的企业为53家,以咨询机构的建议为决策依据的企业仅有9家,其他方式的企业数为21家(由于此题选项为多选题,因此选项总数超过了企业总数)。个人的决策能力和信息搜集能力有限,多元化的决策依据来源更有利于重大决策的制定。因此,宁波工业小企业的重大决策依据来源仍然过于单一,以经营者个人决断为主的决策依据需要得到逐步改变。

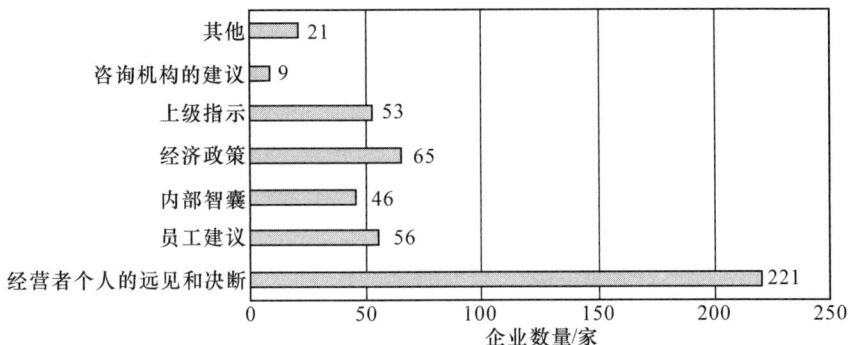

图 4.14 宁波工业小企业重大决策依据来源情况

第二,宁波工业小企业对咨询机构利用不多。

咨询公司是帮助企业和企业家,通过解决管理和经营问题,鉴别和抓住新机会,强化学习和实施变革以实现企业目标的一种独立的、专业性咨询服务机构。其任务主要是帮助企业发现生产经营管理上的主要问题,找出原因,制定切实可行的改善方案。咨询公司作为商业性的机构,其分析人员往往是具有高学历的专业研究人员,对市场具有专业化分析能力,相对于市场分析和预测能力较薄弱的工业小企业而言,其建议对企业决策有一定的借鉴作用。

但从调查的结果来看,宁波工业小企业对咨询机构的利用并不多,很多企业意识到咨询机构的作用和价值所在,但由于种种原因,并没有把咨询机构的建议引入到公司决策依据中。如图 4.15 所示,有 96 家企业认为利用咨询机构很有必要,能起到一定的作用,占比 25.81%;89 家企业已利用咨询机构制定战略规划等,但实施却有困难,占比为 23.92%;有 151 家企业从未利用过咨询机构,但认为其能对公司科学决策起到作用,占到 40.59%;仅有 36 家企业认为咨询机构的帮助不大,也从未用过咨询机构。

第三,宁波工业小企业决策者多数为大学学历。

企业决策者的学历水平从某一方面说明了决策者所具备的文化知识水平和科学决策能力,尽管,随着市场教育体系的逐步完善、现代知识来源的多元化,学历水平对决策者能力的影响程度也有所下降。但高等教育在中国教育体系中的重要地位,决定了其对社会人才培养的不可替代作用。因此,决策者的学历水平往往也作为衡量一个企业竞争力水平的指标之一。

如图 4.16 所示,在被调查的企业中,有 287 家企业的决策者为大学学历,占比 74.35%,其中部分企业决策者是通过成人再教育体系获得相关学历;有 65 家企业的决策者为中学学历,占比 16.84%;20 家企业的决策者为

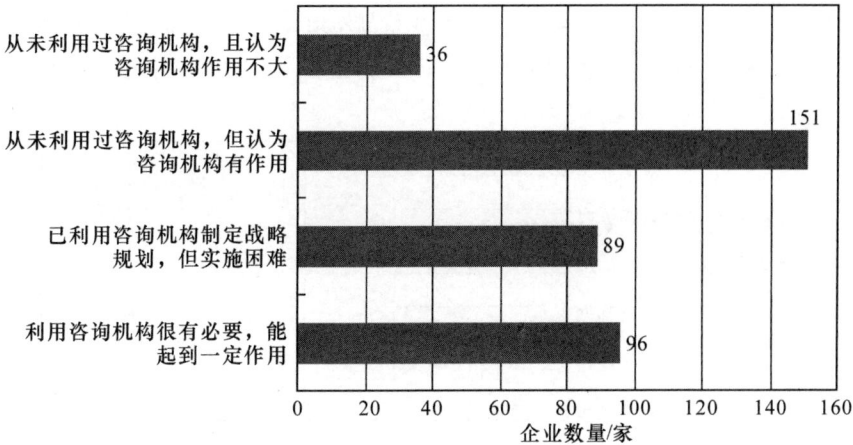

从未利用过咨询机构，且认为
咨询机构作用不大   36

从未利用过咨询机构，但认为
咨询机构有作用   151

已利用咨询机构制定战略
规划，但实施困难   89

利用咨询机构很有必要，能
起到一定作用   96

企业数量/家

**图 4.15 宁波工业小企业对外部咨询机构的看法**

硕士学历，占比 5.18%；有 8 家企业的决策者为博士学历，占比 2.08%；仅有 6 家企业的决策者学历为小学水平，占比 1.55%。因而，宁波工业小企业决策者的队伍正逐步地高学历化、年轻化。同时，企业主越来越重视对自身经营能力的提升，不少企业主会主动参加各种学习活动来改善自己的知识结构。

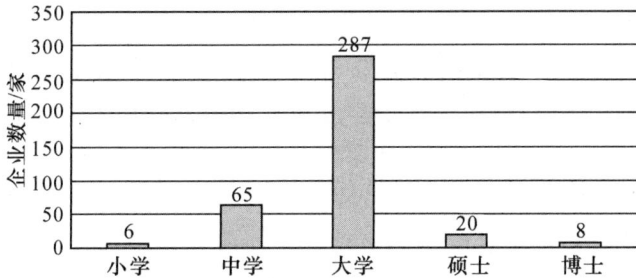

**图 4.16 宁波工业小企业决策者学历情况**

第四，宁波工业小企业计算机信息化程度较高。

计算机信息化技术的产生打破了企业旧的管理模式，企业纷纷通过实施计算机信息化战略来提高自身的竞争力。计算机信息化的建设需要投入大量的人力、物力及财力，一套完善的计算机信息系统涉及面广、周期性长、风险大。这对工业小企业来说是一笔巨大的投资，但宁波工业小企业普遍对计算机信息化战略高度重视。从调查的结果看（如图 4.17 所示），仅有 14 家企业没有利用计算机信息化进行企业的管理，其他企业都在不同方面使用计算机信息化来提高企业的竞争力。其中，有 103 家企业将计算机应用于生产管理和工业控制，有 98 家企业应用于开发和设计，91 家企业用于网上销售,75 家企业建立了企业管理信息系统,38 家企业建立了企业网站或网页,37 家企业建立了企业内部网,44 家企业在其他方面利用了计算机信息息化技术。

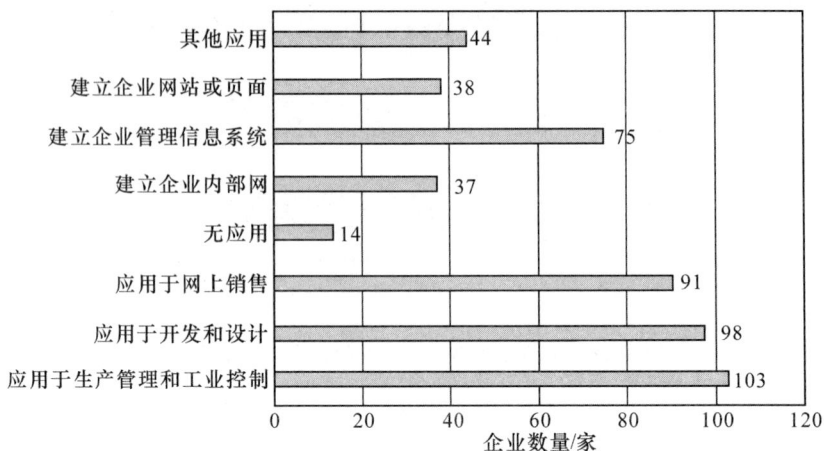

图 4.17　宁波工业小企业计算机信息应用情况

第五,宁波工业小企业对危机处理能力一般。

美国著名危机管理专家梅耶曾说过,世界上绝大多数公司都非常短命,但它们中绝大多数又并不是自然死亡,而是直接或者间接地死于危机事件。企业危机处理的能力,已经成为企业成长的必需技能。工业小企业起点低、实力薄,遇见危机事件的概率相对较高,哪怕一件很小的事情都有可能会对企业造成巨大的损害,甚至导致其走向衰亡。调研中,课题组让宁波工业小企业自评其在遭遇危机时对问题的预见或处理程度,调查结果如图 4.18 所示:有 247 家企业选择了"一般"的选项,占比 67.49%;有 107 家企业选择了"及时"的选项,占比 29.23%;有 12 家企业选择了"迟钝"。由此可见,宁波工业小企业危机处理能力处于一般水平,但其对危机处理能力的关注程度,有助于其危机处理能力在今后逐步提高。

**四、技术适应能力**

技术适应能力是工业小企业应对市场和时代变化而带来的技术变革的适应能力。由于小企业的规模小资金少,能够投入到技术研发创新的资金太少,所以工业小企业的技术适应能力可以在一定程度上反映小企业的技术水平和发展能力。

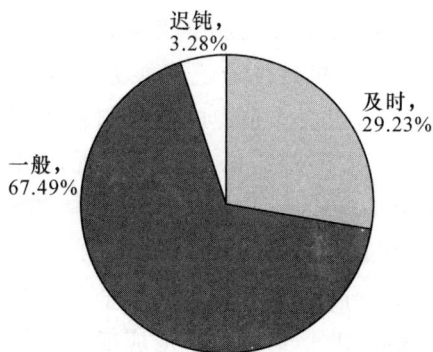

**图 4.18　宁波工业小企业危机处理能力**

第一,宁波工业小企业有一定的创新意识。对于工业小企业而言,创新能力是其成长和适应能力的重要驱动力,企业创新能力的构建与提升是实现自主创新的微观基础。宁波工业小企业主创新意识较强,并主动对企业的各方面进行了创新尝试,深知创新对企业发展潜力的重要性。如图 4.19 所示,有 143 家企业在质量控制方面有创新,137 家企业在开发新的产品线方面有创新,116 家企业在现有产品线基础上开发新产品以求创新,106 家企业在管理方法改进上尝试创新,100 家企业在生产流程上有所创新,89 家企业在服务方面有所创新,50 家企业在其他方面有创新,仅有 6 家企业从未尝试过创新。可见,宁波工业小企业的创新意识较强,并且将创新应用于企业经营的各个方面,这对宁波工业小企业今后的发展较为有利。

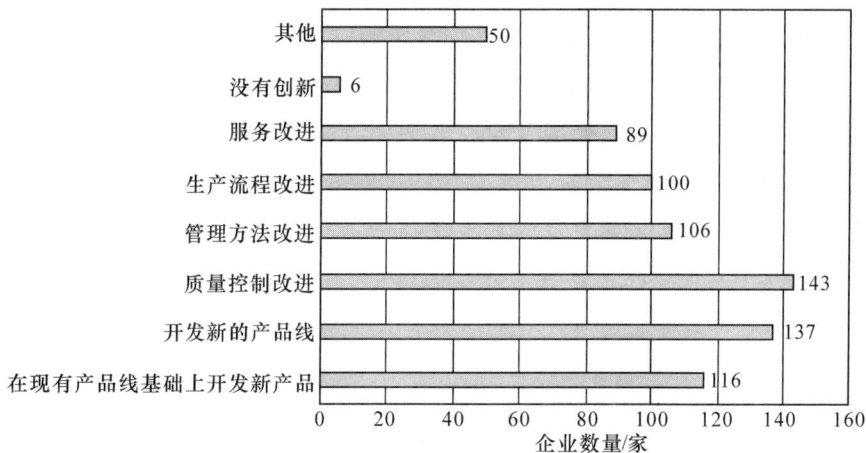

**图 4.19　宁波工业小企业创新情况**

第二,宁波工业小企业技术投入水平相对乐观。

影响企业现有技术水平和对技术适应能力的因素中,企业技术投入水平是极为重要的因素之一,代表了企业的技术创新意识的强弱,也反映了企业创新战略实施的效率。在课题组的调研中发现,被调查企业目前生产设备的技术水平主要处于 2000 年后的水平,其次是 2010 年后的技术水平。2015 年,企业研发支出在销售收入中所占比例为 5%～10%范围的企业总数最多,这个比例已经接近高新技术企业的水平,说明宁波工业小企业对技术研发的投入较为重视,有助于企业技术适应能力的提升,进而提高企业的综合适应能力。

## 第三节　适应新常态,增强市场竞争力

2014 年 5 月,习近平总书记在河南考察时指出:"中国发展仍处于重要战略机遇期,我们要增强信心,从当前中国经济发展的阶段性特征出发,适应新常态,保持战略上的平常心态。"经济新常态是强调经济的结构性稳步增长,着眼于经济结构的对称态及在对称态的基础上可持续发展。工业小企业要适应新常态的经济,不但要关注市场的需求,也要关注市场的供给结构,深刻理解供给侧改革的内涵。宁波工业小企业在提高适应能力方面,除了通过管理的提升、技术的进步等方式来提高自身的竞争能力外,也需要政府在制度安排和市场环境中建立有效有序的管理和激励体系。

### 一、提高企业经营管理的应变能力

第一,提高经营者的市场应变能力。

根据对宁波工业小企业市场应变能力和企业应变能力的调查发现,企业的危机处理能力、应变能力水平一般,而工业小企业的经营和管理主要以企业主为主,因此企业市场适应能力的强弱与经营者的市场应变能力有重要的联系。此外,除了市场应变能力,对市场的预测能力和风险规避能力要求企业主动适应市场环境的变化和发展来不断变化企业的经营战略,更好地为市场提供高性价比的产品和服务。

宁波工业小企业的管理水平仍有待提高。尽管部分企业已建立管理部门机制,但针对企业的适应能力的提高,企业管理适应性也需要提高,实行应变性的柔性管理模式,比如建立以效率为核心的管理制度、建立激励约束

的绩效体系、建立会议制度作为企业竞争战略实施的支撑条件、通过定期的讨论和学习来确保企业战略实施的准确性。企业实行人性化的管理来强化管理应变能力,柔性管理方式与严格的管理机制双管齐下,灵活管理,有助于提高企业应变能力,进而提高企业的适应能力。

第二,提高企业技术适应能力。

企业技术适应能力即企业能针对市场变化对技术改革的要求,及时调整技术水平,以提高企业的适应能力。宁波工业小企业技术适应能力相对较弱,技术人员占总人员的比例更是低于中型企业和规上企业,因此要提高企业的技术适应能力,仍需要引入外部技术人才或培养内部的技术人才。针对工业小企业,政府或协会应开展更多的关于创业、发展等内容的培训班,不仅针对企业主,也应对不同行业的企业内部技术人员进行培训,让他们了解国内外的最新技术动态。政府应支持创建培训基金,给有需要的企业提供培训费用,或从税收中直接扣除一定比例的员工培训费用,为这些企业的人才引进等提供便利的条件。

继续加强工业小企业信息技术服务平台建设,加大对其自主创新的支持力度,利用现有的科技资源,鼓励科研机构和高校向工业小企业开放实验室,鼓励和扶持民办的科研机构。政府可以定期向社会公布相关高校和科研机构提供的服务内容、服务形式、收费标准和联系方式,通过财税等形式鼓励高校、科研机构为中小企业提供各种咨询和技术服务。对部分发展前景较好、有充足市场可行性分析项目的企业,在获得政府支持和补助时,可以适当放低门槛。对部分有市场潜力的新兴行业更应该开设绿色通道,协助市场培育优质企业。

第三,改善企业财务管理能力。

多数工业小企业规模小,实力弱,在市场竞争中缺乏竞争力,在政府决策中缺少影响力,只能被动适应政策经济环境。从前面的分析可知,宁波工业小企业近几年的资产负债率偏高,业务收入呈现下降趋势,企业的融资难问题仍然制约着企业的发展。这些问题的产生都离不开企业内部管理不善的原因,而财务管理是企业管理中非常重要的部分。部分工业企业财务管理制度不规范,缺乏透明度和必要的监督。一些小微企业向信贷机构和税务部门提供不同的财务报表,真实性较低,造成信贷机构较难通过报表数据了解企业的经营状况和企业实际的资金需求。政府要针对目前存在的实际问题,对现有的财务管理监管制度进行调整,对部分财务不规范的企业进行长期的跟踪指导,也可对企业的财务管理人员进行分数制上岗管理,对于违规的行为,进行扣分,扣至事前设定的最低值时,取消其财务管理人员的上岗资格。同时,财务管理的违规问题也可以与企业可享受的政策和福利挂钩,对于严重违规企业,可以采用一票否定的办法。

## 二、建立应变企业文化

组织学习能力与企业的环境适应能力之间存在着紧密的联系,组织学习就是成员主动利用信息和知识来规划企业的战略和采取相应的行动。工业小企业主比较重视自身的学习能力,但对员工的学习能力关注得并不多。企业需要以正确的观念建立长效的学习机制和保障机制,只有通过学习,更新观念,在企业中形成强大的学习动力,才能建立一个学习型的团队。而学习型的团队通过定期的学习和成员之间的互相协调配合,一旦外在的环境出现突发的变化,就能最快觉察出来,并迅速做出反应,而不会出现互相推诿,或坐等上级指示而延误最佳处理的时间。

具有较强适应能力的企业需要协同和应变的企业文化支持,即打破以往各自为政的个人工作观念,改变以往不善于相互沟通的工作习惯,突破传统部门界限,营造相互协同的企业文化,根据所需设置的协同部门,制定人力资源管理制度。人力资源管理制度需要注重的是各部门和人员之间相互协同的规定。企业经营者应对企业战略规划的实施和保障条件了如指掌,并在整个过程中具有指导和协调的能力。而关于应变文化的建立,则要能够增加员工工作动力和企业凝聚力,既有利于促进企业经营绩效的提高,也能在市场或企业内部发生变故的时候,增加员工凝聚的抵抗力。同时,良好的企业文化能够提高企业员工对意外事件的感知意识,降低风险发生,提高企业发现商机的几率。

## 三、整合供应链与延伸产业链

整合供应链可以降低成本、提高生产运营效率,使得各行业工业小企业在原材料价格不断大幅上涨盈利空间缩水的当前提高盈利能力。企业供应链的整合,需要有效控制企业信息流、物流、资金流。从原材料的采购,到加工为半成品和产成品,再到通过物流配送把产品输送到终端客户,每个过程都需要整合控制,将企业内部不同功能单元的工作联结成一个紧密无缝的流程。通过对供应链的整合可以将企业的生产运营成本最大化降低,提高资产利用率和周转速度,使企业高效运转,提高企业盈利能力,进而提高企业市场融资能力,最终达到提高企业市场适应能力的目标。

以现有企业或企业集团为龙头,以政府为主导,鼓励建立一批具有紧密分工协作关系的关联企业。新建企业要以产业聚集为导向，与现有企业分工协作。加强产业规划和产业政策的研究制定，强化政府对企业发展的引导和扶持。切实发挥行业协会桥梁纽带作用，通过行业自律、行业研究、行业交流与合作，促进工业小企业健康发展。同时，政府要着力培育有竞争优势的特色产业集群。

# 第五章 影响宁波工业小企业发展活力的外部因素

　　"十三五"时期,国内外经济发展形势依然错综复杂。从国际看,世界经济复苏乏力,外部环境的不稳定因素增加,宁波工业小企业外贸形势依然严峻。从国内看,中国经济增速从高速增长转向中高速增长,经济增长方式从规模速度型粗放增长转向质量效率型集约增长,经济增长动力从物质要素投入为主转向创新驱动为主。新常态给宁波工业小企业发展活力的提升带来了机遇和挑战。

　　企业活力是企业内在具有的维持其生存发展的机能及有效影响环境、与环境保持动态均衡性相互提升关系的机能,外部因素的变动会对企业活力产生直接或间接的影响。因此,良好的外部发展环境是小企业发展活力得以释放和提升的重要条件,反过来说,就是怎样把影响小企业发展活力的外部障碍因素的影响降到最低的同时,抓住外部发展机遇,提升小企业发展活力。如果目前仍没有营造出提升小企业发展活力的外部环境,或者政府将精力放在了一些对提升小企业发展活力效果不明显的环境因素上,小企业的发展就会受到制约,并因此对本地区的经济、就业、社会稳定等因素产生不利影响。

　　本章在界定外部因素的概念和构成的基础上,梳理影响小企业生成能力、成长能力和适应能力的外部因素,结合实地调研的结论深入分析影响宁波工业小企业发展活力的主要外部因素,并进一步探讨新形势下外部因素给提升宁波工业小企业发展活力带来的机遇和挑战,最后提出优化外部环境、提升宁波工业小企业发展活力的重要举措。

# 第一节　外部因素概述

在界定外部因素的概念和构成的基础上,归纳影响小企业生成能力、成长能力和适应能力的外部因素,结合实地调研的结论分析影响宁波工业小企业发展活力的主要外部因素。

## 一、外部因素的概念与构成

### (一)外部因素的概念

外部因素,也叫做外部环境、外部环境因素,是影响企业生存和发展的重要因素。目前,学界对外部环境的概念尚未达成一致看法,国外学者对企业外部环境概念的界定,主要基于环境与组织战略之间的关系展开。邓肯(Duncan)将企业的外部环境定义为:"组织在决策过程中必须考虑的,在组织边界之外的物质及社会因素。"[①]卡斯特、罗森茨韦克从广义上界定,认为外部环境就是组织边界之外的一切事物。[②] 琼斯等认为,企业的外部环境是超过组织边界但对管理者获得、运用资源有影响的一切力量和条件的组合。[③] 罗宾斯则将外部环境定义为对组织绩效起着潜在影响的外部机构或力量。[④] 卡明斯、沃里的定义是任何组织之外的直接或间接影响组织绩效的事务。[⑤]

基于系统论视角,企业外部因素是一个与企业相互作用、相互依存、对企业发展具有重大影响的系统。[⑥] 基于生态学视角,外部因素是指那些围绕企业成长和发展的,并能够影响和制约企业成长的企业外部的直接或间接

①　DUNCAN R B. Characteristics of organizational environments and perceived environment uncertainty[J]. Administrative science quarterly,1972,17(3):313-327.

②　弗里蒙特・E. 卡斯特,詹姆斯・E. 罗森茨韦克. 组织与管理——系统方法与权变方法[M]. 李柱流,刘有锦,苏沃涛,译. 北京:中国社会科学出版社,1985.

③　加雷思・琼斯,珍妮弗・乔治,查尔斯・希尔. 当代管理学[M]. 李建伟,严勇,周晖,等,译. 北京:人民邮电出版社,2003.

④　斯蒂芬・P. 罗宾斯. 管理学[M]. 黄卫伟,等,译. 北京:中国人民大学出版社,1997.

⑤　托马斯・卡明斯,克里斯托弗・沃里. 组织发展与变革精要[M]. 李剑锋,等,译. 北京:清华大学出版社,2003.

⑥　陈晓红,张亚博. 我国不同行业中小企业外部环境比较研究[J]. 科技进步与对策,2009(13):147-153.

要素的总和。[①]

外部因素具有系统性、动态性和复杂性三大特点。其中,系统性是指企业外部环境是一个由政治环境、社会环境、技术环境、经济环境等子系统组成的系统,且这些子系统存在不平衡性,即存在部分主要因素,对企业成长产生重要或决定性作用;动态性是指影响系统或组织的外部环境因素众多且不断发生变化;复杂性是指随着时代的发展,作为一个开放系统,企业面临的外部环境因素呈越来越多、越来越多样化的发展趋势,因而企业所面临的外部环境会变得更加复杂。

（二）外部因素的构成

赵锡斌将企业外部环境分解为社会环境、市场环境和自然环境三个层次。[②] 席酉民把企业外部环境分为硬环境与软环境,其中硬环境包括自然环境与基础设施;软环境包括人文环境、经济环境、政治环境、市场环境、管理环境、技术环境和企业网络环境。在此基础上,他最终将外部环境的研究框架分为经济环境、政治环境、技术环境、社会文化环境、人口环境和自然环境六大维度,这一研究框架得到了广泛的认同。[③] 基于生态学视角,李晓明将企业外部环境分为企业广义生存域和企业活动域。[④] 张玉明和刘德胜将环境归纳为政策法律环境、产业演化与行业发展、企业集群、区域创新网络、金融生态环境以及社会服务及基础设施建设。[⑤] 周国红、陆立军将科技型中小企业的成长环境分为法律和政策环境、制度和社会文化环境、融资环境、市场环境、技术环境、人力资源环境、社会化服务环境和产业环境等八个维度。[⑥] 张团囡和徐坡岭认为政府政策和程序、社会经济因素、创业和企业技能环境、对中小企业的金融支持、对中小企业的非金融支持是影响中小企业

---

①　张玉明,刘德胜.中小型科技企业成长的外部环境因素模型研究[J].山东大学学报(哲学社会科学版),2009(3):45-51.

②　赵锡斌.企业环境研究的几个基本理论问题[J].武汉大学学报(哲学社会科学版),2004(1):12-17.

③　席酉民.企业外部环境分析[M].北京:高等教育出版社,2001:1-2.

④　李晓明.一个企业外部环境的分析框架[J].西北工业大学学报(社会科学版),2009(3):42-44.

⑤　张玉明,刘德胜.中小型科技企业成长的外部环境因素模型研究[J].山东大学学报(哲学社会科学版),2009(3):45-51.

⑥　周国红,陆立军.科技型中小企业成长环境评价指标体系的构建[J].数量经济技术经济研究,2002(2):32-35.

发展的五大外部环境。① 陈真真将科技中小企业成长的外部环境分为政策法律因素、经济发展因素、融资因素、社会保障因素与技术创新因素等五个方面。②

## 二、影响小企业发展活力的外部因素

小企业发展活力主要包括企业的生成能力、成长能力和适应能力。目前,学界主要研究影响中小企业成长能力的外部因素,有关中小企业生成能力和适应能力的外部影响因素的研究有待深入。

### (一)影响小企业发展活力外部因素的量化评价

李林、王恒山运用模糊层次分析方法从政治环境、经济环境、社会环境、技术环境、产业结构和市场环境 6 个维度构建了 23 个指标,对影响企业发展活力的外部环境进行了评价。③ 鲁明泓通过主成分分析法得到了 29 个省区市的投资环境指数,并按照宏观经济环境、微观经营环境和政策因素的不同,将 29 个省区市分为 5 种不同类型。④ 陈晓红、王傅强构建了包含 57 项指标的中小企业外部环境评价指标体系,运用结构方程模型对我国东中西部中小企业发展的外部环境进行量化测评,结论是东部地区中小企业外部环境最好,综合评价指数为 3.608,中部地区中小企业外部环境综合评价指数为 3.410,略高于西部的 3.406。⑤

### (二)影响小企业生成能力的外部因素

小企业初次创业过程为生成阶段,小企业生成是指小企业通过一系列的生成过程直至创立企业,能够满足企业基本生存需要的企业与市场之间的均衡状态。企业生成和人力资本、社会资本、财务资本、创业者的认知等资源禀赋有密切关联。外部环境的微小变化都会对小企业产生巨大的影响,有些影响因素甚至可以使企业生成被迫中止。总体上看,影响小企业生

①　张团固,徐坡岭.波兰转轨时期中小企业发展影响因素分析:外部环境视角[J].俄罗斯中亚东欧研究,2010(5):52-59.

②　陈真真.江苏省科技型中小企业成长外部环境评价研究[D].北京:中国矿业大学,2015.

③　李林,王恒山.企业外部环境评价与诊断的模糊层次分析[J].上海理工大学学报,2001(1):91-94.

④　鲁明泓.外国直接投资区域分布与中国投资环境评估[J].经济研究,1997(12):37-44.

⑤　陈晓红,王傅强.基于 SEM 的我国中小企业外部环境评价体系研究[J].科学学与科学技术管理,2008(8):145-150.

成能力的外部因素主要包括政府对初创或新建小企业的扶持政策、创新创业环境、社会文化因素及影响小企业资源禀赋的外部因素（如自然资源因素和人力资本因素）等。

刘树森分析了创业环境对新创科技型企业资源整合的影响，发现创业环境的动态性对资源获取与资源利用有显著的积极影响，但对资源识别与资源配置的影响不显著；创业环境的宽松性对资源识别、资源获取、资源配置、资源利用皆有显著的积极影响；创业环境的复杂性对资源识别、资源获取、资源利用有显著的积极影响，但对资源配置的影响不显著。[①]

（三）影响小企业成长能力的外部因素

影响小企业成长能力的外部因素主要包括政府政策体系及政府公共服务效率、社会化服务体系、融资环境、创新创业环境、行业发展情况等因素。

不少国外学者对影响小企业成长能力的外部因素进行了深入研究。皮萨里德斯（Pissarides）认为，融资障碍是制约转型经济国家小企业成长的关键因素。[②] 欧洲重建和发展银行（European Bank for Reconstruction and Development，EBRD）在 1999 年的《转轨报告》中指出阻碍转轨经济国家小企业成长的主要障碍，首先是不公平竞争行为和腐败，其次是税收和经济管制政策。这一结论把影响小企业成长的公平竞争环境放在首要位置。Muent 等在 1999 年对阿尔巴尼亚 104 家中小企业进行调查的基础上，列出 39 项限制中小企业成长的因素。中小企业主们普遍认为，未经登记的竞争对手是制约其成长的最重要因素；同时发现，大部分企业的资金来源，无论是日常的周转资金、创业的启动资金还是扩大再生产的资金，都主要通过自筹获得，很难得到商业银行贷款。[③] 哈特（Hart）等通过对北爱尔兰受到过当地企业发展机构资金支持的 1600 家中小企业的调查发现，越直接和越高力度对中小企业的支持越会带来中小企业的快速成长。Smallbone 和

---

① 刘树森.创业环境对新创科技型企业成长影响研究——基于资源整合的中介作用[D].长春：吉林大学，2014.

② PISSARIDES F. Is lack of funds the main obstacle to grow? EBRD's experience with small and medium sized businesses in central and Eastern Europe[J]. Journal of business venturing，1999，14(516)：519-539.

③ MUENT H, PISSARIDES F, SANFEY P. Taxes, competition and finance for Albanian enterprises[J]. Most economic policy in transitional economies，2001，11（3）：239-251.

Welter 在 1997 年对乌克兰的 350 家中小企业和白俄罗斯的 168 家中小企业进行了调查。在他们所列的中小企业希望得到支持和帮助的 17 个项目中,约有 52％的乌克兰企业和 30％左右的白俄罗斯企业希望获得金融方面的支持和帮助,但实际上,只有 4％的企业在创立时得到过银行的贷款,10％的企业在扩大再生产时得到过贷款,这种现状使得中小企业只能更多地依靠自我积累或其他渠道来获得资金帮助。[①] Mambula 通过与 32 家尼日利亚中小企业的高管访谈,得出影响中小企业成长和企业绩效的主要因素是资金的缺乏(23 人回答)、薄弱的基础设施(14 人回答)、较难购买到机器及其配件(13 人回答)和较难获得原材料(11 人回答)。[②] 即使是发达国家的中小企业,例如日本,国家的公共政策对其成长也具有一定的影响,特别是创新型中小企业。

国内学者有关影响小企业成长能力的外部因素的研究主要集中在三大层面。

第一,基于区域视角分析影响中小企业成长能力的外部因素。如许沁和易单立分别对上海闵行区和重庆市中小企业发展的外部环境进行了系统梳理,认为外部环境制约中小企业成长有六大表现,即管理体制不顺、技术准入限制、技术支持体系不健全、税收政策得不到平等的支持、中小企业融资难和社会化服务不到位等。[③④]

第二,探讨具体的外部因素及其对中小企业成长能力的影响。一些学者探讨了政策环境对企业成长能力的影响,吕学朋和李崇光提出政府从市场供给与需求、资金、技术和效益方面来影响中小企业的生存与成长环境,因为市场供给与需求是中小企业生存的发展环境;资金和技术是中小企业生产的基本要素;效益是中小企业能否生存和成长的决定性因素。[⑤] 袁红林和陈小锋对我国中小企业政策与中小企业成长环境的相关性进行了分析,

①　SMALLBONE D, WELTER F. The role of government in SME development in transition economies[J]. International small business journal,2001,19(4):63-77.

②　MAMBULA C. Perceptions of SME growth constraints in Nigeria[J]. Journal of small business management,2002,40(1):58-65.

③　许沁.闵行区中小企业发展外部环境研究[D].上海:上海交通大学,2010.

④　易单立.建立重庆市中小企业发展的良好外部环境研究[D].重庆:重庆理工大学,2010.

⑤　吕学朋,李崇光.政府政策支持与中小企业发展关系研究[J].商业研究,2001(7):25-26.

主要结论是中小企业政策与中小企业成长环境之间存在高度的相关性。其中正相关程度最高的是信息与中介,其次是政府职能转变、融资支持、政府政策理念,说明信息与中介、政府职能转变、融资支持和政府政策理念越好,中小企业成长环境越好。同时,不同方面的政策对中小企业成长能力的影响不同,政府理念和政府职能转变对中小企业成长环境的影响最大,政府在融资支持方面的政策措施对中小企业的成长环境是不利的。[①] 王玉娥研究了科技型中小企业政策对企业成长的影响机制,发现财税政策影响程度最大,社会化服务政策会反向影响企业成长。[②] 郭伟重点分析了外部融资环境对我国中小企业融资困境的影响。[③]

第三,从理论上探讨行业发展和小企业成长的关系。董平和许欣认为行业发展环境的结构性失衡是制约小企业成长能力提升的重要因素,并基于产业演化理论、复杂适应系统理论和生态学理论,系统分析了二者之间的作用机制(参见图 5.1)。[④]

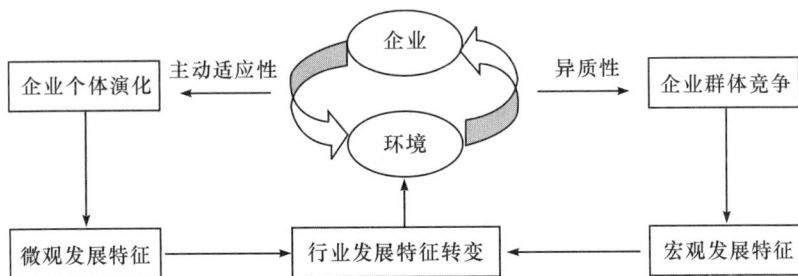

**图 5.1　小企业成长与行业发展的作用机制**

(四)影响小企业适应能力的外部因素

适应能力是指企业主动适时改变企业行为以更好地适应变化的环境,以找到外部市场适当位置的能力,主要包括市场融资能力、企业竞争能力、市场反应能力、企业应变能力和技术适应能力。影响小企业适应能力的外

① 袁红林,陈小锋.我国中小企业政策与中小企业成长环境的相关性——基于 384 家中小企业的实证[J].企业经济,2012(2):176-180.

② 王玉娥.科技型中小企业政策对企业成长的影响研究[D].天津:河北工业大学,2013.

③ 郭伟.我国中小企业外部融资环境研究[D].济南:山东大学,2012.

④ 董平,许欣.行业发展与中小企业成长:一个理论分析框架[J].山东社会科学,2013(9):143-146.

部因素主要包括国家经济政策调整、原材料供应条件改变、市场情况和消费者的需求发生变化、科学技术发生重大改革、社会经济生活发生动荡等。

汪翔红立足一般环境,重点分析了中国企业面临的国际经济环境、国内金融环境、人口环境、自然环境等方面的新特点,并基于此给出了企业转型升级、抓住机遇增强适应能力的对策建议。[①]

技术研发是企业活力的源泉,是企业活力持续存在的保障。郝凤霞和楼永分析了浙江省中小企业技术、市场和外部环境,其中外部环境包括政策、人才、资源、体制等。特别是对处在转型期的中国,市场经济还不够完善,政策、体制、人才等外部因素对区域的产业竞争力形成和发展有较大的影响。[②]

市场适应能力是小企业适应能力的重要组成。余宇新和郭蓉主要从市场经营环境、基础设施建设、政府政策、金融约束程度、内部管理效率、教育和培训及研究开发等七个方面设计问卷,并对影响我国小企业市场适应能力的因素进行了问卷调查。他们发现:(1)市场经营环境制约着各地区的中小企业参与市场竞争,表明我国中小企业的市场环境正处于恶化状况,中小企业经营状态和市场适应能力仍在下降。(2)中小企业融资问题也成为制约提高中小企业市场适应能力的重要方面。目前对中小企业的金融支持政策还远不能满足中小企业发展的需求,需要针对性地提出更为合理有效的金融支持政策。[③]

新形势下小企业成功转型升级是小企业适应能力提升的重要体现。一些学者讨论了"互联网＋"、供给侧改革、跨境电子商务、新型工业化等外部环境变化给小企业转型升级带来的机遇。

### 三、影响宁波工业小企业发展活力的主要外部因素

本节主要基于对宁波工业小企业生成能力、成长能力和适应能力的研究,结合实地调研的主要结论,对影响宁波工业小企业发展活力的重要外部因素进行描述性分析,为下一节分析外部因素给宁波工业小企业发展活力带来的机遇和挑战夯实基础。

---

① 汪翔红.中国企业外部环境新特点与对策分析[J].首都经贸大学学报,2013(5):99-104.

② 郝凤霞,楼永.浙江省中小企业技术、市场和外部环境分析[J].科研管理,2010(S1):89-94.

③ 余宇新,郭蓉.我国中小企业市场适应能力地区差异的实证研究[J].科技进步与对策,2012(2):85-88.

（一）经济环境因素主要影响工业小企业的成长和适应能力

宏观经济形势、融资环境、市场竞争和市场需求是影响工业小企业发展活力的主要经济环境因素。

宏观经济发展状况是工业小企业所处经济环境的重要变量，国家或地区经济运行状态及其变化发展趋势对小企业的适应和成长能力产生显著影响。一般来说，经济水平越高，工业小企业面临的经济环境越好。经济运行状态好且发展水平高，则社会的基础设施建设水平和人们的可支配收入相对较高，金融环境相对良好，融资难度一定程度降低，并且也将进一步促进技术创新的投入，从而带来更大的产品市场需求，为小企业的健康持续成长奠定基础。

融资环境影响工业小企业成长能力。融资需求带动了生产及利润的增加；生产和利润的增长，反过来又成为引进投资的原因，也就是说，融资成为了收入和利润增长的结果。其中，金融服务环境的好坏直接关系到小企业融资的困难与否，我国小企业目前仍以商业银行信贷作为其主要的资金支持。因此，商业银行信贷制度的完善程度对小企业融资效率和难度产生直接影响。

市场竞争环境是指工业小企业所在行业及其竞争者的参与、竞争程度，代表了小企业市场成本及进入壁垒的高低。根据产业组织理论中经典的结构—行为—绩效模式，产业结构决定了产业内的竞争状态，并决定了小企业的行为及战略，从而最终决定了小企业的绩效。因此，工业小企业的竞争战略必须将企业同它所处的行业环境联系起来。市场竞争越激烈对于企业的压力、激发作用就越大，它会转化为工业小企业进行创新和优化的强大动力，进而有助于提升工业小企业的成长和适应能力。

国际或国内市场需求增长乏力或需求下滑，会直接导致工业小企业订单减少，企业发展活力受损。特别对处于转型期的工业小企业而言，全球与中国经济增长乏力带来的国际和国内市场需求萎缩，会导致工业小企业特别是外向型的小企业销售订单不断减少，减产、停产现象增多，企业利润下滑，可能引发部分企业的生存困难。企业要生存和发展就必须捕捉、把握和满足市场需要，以市场需要来配置资源。

（二）政策法律和相关服务环境对工业小企业发展活力产生重要影响

政策法律环境是指一个国家或地区的政治制度、体制、方针政策、法律法规等环境，这些因素常常制约、影响企业的经营行为，尤其是影响工业小企业长期的投资行为。保持工业小企业发展活力,在很大程度上依赖于政府政策和法律的支持。由于工业小企业处于激烈的市场竞争中,特别是在初创期,政策法律对企业的生产能力会产生重要影响。因此,政府需做到以下两点来促进小企业发展:一是营造稳定的市场环境,小企业在市场竞争中处于相对弱者的地位,通过政策法律手段对其进行扶持保护,保障市场有效竞争并引导促进其健康发展;二是通过政府财政补贴、税收减免以及通过政府政策让小企业更容易从金融机构获得资金支持等各种优惠方式,为其创造更好的成长条件。

江西省 2016 年上半年开展的降低企业成本优化发展环境专项行动,主要从落实税收优惠政策、大幅降低涉企收费、有效降低企业融资成本、合理降低企业人工成本、适度降低企业用能用地成本、进一步降低企业物流成本和积极降低企业财务成本等方面制定具体的政策措施帮助企业降低成本,主要从提高行政服务效率、完善市场监督体系、支持企业内部挖潜、帮助企业开拓市场、打造良好营商环境等方面优化企业发展的外部环境,说明了政府政策扶持对优化外部环境进而提升工业小企业发展活力具有重要意义。

工业小企业发展的外部环境问题主要表现在相关服务体系不健全或不成体系上。许沁归纳了深圳市、苏州市和杭州市健全小企业服务体系的经验,发现小企业服务体系健全与否和起主导作用的小企业服务机构是否存在有很大关系,这些城市小企业服务机构的情况可以概括为"一个基础""两个平台"和"一个作用",即成立相关服务机构应以原有条件为基础,建立综合事务受理服务和信息服务两大平台,发挥相关服务机构的桥梁和纽带作用。[①] 完善的中介服务环境,有助于提升政府相关扶持政策的效率。行业协会具有动员和整合资源的独特优势,能够获得来自政府和企业两方面的信息与信赖,突破部门与地区界限,连接产业上中下游,针对国际贸易反倾销和反补贴调查,行业协会商会具有快速反应的组织优势。健全的行业协会可为工业小企业发展活力的进一步释放提供支撑。

(三)技术、人才和自然资源环境影响工业小企业发展所需的资源禀赋

技术环境因素,主要包括地区的技术水平和技术创新、企业技术更新与新产品开发速度、与科研院所合作力度、企业间技术合作等因素。其中,技

---

① 许沁.闵行区中小企业发展外部环境研究[D].上海:上海交通大学,2010.

术创新因素是小企业成长活力的重要动力来源,包括技术因素和相关科技创新情况。对于企业而言,技术创新不仅可以提高经济效益,发展规模经济,实现结构优化,而且有利于节约资源,缓解能源、交通、重要原材料供给等方面的"瓶颈"制约,提高生产要素的质量和使用效率。此外,产学研合作作为企业技术创新开拓发展的一种重要方式受到了企业的日益重视,也为提升企业成长能力创造了条件,因此,健全的产学研合作体制和机制有助于提升企业发展活力。

人才环境因素,包含人才的工作环境、政策环境和服务环境及人才的可获得性等因素。人才优势是企业的核心优势,是形成企业生成和成长能力的重要因素。人才短缺是制约工业小企业成长发展和转型升级的一大瓶颈。工业小企业规模小、人数少、利润低,可利用的资源有限,在发展空间及福利待遇方面很难和大企业抗衡。因此,需要政府在改善宏观人才发展环境的同时,制定专门针对小企业的人才发展政策,为提升工业小企业发展活力夯实智力基础。

自然资源环境因素主要包括自然资源、能源、自然条件、地理区位环境、基础设施和环境保护等因素。其中,自然资源是工业小企业生成能力的重要来源,一个国家和地区内自然资源的拥有存量、品质构成、地理分布以及人们对于自然资源的开发程度和利用效率等都会对小企业的生产行为效率、企业产品质量等产生重要影响;企业所处地理空间的自然区位会影响到小企业的行为特征。自然资源环境会对工业小企业的生产与增长方式产生直接影响,进而影响企业综合活力。

(四)社会文化环境因素主要影响工业小企业生成和成长能力

社会文化是某一特定人类社会在其长期发展历史过程中形成的,它主要由特定的价值观念、行为方式、伦理道德规范、审美观念、宗教信仰及风俗习惯等内容构成,它影响和制约着人们的消费观念、需求欲望及特点、购买行为和生活方式,对企业营销行为产生直接影响。任何一个企业都不可能摆脱社会普遍的价值观念、道德观念、市场观念、竞争观念等观念文化形态的影响,都需要有来自文化观念方面的支撑、保护与指导。其中,商业文化环境、创新创业氛围、信仰和价值观念等因素不仅会对小企业生成和成长的文化基因产生影响,也会对企业家、创业者的个人价值观和创业观产生影响。

## 第二节　新形势下提升宁波工业小企业发展活力面临的机遇与挑战

在上一节描述性分析的基础上,本节将利用最新的数据和调研资料,重点从经济环境因素、政策法律和相关服务环境因素、与资源禀赋相关的技术、人才和自然资源因素以及社会文化因素层面出发,分析新形势下提升宁波工业小企业发展活力面临的机遇和挑战。

### 一、提升宁波工业小企业发展活力面临的机遇

外部因素变化给提升宁波工业小企业发展活力带来了以下新机遇。

第一,新一轮科技革命与工业革命浪潮相互融合,为工业小企业转型升级提供方向。

以移动互联网与云计算、人工智能与先进机器人、3D 打印技术与快速制造、基因技术与生物工程、新材料技术、新能源技术为代表的新一轮科技革命,正加速同产业变革融合交汇,新生产方式、商业模式和增长空间不断涌现。以美国先进制造业计划、德国工业 4.0 战略、日本机器人产业计划为代表,主要发达国家加快抢占未来产业发展制高点,新兴经济体也加大新技术、新产业培育力度。越南、柬埔寨等东南亚国家成为低端制造业国际转移新对象国,全球产业分工面临新一轮大调整,先进制造业、高端服务业、大信息产业将成为我国未来产业转型的主导方向。这有利于宁波摆脱全球产业转移旧路径,同步布局前沿高新技术产业,宁波工业小企业应该抓住产业转型的方向,改造传统优势制造业,实现企业的转型升级,进而提升企业发展活力。与此同时,以移动互联网、云计算、大数据、物联网为代表的信息经济,正极大地改变着中国现有生产模式、消费模式和社会关系,成为工业小企业抢占未来制高点的重点。据麦肯锡研究,2013—2025 年,互联网将推动中国 GDP 增长率提升 0.3～1.0 个百分点,2025 年产业规模将达 14 万亿元。

2016 年 3 月 25 日,国务院常务会议部署推进"中国制造 2025",强调要顺应"互联网＋"的发展趋势,以信息化与工业化深度融合为主线,强化工业基础能力,提高工艺水平和产品质量,推进智能制造、绿色制造,促进生产性服务业与制造业融合发展,提升制造业层次和核心竞争力。宁波有较好的创新创业环境,有效能型政府、丰富的民间资本、开创型的企业家,小企业特

别是民营企业发达。宁波工业小企业如果能抓住这次机遇，应对工业4.0，构建新型产业体系，有助于企业实现转型升级并在国际竞争中实现追随型赶超。此外，宁波"十三五"规划的战略任务之一，就是把握"互联网＋"全面渗透机遇，聚焦突破发展新材料、新装备、节能环保、智慧信息四大战略性新兴产业，推动石化、汽车、服装、家电等优势制造业分别向绿色化、高端化、时尚化、智能化转型，也为工业小企业增强发展活力、迈向智能制造提供了方向。

第二，新一轮扩大开放战略为提升宁波工业小企业发展活力拓展了思路。

宁波作为我国首批沿海开放城市、"一带一路"支点城市和长江经济带的龙头龙眼，在全国开放格局中的地位作用没有改变。国家大力实施的"一带一路"、长江经济带、自由贸易区等政策，及努力构建的新型开放性经济体制，为宁波工业小企业融入全球经济、拓展销售市场、提高国际化水平提供了新契机，这也是企业发展活力提升的重要表现。

"十三五"期间，宁波重点打造的"一圈三基地"，即加快打造"港口经济圈"、长三角开放协同创新基地、全国先进制造业基地、国际贸易物流基地，为提升宁波工业小企业发展活力创造了机遇。宁波"港口经济圈"建设的重要内容之一就是加快圈内主要港口或城市间的产业合作步伐，这意味着宁波工业小企业可以利用"港口经济圈"实现资源的优化配置和销售空间的优化布局，拓展企业对外合作范围，提升企业生成能力。"一带一路"背景下宁波与中东欧国家经贸合作步伐明显加快，随着"一带一路"政策红利逐渐释放，宁波工业小企业应加快开拓中东欧新兴市场，并积极"走出去"，利用中东欧构架有利投资环境，到中东欧国家进行直接投资，将优势产业转移，不仅可以规避贸易壁垒，也有助于宁波工业小企业进一步开拓欧洲市场，提升企业的环境适应能力。

第三，科技创新与创业环境持续改善，有助于工业小企业发展潜力的释放。

总体上看，宁波科技创新环境良好，宁波市是全国首批质量强市示范城市和国家知识产权区域布局试点城市，通过设立"四大产业基金"，实施"五证合一、一照一码"改革和简易注销改革试点，创业创新环境不断优化。宁波市统计局的数据显示，"十二五"期间宁波发明专利授权量年均增长35%，2015年宁波发明专利授权量5412件，研究与试验发展经费支出占地区生产总值比重从1.6%提高到2.4%，创新能力跃居全国第八位。"十二五"期间,宁波推进国家级创业型城市建设,培育创业主体49.3万家,工业企业创新活动占比超60%,两项指标均居浙江省首位。宁波在"十三五"时期实施的深化改革、创新驱动和新型城镇化三大战略,有助于为提升宁波工业小企业发展活力营造良好的创新和创业环境。

第四,市场化改革有助于激发宁波工业小企业发展活力。

在全面深化改革背景下,现代市场体系正在加快形成。宁波最早推进市场化改革,造就了善于捕捉市场机会、精于实业经营的民营企业,具有强烈创业创新精神的广大民众,高度公平透明、开放包容、法治化的营商环境,以及敢为人先、务实创新、讲求诚信的商业文化。随着以政府改革为重点的市场化改革的深入推进,市场活力将进一步释放,大众创业、万众创新的浪潮来临,必将进一步激发宁波工业小企业的发展活力。

近年来,宁波举办发明创新大赛、创新创业大赛、黑马大赛,架设人才、技术、资本的桥梁。2016年举办的第四届中国创新创业大赛(宁波赛区),通过"互联网+"的运营模式及线上线下结合的互动,经过项目筛选、创业辅导、技术推介、资本对接,共吸引了216家企业和70个创新创业团队报名参赛,不仅活跃了宁波创新创业氛围,也使一批优秀项目脱颖而出。

第五,新型城市化激发内需潜力,有助于工业小企业生成和成长能力的提升。

新型城市化拉动投资、带动消费、牵动改革。作为国家首批新型城镇化综合试点城市,宁波在人口管理、土地管理、财税金融、多规融合等方面进行了制度改革,强化产业支撑、基础设施和公共设施建设。这将有利于进一步释放潜在消费需求,推动城市基础设施建设,特别是促进建设智慧城市、绿色城市、人文城市、海绵城市,为经济发展提供持续内需动力,这也是工业小企业生成和成长能力不断发展的基础。

"十二五"期间,宁波完善大交通体系,加快三门湾大桥、杭州湾大桥杭甬高速连接线建设,栎社国际机场三期扩建、穿山港铁路支线和宁波至奉化城际铁路开工建设,铁路货运北环线全线通车,宁海通用机场顺利获批。宁波城市基础设施建设步伐的加快,有助于工业小企业完善物流与营销网络、节约物流成本,有助于工业小企业增强竞争力。

**二、提升宁波工业小企业发展活力面临的挑战**

总体上看,提升宁波工业小企业发展活力面临的挑战包括以下方面。

（一）宏观经济形势严峻，工业小企业的成长与适应能力面临挑战

首先，全球和中国经济下行压力加大。国际层面，全球经济内生动力疲弱，面临长期停滞风险。全球经济短期内难以摆脱低需求、低增长、低就业之间的恶性循环，全球劳动力市场供过于求的局面难以改观，传统增长模式动力减弱，全球经济结构性调整任务更加艰巨。全球金融危机八年后，世界经济复苏仍不稳定，2012 年以来，世界经济增长率在 3.2%～3.5%区间徘徊。2016 年，全球经济呈现企稳迹象，金融市场信心回升，大宗商品价格反弹，多数主要经济体货币对美元小幅升值。但实体经济依然脆弱，市场需求依旧低迷。宏观政策效力减弱，世界经济低增长高风险局面难有根本改观。国际货币基金组织预测 2016 年世界经济增长率为 3.1%，全球经济复苏依然缓慢且发展不均衡（见表 5.1）。其中，受美国增长减缓、英国投票退出欧盟及日本经济增长乏力的影响，2016 年发达经济体经济增长预期减缓，经济增长率约为 1.6%；新兴市场和发展中经济体的经济增速加快，2016 年经济增长率升至 4.2%，但不同国家和地区的经济增长前景存在显著差异。

**表 5.1　世界及主要经济体实际 GDP 的增长率**

单位：%

| 区域 | 2008 年 | 2012 年 | 2015 年 | 2016 年 | 2017 年 |
|---|---|---|---|---|---|
| 世界 | 3.0 | 3.5 | 3.2 | 3.1 | 3.4 |
| 发达经济体 | 0.1 | 1.2 | 2.1 | 1.6 | 1.8 |
| 美国 | −0.3 | 2.2 | 2.6 | 1.6 | 2.2 |
| 欧元区 | 0.4 | −0.9 | 2.0 | 1.7 | 1.5 |
| 德国 | 0.8 | 0.7 | 1.5 | 1.7 | 1.4 |
| 法国 | 0.2 | 0.2 | 1.3 | 1.3 | 1.3 |
| 意大利 | −1.1 | −2.8 | 0.8 | 0.8 | 0.9 |
| 日本 | −1.0 | 1.7 | 0.5 | 0.5 | 0.6 |
| 新兴市场和发展中经济体 | 5.8 | 5.3 | 4.0 | 4.2 | 4.6 |
| 独立国家联合体 | 5.3 | 3.5 | −2.8 | −0.3 | 1.4 |
| 俄罗斯 | 5.2 | 3.5 | −3.7 | −0.8 | 1.1 |
| 除俄罗斯外 | 5.6 | 3.6 | −0.5 | 0.9 | 2.3 |

续表

| 区域 | 2008 年 | 2012 年 | 2015 年 | 2016 年 | 2017 年 |
|---|---|---|---|---|---|
| 亚洲新兴和发展经济体 | 7.2 | 7.0 | 6.6 | 6.5 | 6.3 |
| 印度 | 3.9 | 5.6 | 7.6 | 7.6 | 7.6 |
| 东盟五国 | — | — | 4.8 | 4.8 | 5.1 |
| 欧洲新兴和发展中经济体 | 3.1 | 1.2 | 3.6 | 3.3 | 3.1 |
| 拉美和加勒比地区 | 4.0 | 3.0 | 0.0 | −0.6 | 1.6 |
| 墨西哥 | 1.4 | 4.0 | 2.5 | 2.1 | 2.3 |
| 巴西 | 5.1 | 1.9 | −3.8 | −3.3 | 0.5 |
| 中东、北非、阿富汗和巴基斯坦 | 4.8 | 5.0 | 2.3 | 3.4 | 3.4 |
| 撒哈拉以南非洲 | 5.9 | 4.3 | 3.4 | 1.4 | 2.9 |
| 尼日利亚 | 7.2 | 4.3 | 2.7 | −1.7 | 0.6 |
| 南非 | 3.2 | 2.2 | 1.3 | 0.1 | 0.8 |

注:(1)东盟五国是指印度尼西亚、马来西亚、菲律宾、泰国和越南。
(2)2016 年和 2017 年为预测值。
资料来源:国际货币基金组织:《世界经济展望》,2016 年 10 月。

此外,国际贸易环境严峻,增长动力严重不足。WTO 的报告指出,2011年以来,全球范围内的产业转移放缓、投资和贸易不振、汇率震荡扭曲贸易成本等因素导致全球贸易增长大幅减速,增速大幅放缓,乃至连续数年低于全球经济增速。尤其值得关注的是,全球范围内贸易保护主义盛行,形式既包括直接限制贸易措施,也包括货币竞争性贬值和区域贸易集团对非成员的隐形歧视,这些都进一步对贸易复苏形成阻碍。1960—2015 年间,按实际值计量,世界贸易平均增长率达到 6.6%,同时产值平均增长率为 3.5%。然而,2008—2015 年间,世界贸易年均增长率按实际值计量仅为 3.4%,同时全球产值年均增长 2.4%。不仅贸易增速放缓,而且贸易增速与产值增速之间的差距也急剧缩小。全球经济和投资增长乏力、贸易保护主义抬头及全球"价值链"内部贸易增长趋于停滞等多种因素导致了全球贸易增长放缓。据 WTO 统计,2015 年,世界贸易量增长 2.8%,连续第四年低于 3%,并且连续第四年低于世界经济增速;贸易额从 2014 年的 19 万亿美元大幅下降 13%至 16.5 万亿美元。进入 2016 年,世界经济延续弱势复苏格局,美元加息进程不确定性增大,地缘政治风险上升,全球贸易仍处于困境。WTO 预计 2016 年世界贸易量增长率为 2.8%,与 2015 年持平(见表 5.2)。国际市场需求疲软背景下,宁波外向型工业小企业发展压力增大,不利于企业发展活力的进一步提升。

表 5.2 2014—2017 年世界贸易增长趋势

单位:%

| 年份 | 2014 | 2015 | 2016 | 2017 |
|---|---|---|---|---|
| 世界货物贸易量 | 2.8 | 2.8 | 2.8 | 3.6 |
| 出口:发达国家 | 2.4 | 2.6 | 2.9 | 3.8 |
| 发展中国家和新兴经济体 | 3.1 | 3.3 | 2.8 | 3.3 |
| 进口:发达国家 | 3.5 | 4.5 | 3.3 | 4.1 |
| 发展中国家和新兴经济体 | 2.1 | 0.2 | 1.8 | 3.1 |

注:2016 年和 2017 年为预测值。

资料来源:世界贸易组织:《贸易快讯》,2016 年 4 月。

国内层面,持续存在的中国经济下行压力影响工业小企业发展活力。中国经济发展进入新常态,目前学界认为新常态下中国经济发展将主要呈现以下三个方面的特点:一是经济从高速增长放缓到中高速增长;二是增长模式从粗放式增长向创新和消费驱动增长转变;三是经济结构加快优化升级。总体上看,我国仍受经济增长换挡期、结构调整阵痛期和前期政策消化期的影响,加之人口红利和全球化红利快速衰减、资源环境约束趋紧,去产能、去泡沫的结构调整任务艰巨。

2016 年 11 月,中国人民大学经济研究所联席所长毛振华指出,中国经济增长步伐缓中趋稳,前三季度国内生产总值(GDP)增速为 6.7%,2017 年 GDP 增速预计为 6.5%。但趋稳的基础并不牢固,经济下行压力持续存在。2017 年中国经济仍面临一些挑战:一是"去全球化"趋势升温,中国经济面临的外部不确定性增强;二是房地产依赖不减,"量价齐升"的市场表现冲垮"量升价稳"的预期目标;三是制造业尚未走出底部调整;四是基础建设投资仍是稳增长的主力军,保持整体资金来源的稳定性难度加大;五是去产能、去杠杆面临过剩行业信用风险加快释放与出清机制不健全的困境;六是资本流出压力对国内金融市场影响或将加强;七是民间投资大幅改善的概率较小,加大经济下行风险;八是信贷等资源主要聚集在国有企业。

其次,严峻的宁波宏观经济形势制约工业小企业发展活力的释放。这主要体现在以下几点。

第一,经济下行压力加大。宁波经济外向度高,受 2008 年金融危机影响更大、更持久,"十二五"时期前四年 GDP 增速为 8.4%,不少主要经济指标完成难度很大(见图 5.2)。"十三五"时期,宁波工业经济下行压力较大。2015 年全市实现工业增加值 3460.9 亿元,比上年增长 4.4%。其中规模以上工业企业实现增加值 2575.4 亿元,增长 3.8%。主要行业中,石油加工、电气机械、纺织服装、烟草、文教用品、有色金属等行业增加值增速下半年以来整体呈现趋稳态势。2015 年,全市规上企业在主营业务收入下降的情况下效益持续保持快速增长,规上企业实现利税总额 1472.6 亿元,同比增长 13.5%。2015 年,全市装备制造业完成增加值增长 5.9%,占全市规上工业比重达到 45.4%;高新技术产业完成增加值增长 4.4%,占全市规上工业比重 37.0%。但是,宁波工业经济全年增长率仍低于全省平均 0.6 个百分点,低于全国 2.3 个百分点;增速换挡早于全省、全国,下行压力比全省、全国严峻,严峻的工业经济增长形势成为进一步提升工业小企业发展活力的障碍。

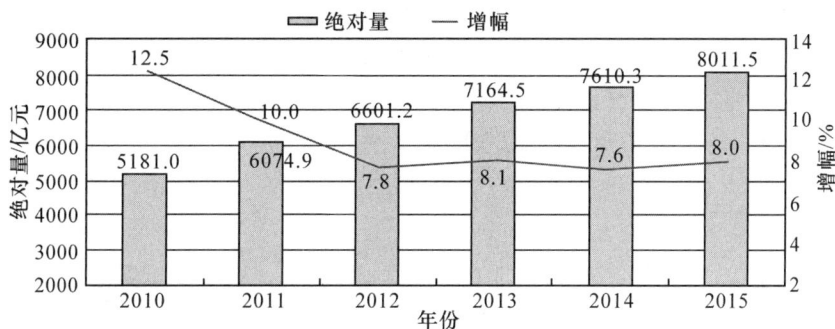

数据来源:2011—2016 年宁波统计年鉴。

**图 5.2 2010—2015 年宁波市地区生产总值及其增速**

第二,动力转换面临挑战。每万元固定资产投资拉动 GDP 增加额持续下降到"十二五"前三年的 2400 元,消费对经济增长的贡献度有待提升,自营进出口额增幅由 2008 年的 20.1%下降到 2014 年的 4.4%。2015 年宁波口岸进出口总额 1936.4 亿美元,比上年下降 11.4%,外贸自营进出口总额 1004.7 亿美元,下降 4.0%,其中出口 714.3 亿美元,下降 2.3%;进口 290.4

亿美元,下降 8.0％。[①]

第三,结构调整任务艰巨。工业大而不强,生产性服务业发展滞后,尚未能形成激发创业创新活力的良好生态环境,城乡二元分割状态明显。

第四,要素环境制约加剧。土地供需矛盾突出,2013 年宁波国土开发强度为 18.4％(高于全省 11.5％的平均水平),"十三五"土地供需缺口达 2230 公顷。环境长期处于高负荷状态,严重雾霾天气易发多发,地表水、近岸海域、土壤等污染严重。60 岁以上户籍人口比重超过 20％,进入中度人口老龄化社会,青壮年劳动力逐年减少。

第五,各类风险矛盾并存。经济增速下滑、房地产市场低迷和融资平台清理规范,使得金融系统风险加大、财政支出面临压力。受有效需求不足、汇率波动、成本上涨等因素影响,民营企业经营难、转型难等困境日益加剧,融资难问题仍未解决。过去被经济高速增长所掩盖的经济风险和社会矛盾,有可能逐渐显现,对政府治理能力提出更高要求。

(二) 恶性竞争和需求不足制约了工业小企业成长和适应能力的提升

企业间的恶性竞争不利于工业小企业发展活力的提升,特别是对于一些没有核心技术的工业小企业来说,企业间的恶性竞争有可能使他们面临或者被竞争对手抢走客户,或者是企业主动减少所获得的利润,但最终都可能无法继续生存。宁波许多工业小企业处于产业链的末端,产品属于劳动密集型产品,技术含量低,进入门槛低,产能往往过剩,企业间竞争激烈,甚至出现恶性竞争。这些小企业的利润率远远低于那些有自主品牌或有核心技术的企业。

对宁波 217 家重点工业企业的调查数据显示,认为市场需求不足的企业占 57.6％、招工难留人难的占 56.7％、流动资金周转压力大的占 26.7％、货款拖欠加剧的占 17.1％,说明市场需求压力已取代成本压力和要素压力,成为当前制约企业生产经营的重要因素。此外,企业面临的"去库存化""去产能化"任务艰巨。目前,从低端到高端产能、从内需到外需产能、从传统到新兴产能均不同程度面临"二次"产能过剩问题,说明供求失衡的深层次矛盾尚未得到有效解决。

以服装产业为例,不少宁波企业主要依靠外贸订单,在当前国际市场萎

---

① 宁波市统计局,国家统计局宁波调查队.2015 年宁波市国民经济和社会发展统计公报[N].宁波日报,2016-02-01(13).

靡的状态下,在国际上增加订单越来越难,尤其近年来很多企业不仅来自国外的订单越来越少,而且质量要求越来越严格,一旦出现返工,根本就赚不到钱,这直接影响工业小企业的成长能力。此外,国际货币汇率不稳定直接影响了外贸订单。调查中,很多企业表示,汇率不稳定,就只能接小单,周期短,资金回收快,但企业效益上不去。

(三)对工业小企业发展活力产生重要影响的融资和政策法律环境亟待改善

相对于大中型企业,宁波工业小企业从银行获得融资的难度较大,目前小微企业向银行申请贷款不仅需要房产等抵押物,而且利率上浮普遍比大型企业要高,此外,经营困难的企业在转贷过程中还会面临银行提前抽贷的风险。民间借贷不仅缺乏法律保障且利息较高,仍有一定数量的工业小企业在资金周转困难的时候采取民间借贷,较高的利息对企业的生产经营有负面影响。目前小企业贷款利率比基准上浮 70%～80% 已经十分平常,加上各种附加费用,综合年利率普遍超过 15%,鉴于银行融资难度依然较大,部分企业为缓解资金压力,只能求助于民间借贷。民间借贷比重虽小,但由于利息较高,对部分企业的成长能力构成威胁。

此外,虽然国家设立了多项基金支持中小企业创新活动,但这些基金通常用于支持规模较大的中型企业或规上企业,小企业获得资金支持难度相对较大。而且由于中小企业需求大但基金支持有限,因此对于解决技术创新资金投入问题也是杯水车薪,使用效果并不太好。

针对提升工业小企业发展活力的政策法律环境,存在以下问题。

第一,信息不对称影响了政策执行效果。为了帮助小企业发展,宁波市政府做了大量的工作,如宁波市经济和信息化委员会制定了《2015 年宁波市扶助小微企业专项行动实施方案》,着力解决小微企业发展的突出困难和问题,实施扶助小微企业专项行动。此外,宁波市还实施了税费减免、财政扶持、市场拓展及融资多项优惠等政策。但是,宁波市 8718 中小企业公共服务平台对优惠政策实施情况的调查却发现许多小企业并不完全了解这些优惠政策,出现了信息不对称的情况。例如,对中小微企业进行失业保险补贴这项政策,只有 8% 的企业表示享受到了,其余 92% 的企业中有的没有资格申请,更多企业则表示不清楚政策,还有的表示没有申请。其他一些政策也存在类似情况。信息不对称使得政策效果大打折扣。课题组的调查也证实了这一结论(见图 5.3),觉得政府政策对企业没有帮助或者不好说的企业分别占 13.6％和 11.5％,大部分的企业切实感受到了政府政策带来的帮助。不过 45.2％的企业觉得这些政策的帮助较小,只有 6.3％的企业认为政府政策的帮助很大。许多小企业并不太了解政府颁布的各项对小企业的优惠政策,说明这些政策颁布后实施效果还有待进一步加强。

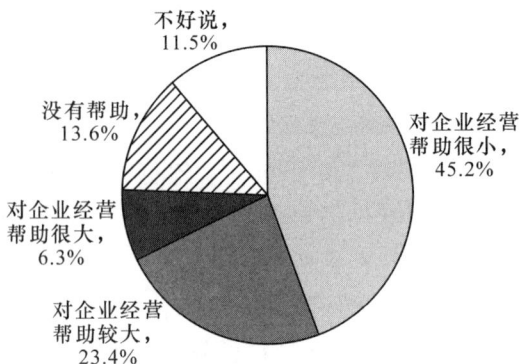

图 5.3　宁波工业小企业对政府减税等政策的感受情况

　　2016 年国家工商总局的调查报告也显示,政府与企业的信息沟通渠道不畅是个体私营企业面临的重要障碍。个体私营企业主对获取政策信息的便捷程度的满意度相对较低,企业不知道政府的政策是否适用于自己,政府不知道企业的信息是否符合政策优惠的条件。

　　第二,尚未形成健全的政策扶持体系。宁波政府支持中小企业的政策种类繁多,不同部门从各自服务领域出发出台了相关政策意见,但尚未从市政府层面出台针对优化外部环境降低企业成本的专项意见,结果是相关政策之间的衔接不到位,各部门的扶持难以形成合力。

　　第三,宁波有关小企业知识产权保护政策有待进一步完善。宁波虽然建立了多个创新创业孵化中心,加大了对小企业技术创新的指导和服务。但技术创新所需要的咨询、技术、科技、法律等服务体系建设还不够完善。而且,我国近年来虽然出台了《中华人民共和国中小企业法》《关于鼓励中小企业发展的政策意见》等法律法规,对小企业的技术开发和创新有一些促进作用。但和发达国家相比,我国当前知识产权政策环境仍然不完善,相关的保护中小企业知识产权的政策相对缺乏,侵犯知识产权的现象仍比较突出。对企业而言,企业申请专利等知识产权的成本较高,既要花费较多资金和时间去完成相关的申请流程,还要承担专利申请失败的机会成本。同时当企业的知识产权被侵犯时,企业维权成本非常高。因此很多小企业不愿意进行技术开发。

第四,政府税费减免力度有待加强。调查发现,虽然政府长期致力于推进小企业税费减免,但与小企业群体实际所感受到的税费负担压力仍有一定差距。就增值税而言,小企业和大中型企业的税收负担(增值税/收入)比例大致相当;不过,在所得税税率上,小企业的税收负担明显高于大中型企业,差距甚至接近一倍。调研中很多小企业普遍认为当前的税费负担已经对企业经营造成影响。面对当前的税费体制,有一些小企业存在逃税现象,这不仅破坏了现行的税收制度,将企业推向违法的局面,而且造成的企业财务制度不健全、征信缺失的状况,更限制了企业在银行等金融机构实现融资的可能。

(四)技术开发人才的缺乏正成为制约工业小企业发展活力提升的关键因素

宁波围绕人才发展各个环节,深入实施"3315"海外高端人才引进计划,制定完善人才创业、人才流转等"人才新政"25条,打破要素驱动、投资驱动阶段"人跟着要素走"或"人跟着资本走"的机制,建立起"技术跟着人走"的资源配置机制,加大高端创新创业团队、海外高层次人才引进培育力度,激发人才创新创造活力。

尽管宁波人才规模不断扩大,小企业在成长过程中面临的最大的"成长烦恼"还是专业化人才短缺问题。实地调研也证明,在人才资源中,71.2%的小企业表示最急需的人才是技术研发人才,技术研发人才的缺乏是制约小企业技术创新的关键。如宁波达尔轴承有限公司将每年销售收入的5%作为研发经费,并与高校合作对接以提升企业研发能力,但该企业在技术研发人才上的缺口仍有二三十人,科研发展因"人才之困"而显得有些后劲不足。标准化、规模化生产的大企业对于人才的要求比较通用,但不少小微企业由于行业窄深,因此在引进专业化、差异化的人才方面会碰到瓶颈。此外,由于小微企业在社会知名度、"留才"政策等方面优势不足,可能会面临自主培育的高精人才跳槽的问题。

为解决中小微企业的"人才饥渴症",宁波政府在2014年5月建立了宁波市高层次人才创业创新服务联盟,对已在宁波和拟来宁波创业创新的高层次人才和团队提供政策咨询、企业注册登记、规划审批、科技项目等10大领域重点服务,并出台配偶就业子女入学、引进人才家属落户等政策,为人才落地解决"后顾之忧"。此外,宁波政府还派发商事制度改革、科技创新扶持、免税减税政策、创业人才建设等方面的多个"红包",但力度还有待加强。

（五）活跃度不高的行业协会制约了工业小企业生成和适应能力的提升

截至 2016 年 11 月,宁波多数细分产业都成立了行业协会,共有 63 家直接按照行业类别设立的协会,这些协会由宁波市经济和信息化委员会主管,其中不少通过了评估,并获得了相应的等级。据宁波工业协会信息网信息平台查询可知,运行比较成熟的工业协会有 12 家,即塑料机械行业协会、紧固件工业协会、铸造行业协会、医疗器械行业协会、皮革行业协会、照明电器协会、休闲用品产业协会、家电行业协会、文具行业协会、五金制品协会、塑料行业协会和电工电气行业协会;为工业企业提供服务的相关协会有 33 家(见表 5.3),其中 5A 级协会 3 家,分别是宁波市企业家协会、宁波市民营企业家协会和宁波市台湾同胞投资企业协会,与中小企业紧密相关的协会包括宁波市中小企业信用担保协会和宁波市小微企业互助合作促进会。

目前,宁波行业协会虽然涉及的产业较多,但活跃程度有限。宁波的行业协会主动为本行业、会员企业谋发展,带领行业、会员企业举办各类展会,开展招商引资的活动次数不多。行业协会多处于面上的服务,主要表现在人员培训、资质评估等方面,而在推动行业发展方面的深层次的服务并不多。此外,在行业协会、政府、企业三者之间的良性互动机制有待完善。这不利于宁波工业小企业的生成,及未来企业发展的转型升级。

**表 5.3　宁波为工业企业提供服务的相关协会**

| 序号 | 名称 | 评估等级 | 序号 | 名称 | 评估等级 |
|---|---|---|---|---|---|
| 1 | 宁波市外商投资企业协会 | AAA | 18 | 宁波市中小航运企业联合会 | 无 |
| 2 | 宁波市女企业家协会 | AAA | 19 | 宁波市科技企业孵化协会 | AAA |
| 3 | 宁波市企业联合会 | 无 | 20 | 宁波市企业科协工作研究会 | 无 |
| 4 | 宁波市民营企业协会 | 无 | 21 | 宁波市企业报协会 | AAA |
| 5 | 宁波开发区、北仑区外商投资企业协会 | 无 | 22 | 宁波市企业文化研究会 | AAA |
| 6 | 宁波市台湾同胞投资企业协会 | AAAAA | 23 | 宁波市社会福利企业协会 | 无 |
| 7 | 宁波保税区(出口加工区)民营企业协会 | 无 | 24 | 宁波市企业家协会 | AAAAA |

续表

| 序号 | 名称 | 评估等级 | 序号 | 名称 | 评估等级 |
|---|---|---|---|---|---|
| 8 | 宁波市对外经济贸易企业协会 | AAAA | 25 | 宁波市民营企业家协会 | AAAAA |
| 9 | 宁波市民营企业对外贸易商会 | 无 | 26 | 宁波市工业设计联合会 | 无 |
| 10 | 宁波市青年企业家协会（宁波市青年商会） | 无 | 27 | 宁波市电子商务协会 | 无 |
| 11 | 宁波市中小企业信用担保协会 | AA | 28 | 宁波市互联网协会 | AAAA |
| 12 | 宁波市企业品牌保护协会 | 无 | 29 | 宁波市职业经理人协会 | 无 |
| 13 | 宁波市卓越企业发展促进会 | 无 | 30 | 宁波市工业经济联合会 | 无 |
| 14 | 宁波市企业商务安全协会 | AAAA | 31 | 宁波市包装技术协会 | AAA |
| 15 | 宁波市民建企业家协会 | AAAA | 32 | 宁波市服装协会 | AAA |
| 16 | 宁波市小微企业互助合作促进会 | 无 | 33 | 宁波市智能制造协会 | 无 |
| 17 | 宁波市企业信息化促进会 | 无 | | | |

资料来源：根据宁波社会组织网整理。

## 第三节 优化外部环境，实现新突破

优化宁波工业小企业外部发展环境应该遵循三大原则。一是系统性与针对性相结合。在研究制定系统性的政策措施的基础上，坚持问题导向，从企业反映最突出的问题入手，精准施策，标本兼治，切实提高政策措施的针对性和有效性。二是市场主导与政府引导相结合。充分发挥市场在资源配置中的决定性作用，运用市场机制，弘扬企业家精神，引导企业自主创新转型发展。更好地发挥政府作用，加强组织引导，强化协调服务，努力营造公平公正的市场竞争环境。三是外部扶持与内部挖潜相结合。一方面通过减税降费、金融支持、简政放权等政策举措，有效降低企业外部成本；另一方面通过引导企业内部挖潜，提升生产效率和管理水平，增强盈利能力。

基于上述原则，从政府和行业协会层面，提出了迎接挑战，把握机遇，优化外部环境,提升宁波工业小企业发展活力的重要举措。

## 一、政府工作理念思路与时俱进

中国经济发展进入新常态,政府开展经济工作的理念思路、体制机制、方式方法也要与时俱进,这是优化宁波工业小企业发展环境的基础和前提。首先,宁波各级领导干部应增强主动拥抱创新浪潮的意识。当前经济发展领域不断拓宽、发展问题日趋复杂、发展形态更加高级,大数据、云计算、"互联网＋"、类金融等新生事物层出不穷,这对政府开展经济工作的专业化能力提出了更高的要求。宁波各级领导干部应深化对新常态下经济发展的规律性认识,钻研经济理论,培养战略眼光,真正担当起引领新常态的重任。

其次,有关部门要深刻领会"一带一路"倡议的丰富内涵和重大意义,找准定位、精准对接,抢抓机遇、主动作为,把各项工作扎扎实实向前推进,帮助宁波工业小企业牵线搭桥,搭建对接平台,帮助工业小企业"走出去",获得更多的资源。

最后,推动转型升级,改善供给。《促进中小企业发展规划(2016—2020)》指出,推动小企业提高产品和服务有效供给能力;支持小企业参与标准制定,不断提升产品和服务质量;支持中小企业做强做精核心业务,打造具有竞争力和影响力的精品和服务;支持和引导中小企业开展个性化定制、柔性化生产;推动小企业"专精特新"发展。围绕《中国制造2025》重点领域,培育一大批主营业务突出、竞争力强的"专精特新"小企业,打造一批专注于细分市场、技术或服务出色、市场占有率高的"单项冠军",鼓励小企业以专业化分工、服务外包、订单生产等方式与大企业、龙头骨干企业建立稳定的合作关系。

## 二、健全小企业综合服务与政策法规体系

成立起主导作用的小企业服务机构,加快信息服务平台建设。信息服务系统是小企业服务体系的重要载体,建设功能完善、内容丰富、便于中小企业随时利用的信息服务系统,在此基础上建立信息互联互通机制,为宁波工业小企业提供创业、创新、融资、咨询、培训、人才等专业化服务。支持公共服务平台提供一站式服务。鼓励各类服务机构通过多种形式,为中小企业提供创业辅导、项目开发、风险评估、管理咨询、信息交流、信用服务、市场营销、投资融资、登记注册、财税代理、贷款担保、产权交易、技术支持、人才引进、人员培训、对外合作、展览展销、法律咨询和法律援助等专业化服务。建立服务机构绩效评价标准,开展服务对标与服务能力竞赛。

充分发挥行业协会与商会等中介组织的作用。对于行业组织,要通过完善相关体制机制,使其更具独立性,更加"亲近"工业小企业,真正成为小企业服务体系中的重要主体之一。首先,要进一步推进"政会分开",引入市场机制,实行自主办会。具体而言,现由政府主导下的行业协会承担的行业管理事项,可以通过市场机制解决的,一律按照市场化原则运作,实现行业协会与原发起单位在机构、人事、财务等方面的分离,为其向真正意义上的行业组织转变创造条件。其次,要健全行业组织管理体制,通过理顺管理体制、明确管理责任,促进行业协会的发展。构建对行业组织"双重负责"的管理体制,即业务主管单位和登记管理机关按照各自的分工,认真履行自己的职责,在规范管理和加强监督的各个环节,密切配合,形成合力,使管理工作真正落到实处。

小企业政策体系主要覆盖产业、金融和财税方面。首先,以《中华人民共和国中小企业促进法》和《促进中小企业发展规划(2016—2020)》为纲领,加快制定和颁布与之配套的法规,使小企业管理走上法制化轨道。例如技术创新法规,应当具体界定所支持工业小企业的标准与操作措施等。其次,政府应帮助企业进一步扩大投融资渠道,让金融和社会资金共同为产业发展提供资金保障,完善中小企业信用评定及查询办法,规范中小企业信用担保有关问题,研究制定诸如《扶持小企业发展基金管理办法》《小企业信用信息征集和评价办法》《小企业信用担保办法》等法规。同时还应增强法规的可操作性,强化对小企业权益的保护。再次,完善财政支持政策,政府加大财政资金对企业的引导力度,落实产业扶持政策力度,并在人才、技改、科技、并购等方面向产业倾斜。最后,为提高政策的实施效果,在政策制定阶段,重视听取小企业的意见,提高政策的科学性和可操作性,在此基础上建立比较完善的事前参与、过程监督和事后评估机制。

### 三、营造良好的人才生态与市场环境

政府要把为小企业发展提供优质人才服务作为一项重要工作来抓,强化创业辅导和职业技能培训,加大人才引进与招聘服务力度,加强高层次人才培养,打造引领发展的"人才高地",以高端人才集聚带动产业创新。引进一个高端人才往往能带来一个创新团队、催生一个新兴产业、培育一个经济增长点。要深入实施人才强市战略,不折不扣落实好人才新政,加大对人才特别是高端人才的引进培养力度,优化凝聚人才、激励人才、留住人才的政策环境和生活环境,使宁波真正成为各类人才向往的创新高地、创业热土。

　　清理和废除妨碍公平竞争的各种规定,推进实行公平的市场准入制度和公平竞争审查制度。扩大开放领域,进一步推进电力、电信、民航、铁路、石油天然气、邮政、市政公用等行业竞争性业务开放,推进金融、教育、文化、医疗等领域有序开放,消除各种隐性壁垒,引导小企业开拓市场。支持小企业加强市场调研,顺应需求升级要求,创新营销模式,深耕细分市场,拓展发展空间。鼓励小企业加强工贸结合、农贸结合和内外贸结合,利用电商平台等多种方式开拓市场,提高市场拓展效率。推进连锁经营、特许经营、物流配送等现代流通方式。支持小企业"走出去"和"引进来"。支持小企业引进境外资金、技术、人才、管理经验,增强发展能力。促进小企业拓展对外贸易、投资的广度和深度,融入全球产业链和价值链。

# 第六章　宁波工业小企业发展活力比较研究

　　认识规律是在比较的过程中完成的,想要认识宁波工业小企业的活力情况,必须要和同类城市以及与自身过去的发展进行比较,没有比较就没有评判的根据。本章首先要确立宁波工业小企业活力比较的意义、原则与内容,在目标和方向明确的基础上展开比较研究,掌握宁波工业小企业当前活力与过去各阶段活力的变化,明确宁波工业小企业当前活力与同类城市工业小企业活力的差异,从而认清宁波工业小企业活力究竟处于什么水平,究竟有哪些优势与不足。针对宁波工业小企业活力的当前状况以及发展水平,进一步深入剖析其形成的深层次原因,明确铸就宁波工业小企业活力的因素是什么,研究宁波工业小企业活力释放的障碍与问题在哪里。

## 第一节　比较的意义、原则与内容

　　比较的意义是什么? 为了什么而比较? 宁波工业小企业活力比较的目标与方向必须清晰,并由此确立比较的意义。根据比较意义,确立在选取比较指标的时候遵守科学性、可得性、重点性和可持续性原则,按照这些原则完成比较指标的选取,确定比较的具体内容。

### 一、比较意义

　　第一,是发展工业小企业经济的切实之举。宁波地处浙江东部沿海,是长三角南翼经济中心、全国重要先进制造业基地,经济发展充满活力,前景十分广阔。宁波制造业产业基础扎实,战略定位清晰,在工业化与信息化深度融合、名企培育方面位于全国前列,特别是在新材料、核心零部件等方面形成了独特优势,在全国乃至全球范围内拥有较强的竞争力。宁波需要紧紧抓住国家实施制造强国战略的机遇,加快构建创新能力强、质量效益好、结构布局合理、国际竞争力强的先进制造业体系,吸引更多优秀人才来创业创新,培育更多优秀的小巨人企业,带动宁波乃至浙江制造业实现由大变强的转变,实现整体转型升级。通过展开比较研究,既可以揭示工业小企业的重要作用,营造创新创业、技术研发、人才培育、百折不挠的经营环境,还有助于探索工业小企业生成与发展的内在规律,把握工业小企业发展的最新动向。做好发展战略的科学分析与城际比较,在更高的起点上确立工业小企业发展的参照指标,有助于开阔眼界、开阔思路、开阔胸怀,把发展工业小企业作为振兴实体经济的切实举措。

第二,是找准工业小企业区间的有效方法。2015 年提出的"中国制造2025"计划,是中国"制造强国"战略的第一个十年纲领,是中国由制造大国向制造强国转型过程中的顶层设计和路径选择。2016 年 8 月 18 日,工信部宣布"中国制造 2025"将在宁波试点示范,全国已有 26 个省市提出了方案,宁波成为该计划的第一个试点示范城市。作为首个试点示范城市,宁波按照"对标国际、领先全国"的要求,以发展智能经济为主攻方向,加快形成以"智能升级、智慧转化、智力集聚"为特征的"宁波智造"新格局。突出发展新材料、高端装备、新一代信息技术等三大战略引领产业,提升发展汽车制造、绿色石化、智能家电、时尚纺织服装等传统优势产业,培育生物医药、海洋高技术等一批新兴产业,扶持工业设计、科技服务等一批生产性服务业。当前,各个国家和城市普遍重视工业小企业的成长与发展,区域之间的竞争异常激烈,宁波要想在竞争中取胜,必须做到"知己知彼"。通过比较研究,对自身的工业小企业各时期生成能力、成长能力、适应能力、外部要素有一个纵向的比较,对宁波与青岛、苏州、深圳等城市进行多维比较。摸清宁波工业小企业的工作底数,掌握同类城市的发展状态,是宁波工业小企业认清自我、了解他人、找准定位的有效方法。

第三,是增强工业小企业活力的迫切需求。2015 年,宁波实现工业总产值 16700 亿元,其中规上工业总产值 13757 亿元,位居全国副省级城市第四位、浙江首位,制造业成为支撑宁波经济增长的重要引擎。在经济进入新常态后,宁波制造进一步加快向智造发展的步伐。国家、省、市三方将合力共建试点示范城市,促进宁波在浙江、在全国率先实现制造业转型升级,为全国实施"中国制造 2025"战略提供示范和引领。近年来,青岛、苏州、深圳等城市也在不断加大改革力度,围绕工业小企业成长与发展中遇到的困难,积极开展实践试验,探索有效的管理体制与政策措施。宁波工业小企业发展虽然走在全国前列,但仍存在素质性和结构性的重要问题,主要表现为:产业层次比较低,高附加值、高技术含量产品少,企业整体技术创新能力较弱,缺少核心竞争力。在能源资源价格上涨、土地供应日益紧张、劳动力成本优势逐渐丧失的背景下,宁波制造业的不足之处正日益成为阻碍工业经济增长的"短板"。通过比较,深入了解自身的优势与劣势,洞察借鉴别人的方法与经验,准确把握未来的机遇与挑战,不断增强宁波工业小企业的发展活力。

**二、比较原则**

第一,科学性原则。在工业小企业活力比较中,所设计的指标应充分反映和体现工业小企业活力的内涵,需要从科学的角度系统、准确地理解和把握工业小企业活力的本质,这是设计比较指标的基础。在比较的内容上要能全面反映研究所需的内容和要求,不能脱离研究目标与工业小企业的比较范畴。工业小企业活力比较应当全面反映宁波工业小企业发展的客观情况,要从微宏观、企业内外部等方面进行全方位的设计。工业小企业活力比较指标既要有反映规模的指标,也要有反映质量的指标;既要有反映总体的指标,也要有反映结构的指标;既要有分析当前需求的指标,也要有预测未来需求的指标;既要有分析静态的指标,也要有分析动态的指标。从定量分析的全局出发,使各种比较指标能够互相配合,互相协调,形成有机的体系。

第二,重点性原则。工业小企业的发展活力是多种因素共同作用的结果,其中包含了许多指标,虽然期望能够建立起一个科学、系统、全面、完善的工业小企业活力比较指标体系,但由于现实的局限性和认知的有限性,一次性地得到一个完善的工业小企业活力比较指标体系是不可能的。因此,比较指标要在完善性和实际需求之间做一定的折中,不是每一个指标都要面面俱到,而是着重体现出工业小企业活力的主要特征。工业小企业活力比较指标应尽可能突出重点、保持简洁,不要使分析和计算过程太过庞杂。比较指标从不同的维度分析会有不同的分类,要尽量降低指标之间的替代性和重合度,尽可能选择具有相对独立性的指标,避免分析结果对实际情况的明显扭曲。

第三,可得性原则。比较指标应是一个可操作性的方案,指标数据应易于收集和整理。对于定量指标来说,应尽量利用统计部门现有的统计资料来构建指标,以确保构建指标所需要的资料来源。对于定性指标,必须能够有具体的政策、专家评价、实践验证做辅例。一些指标虽然采用权威专家评分法,在对其进行量化分析时如果具有较大偏差,对城市的工业小企业活力比较可能会得出完全不同的结论。因而,在比较指标选择中应尽量慎重考虑主观指标。工业小企业活力比较的各项指标必须概念明确,内容清晰,能够实际计量或测算。因此,抽象的理论模型和现阶段无法测定的指标不引入模型。比较指标的设计要保证可获取性和准确性,保证结果的可靠性与客观性。

第四,可持续原则。比较指标从全局出发,确定指标的口径、时间、空间和计算方法,要与当前国家颁布的统计与分析口径相适应,使指标在横向和纵向上具有可比性。各项数据结果要有统计依据,各项数据尽量建立在已有的统计数据基础上,统计调查和预测方法要符合行业规则,做到科学合理。统计年鉴已有的相关需求指标要加以应用,不另外增加统计分析工作。工业小企业活力是不断变化与发展的,绝对不变的指标体系是不可能的,指标体系将随着时间的推移和情况的变化而有所改变。值得注意的是,企业活力比较指标体系中的指标内容在一定的时期内应保持相对稳定,这样才可以比较和分析城市工业小企业活力的发展变化情况。此外,比较指标的统计口径要一致,核算和综合方法要统一,以达到动态可比性。

### 三、比较内容

按照上面提到的工业小企业发展活力比较原则,选择如下指标作为比较内容。

#### (一)生成能力

在企业的生成过程中,最主要的就是能够满足市场需求,维持企业生存。供和需就成为两个关键问题。"需"的难题就是市场需求问题,企业要开拓市场、扩大销售,提高企业产销率,这是保证企业生存的头等大事,特别是面对产销率下降、产品库存增加的问题。尤其当前内外需求不足,企业在开拓市场、扩大销售上面临更大压力,对企业生成造成一定的阻碍。"供"的难题就是否有企业家创新创业的活力与思想,有的企业家前仆后继地开创事业,能够迅速拓宽资金、技术、人才等资源和要素进入企业的通道,组织好生产,着力解决引进技术、资金、设备、人才等问题。这一阶段的人才因素特别重要,供需都是由较强能力的人才组织对接,是影响企业生成的非结构性因素中最积极、最根本的因素。人的积极性和创造性是企业生成的最终来源,企业通过选用合乎企业需要的人才,开掘和发挥他们的智慧,并加以合理利用,从而提高企业创新能力、企业技术水平和企业核心竞争力,实现企业理想的目标和利润。

生成能力反映工业小企业创建、诞生的活力,表示一个地区在一定时间内产生多少工业小企业,突出量的概念。

选取指标:一定时期内,城市中工业小企业的数量与增长情况。

### (二)成长能力

企业成长是以持续经营为前提,以企业价值增长为最终目标的过程,企业成长过程的外在表现是企业规模的由小到大,内在表现是企业素质的提高、企业成长能力的由弱到强、企业素质的由低到高、企业竞争力的由弱到强。成长过程中,质和量不可能脱离对方呈现单方面的增长。当企业的规模扩大、量增长时,会促进质变的产生,而质变的前提是量变,当量达到一定的基础必定会引发企业质的提升。量的扩大会使企业拥有更多的资源,能够形成规模经济,降低企业的经营成本,促进质的提高。同理,企业质的提高必定会促进量的增加,因为质的提高会促进企业的经营效率,增强企业的盈利能力,在既定资源的基础上产品的数量会增加,同时企业的收入、利润等都会增加。

企业文化是企业成长的关键因素,企业文化是特定组织在适当处理外部环境和内部整合过程中出现的种种问题时,所发明、发现或发展起来的基本假说的规范。这些规范运行良好,相当有效,被用来做教导新成员观察、思考和感受有关问题的正确方式。企业文化也是一种组织文化。它是企业全体职工在长期的生产经营活动中培育形成的并被共同遵守的最高目标、价值标准、基本信念和行为规范的总和。企业文化可以起到协调企业员工行为,增强企业员工凝聚力的作用。企业文化可以通过建立共同的价值观,强化组织成员之间的合作、信任与团结。优良的企业文化可以充分发挥企业员工的主观能动性,提高组织成员的社会责任感和使命感,使企业真正成为命运和利益的共同体。企业文化也可以通过消除组织成员由于风俗习惯、文化背景、工作态度、行为方式以及目标愿望的不同所产生的摩擦、排斥、冲突以及对抗,增强企业组织的凝聚力和向心力。这些对促进企业成长具有重要的积极作用。

成长能力反映工业小企业的成长大小与规模,这也是评价企业是否有活力的首要因素,主营业务收入最能反映企业主业成长发展的规模大小。

选取指标:一定时期内,城市中工业小企业的主营业务收入总额与增长情况。

### (三)适应能力

凭借良好的技术与优异的战略,可以使企业欣欣向荣、长盛不衰,但这一长久以来梳理的观念在快速的变化与激烈的竞争市场中,似乎已不太适合,越来越多的企业感觉这"一招"已经不管用了。当企业所处的环境发生变化,企业的战略也需要随之改变。以往,许多企业甚至大企业被颠覆的原因常常在于无法理解战略的动态本质。复杂动荡的商业环境需要自适应的方式,来不断调整企业的战略。当前技术为市场带来了史无前例的变革和不确定性,使得市场的多样性进一步加剧,企业既要管理发达市场中成熟稳定的业务单元,又要关注发展中市场新兴且难以预测的业务;既要扶持快速发展的高科技业务,又不能忽视缓慢稳定的现金流业务。要应对这样的多样性,企业必须根据不同业务所处的环境,定制恰当的战略和管理方式来应对市场环境的变化。适应能力是在"升级"的问题上做文章,是要迅速推进研发、扩容、转产等新项目,积极调整产品结构、布局,在全省、全国乃至全球布点扩张。

适应能力反映组织目标与环境的适应情况,具体包括企业组织机构协调统和能力,企业内部改革能力,决策速度与决策质量,信息渠道,信息收集、处理、应用的能力等。为了便于比较,用工业小企业的利润总额作为指标,利润越高,代表企业越能获得市场的认可,其适应性越强。一些城市没有统计工业小企业的利润总额,为了便于比较,也采用每个工业小企业的平均主营业务收入作为指标。

选取指标:一定时期内,城市中工业小企业的利润总额或单位主营业务收入。

### (四)外部要素

企业活力与发展离不开生存的土壤,外部环境是企业赖以生存和发展的整个外部世界,是影响企业生存和发展的各种外部客观条件和状态。企业生存环境包括政治环境、经济环境、法制环境、科学技术环境、社会公义环境和自然环境等,它是企业无法改变的。企业是应环境而生同时应环境而变的社会生命系统,企业生存环境直接关系到企业的生死存亡。企业的生存与成长要依赖环境、适应环境,同样,企业的变革和再生也要依据外部客观环境的状态而变。企业生存环境系统全面地影响和制约着企业活力。良好的企业生存环境为企业的活力提供了必要的外部条件。在一个政治动荡、经济萧条、法制不健全、科技不发达、社会文化环境不适宜和自然环境恶劣的情况下,企业很难具有较好的活力水平。影响工业小企业活力的外部要素很多,为科学比较,选取以下五个重要影响要素。

1. 产业基础

产业基础是工业小企业生存与发展的土壤,有良好的产业基础环境,工业小企业才能不断萌芽、成长、壮大,这一大背景直接影响着工业小企业的活力。

选取指标:城市 GDP、三产增加值。

2. 外贸带动

对外贸易有利于开放城市经济,让工业小企业的产品走出去,让更多优势特色产业转移,为工业小企业提供更广阔的市场,带动提升企业活力。

选取指标:进出口总额、出口额。

3. 投资推动

投资是企业活力迸发的另外一个重要推手,固定资产的投资不仅壮大和发展了工业小企业实力,也创造了市场需求;外资利用可以使工业小企业学习到更先进的管理经验、组织更规范的公司运作,促进国际化发展。

选取指标:实际利用外资、固定资产投资。

4. 内需拉动

区域消费能力的提升、消费群体的扩大、消费结构的升级、消费潜力的挖掘能促进对工业小企业产品的需求,同时倒逼企业更新技术、升级产品、提升生产效率。

选取指标:社会消费品零售总额、人均可支配收入。

5. 技术推进

技术研发是企业活力的源泉,是企业活力持续存在的保障。工业小企业要想活力充沛、就需要源源不断地进行技术开发,需要投入大量的经费进行产业升级。

选取指标:技术研发支出。

## 第二节　纵向比较与横向比较

按照比较的目标与原则,分为纵向比较与横向比较。纵向比较结合宁波的数据统计与实际情况,分为2002—2005年、2006—2010年、2011—2014年三个阶段进行比较,对比各时期宁波工业小企业活力变化发展情况。横向比较选择同类型、具有一定提升性和较好可比性的城市,如苏州、深圳、青岛等作为对比,对宁波工业小企业与其他三个城市在生成能力、成长能力、适应能力、外部要素方面展开对比研究。

### 一、宁波工业小企业发展活力纵向比较

#### (一)生成能力

总体上,宁波工业小企业的生成能力是稳步增加的,从2002年的24350家发展到2014年的39789家,最高数量是2011年的42125家,最高增长率在2008年达到了25.0%,13年间的平均增长率达到4.90%,说明宁波工业小企业具有较强的生成能力,如图6.1所示。

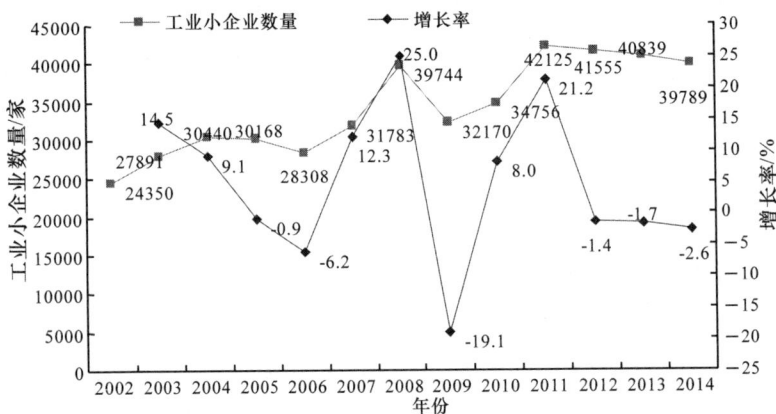

数据来源:2003—2015年宁波统计年鉴。

**图6.1　2002—2014年宁波工业小企业生成情况**

按照纵向时间段比较,2011—2014年的宁波工业小企业数量最多,年均41077家,2002—2005年的工业小企业增长率最快,年均达到7.57%。这说明2002—2005年是宁波工业小企业快速稳步增长的阶段,是工业小企业的高速生成阶段;2006—2010年波动比较大,2008年达到增加率的高峰25.0%,2009

年跌入增长的低谷—19.1％,是宁波工业小企业发展的震荡阶段;2011—2014年工业小企业数量有所减少,处于工业小企业生成的稳定阶段,见表6.1。

表6.1　2002—2014年宁波工业小企业生成能力纵向比较

| 项目 | 2002—2005年 | 2006—2010年 | 2011—2014年 |
|---|---|---|---|
| 工业小企业平均数量/家 | 28212 | 33352 | 41077 |
| 工业小企业平均增长率/％ | 7.57 | 4.00 | 3.88 |

数据来源:2003—2015年宁波统计年鉴。

（二）成长能力

宁波工业小企业的主营业务收入从2002年的507.7亿元发展到2014年的2083.4亿元,最高主营业务收入是2012年的2088.7亿元,最高增长率在2011年达到了109.3％,13年间的平均增长率达到15.8％,说明宁波工业小企业的成长能力较好,如图6.2所示。

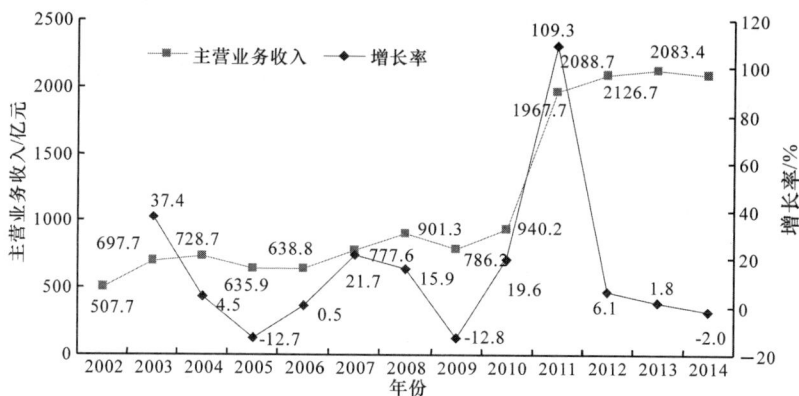

图6.2　2002—2014年宁波工业小企业成长情况

数据来源:2003—2015年宁波统计年鉴。

纵向比较来看,宁波2002—2005年的工业小企业主营业务收入年均642.5亿元,主营业务收入年均增长率为9.73％,这一阶段虽然企业数量增长率快,但业务成长能力较为薄弱;2006—2010年的工业小企业主营业务收入年均808.9亿元,主营业务收入年均增长率为8.98％,这一阶段平均主营业务收入比上一阶段增加了25.9％,主营业务收入年均增长率比上一阶段略有降低,这一阶段的成长能力仍比较低下;2011—2014年的工业小企业主营业务收入年均2066.7亿元,主营业务收入年均增长率为28.8％,这一阶段平均主营业务收入比上一阶段增加了155.5％,主营业务收入年均增长率是上一阶段的 3 倍多,该阶段是宁波工业小企业成长能力迅猛发展阶段,也是最强盛的阶段,见表 6.2。

表 6.2　2002—2014 年宁波工业小企业成长能力纵向比较

| 项目 | 2002—2005 年 | 2006—2010 年 | 2011—2014 年 |
|------|------------|------------|------------|
| 工业小企业平均业务收入/亿元 | 642.5 | 808.9 | 2066.7 |
| 工业小企业主营业务收入平均增长率/% | 9.73 | 8.98 | 28.80 |

数据来源:2003—2015 年宁波统计年鉴。

（三）适应能力

宁波工业小企业的利润总额从 2002 年的 36.1 亿元发展到 2014 年的 98.8 亿元,最高利润总额是 2011 年的 122.4 亿元,最高增长率在 2011 年达到了 82.3%,13 年间的平均增长率达到 24.5%,说明宁波工业小企业的适应能力在不断提升,如图 6.3 所示。

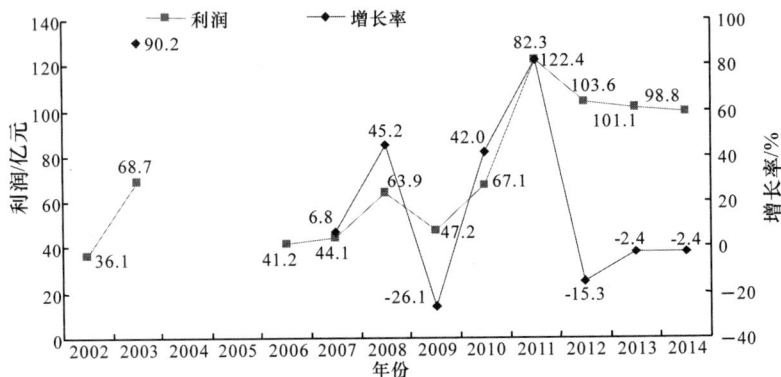

数据来源:2003—2015 年宁波统计年鉴。

图 6.3　2002—2014 年宁波工业小企业适应情况

从宁波工业小企业利润总额来看,从 2002 年的 36.1 亿元增长到 2003 年的 68.7 亿元,增长率为 90.2%,2004 和 2005 年的利润总额数据缺失;2006—2010 年的工业小企业利润总额年均 52.7 亿元,利润总额年均增长率为 17.0%,这一阶段是利润平稳增长阶段;2011—2014 年的工业小企业利润总额年均 106.5 亿元,利润总额年均增长率为 15.6%,这一阶段平均利润总额比上一阶段增加了 1 倍,该阶段是宁波工业小企业适应能力较强的时期,见表 6.3。

表 6.3　2002—2014 年宁波工业小企业适应能力纵向比较

| 项目 | 2002—2003 年 | 2006—2010 年 | 2011—2014 年 |
|---|---|---|---|
| 工业小企业年均利润总额/亿元 | 52.4 | 52.7 | 106.5 |
| 工业小企业年均利润增长率/% | 90.2 | 17.0 | 15.6 |

数据来源:2003—2015 年宁波统计年鉴。

### (四)外部要素

#### 1. 产业基础与结构

从宁波 2002 年以来 GDP 及三产增加值来看,第二产业始终占据宁波 GDP 的主导地位,并且接近 GDP 的一半。从增长率来看,2002—2005 年间 GDP、第一产业产值、第二产业产值、第三产业产值平均增长率分别为 17%、7%、17%、19%;2006—2010 年间 GDP、第一产业产值、第二产业产值、第三产业产值平均增长率分别为 13%、8%、12%、14%;2011—2014 年间 GDP、第一产业产值、第二产业产值、第三产业产值平均增长率分别为 6%、2%、5%、8%。可以看出,三个阶段的增长率逐步在降低,第二产业基本与 GDP 增长保持一致,第三产业增长高于 GDP 增长,如图 6.4 所示。

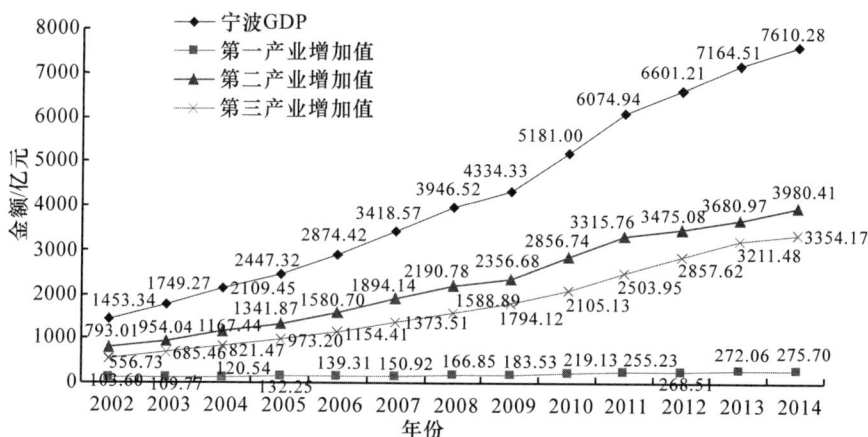

数据来源:2003—2015 年宁波统计年鉴。

图 6.4　2002—2014 年宁波 GDP 及三产增加值

用各阶段工业小企业主营业务收入总额及利润总额,同宁波 GDP 进行相关性分析,分析结果见表 6.4。从中可以看出,代表工业小企业成长能力的主营业务收入(2006—2010 年)与 GDP 相关性最高,达到 0.843;代表工业小企业适应能力的利润总额(2006—2010 年)与 GDP 正向相关性最高,达到 0.773。

表 6.4　与 GDP 的相关性分析

| GDP 相关分析 | 主营业务收入 2002—2005 年 | 主营业务收入 2006—2010 年 | 主营业务收入 2011—2014 年 | 利润总额 2006—2010 年 | 利润总额 2011—2014 年 |
|---|---|---|---|---|---|
| 相关系数 | 0.524 | 0.843 | 0.747 | 0.773 | −0.886 |

数据来源:2003—2015 年宁波统计年鉴。

2.进出口情况

宁波的进出口增长较快,从 2002 年的 122.73 亿美元增加到 2014 年的 1047.04 亿美元;出口从 2002 年的 81.63 亿美元增加到 2014 年的 731.09 亿美元,出口始终占到进出口总额的 60% 以上。进出口在 2002—2005 年、2006—2010 年、2011—2014 年期间的年均增长率分别为 57.6%、24.1%、2.2%;出口在 2002—2005 年、2006—2010 年、2011—2014 年期间的年均增长率分别为 57.5%、20.2%、6.7%,如图 6.5 所示。

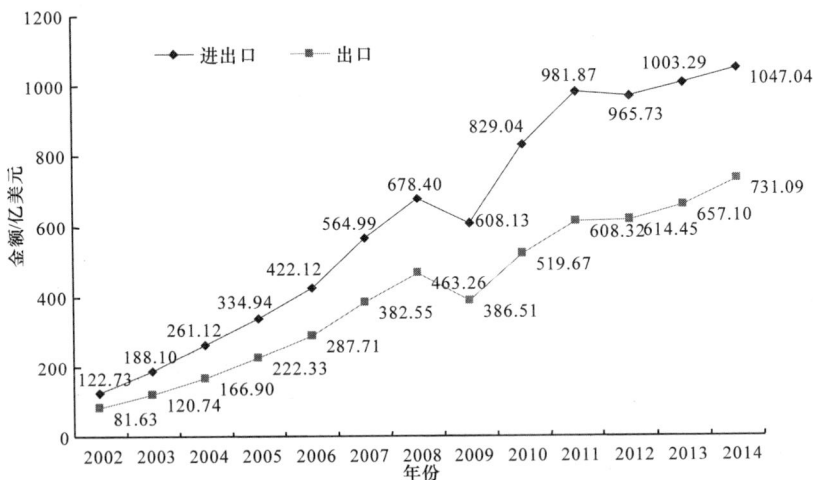

数据来源:2003—2015 年宁波统计年鉴。

图 6.5　2002—2014 年宁波进出口情况

通常,出口要素对工业小企业活力的影响较大,用各阶段工业小企业主营业务收入总额及利润总额,同宁波出口总额进行相关性分析,分析结果见表 6.5。从中可以看出,代表工业小企业成长能力的主营业务收入(2006—2010 年)与出口总额相关性最高,达到 0.993;代表工业小企业适应能力的利润总额(2006—2010 年)与出口额相关性最高,达到 0.937。

**表 6.5　与出口总额的相关性分析**

| 相关分析 | 主营业务收入<br>2002—2005 年 | 主营业务收入<br>2006—2010 年 | 主营业务收入<br>2011—2014 年 | 利润总额<br>2006—2010 年 | 利润总额<br>2011—2014 年 |
|---|---|---|---|---|---|
| 相关系数 | 0.483 | 0.993＊＊ | 0.440 | 0.937＊ | −0.669 |

注：＊＊代表相关性在 0.01 显著，＊代表相关性在 0.05 显著。
数据来源：2003—2015 年宁波统计年鉴。

### 3.固定资产投资与实际利用外资

宁波固定资产投资从 2002 年的 601.27 亿元增加到 2014 年的 3989.46 亿元；实际利用外资从 2002 年的 12.47 亿美元增加到 2014 年的 40.25 亿美元，如图 6.6 所示。宁波固定资产投资在 2002—2005 年、2006—2010 年、2011—2014 年期间的年均增长率分别为 37％、11％、22.4％；实际利用外资在 2002—2005 年、2006—2010 年、2011—2014 年期间的年均增长率分别为 28.4％、−1.1％、14.4％。

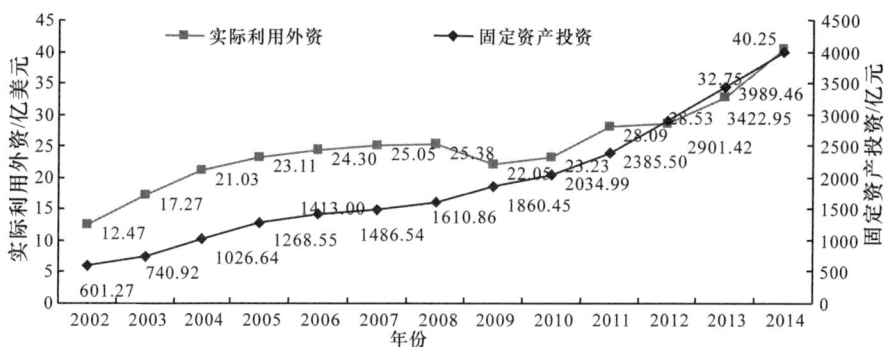

数据来源：2003—2015 年宁波统计年鉴。

**图 6.6　2002—2014 年宁波固定资产投资与实际利用外资情况**

用各阶段工业小企业主营业务收入总额及利润总额，同宁波固定资产投资与实际利用外资进行相关性分析，分析结果见表 6.6。从中可以看出，代表工业小企业成长能力的主营业务收入（2011—2014 年）与固定资产投资相关性最高，达到 0.709；代表工业小企业适应能力的利润总额（2006—2010 年）与固定资产投资相关性最高，达到 0.649。代表工业小企业成长能力的主营业务收入（2002—2005 年）与实际利用外资相关性最高，达到 0.680；代表工业小企业适应能力的利润总额（2006—2010 年）与实际利用外资正向相关性最高，达到 0.040。

表 6.6　与固定资产投资、实际利用外资的相关性分析

| 相关分析 | 主营业务收入 2002—2005 年 | 主营业务收入 2006—2010 年 | 主营业务收入 2011—2014 年 | 利润总额 2006—2010 年 | 利润总额 2011—2014 年 |
|---|---|---|---|---|---|
| 固定资产投资相关系数 | 0.458 | 0.708* | 0.709 | 0.649 | −0.870 |
| 实际利用外资相关系数 | 0.680 | −0.020 | 0.425 | 0.040 | −0.657 |

注：* 代表相关性在 0.05 显著。

数据来源：2003—2015 年宁波统计年鉴。

4.社会消费品零售总额

宁波社会消费品零售总额从 2002 年的 462.87 亿元增加到 2014 年的 2992.03 亿元，宁波社会消费品零售总额在 2002—2005 年、2006—2010 年、2011—2014 年期间的年均增长率分别为 27.8％、17.7％、13.2％，如图 6.7 所示。

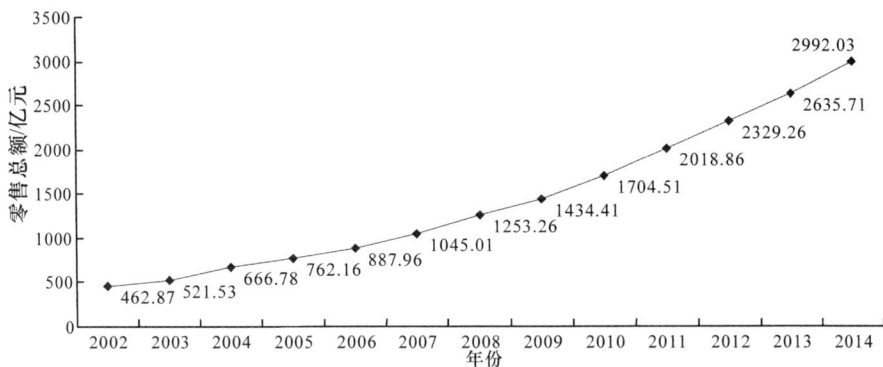

数据来源：2003—2015 年宁波统计年鉴。

图 6.7　2002—2014 年宁波社会消费品零售情况

用各阶段工业小企业主营业务收入总额及利润总额，同宁波社会消费品零售总额进行相关性分析，分析结果见表 6.7。从中可以看出，代表工业小企业成长能力的主营业务收入（2006—2010 年）与社会消费品零售总额相关性最高，达到 0.813；代表工业小企业适应能力的利润总额（2006—2010 年）与社会消费品零售总额正向相关性最高，达到 0.749。

#### 表 6.7　与社会消费品零售总额的相关性分析

| 相关分析 | 主营业务收入<br>2002—2005 年 | 主营业务收入<br>2006—2010 年 | 主营业务收入<br>2011—2014 年 | 利润总额<br>2006—2010 年 | 利润总额<br>2011—2014 年 |
|---|---|---|---|---|---|
| 相关系数 | 0.472 | 0.813 | 0.701 | 0.749 | −0.866 |

数据来源:2003—2015 年宁波统计年鉴。

5.居民人均可支配收入

宁波城镇居民人均可支配收入从 2002 年的 12970 元增加到 2014 年的 44155 元;农村居民人均可支配收入从 2002 年的 5764 元增加到 2014 年的 24283 元,如图 6.8 所示。宁波城镇居民人均可支配收入在 2002—2005 年、2006—2010 年、2011—2014 年期间的年均增长率分别为 11.4%、13.3%、9.9%;农村居民人均可支配收入在 2002—2005 年、2006—2010 年、2011—2014 年期间的年均增长率分别为 11.8%、15.3%、15.7%。

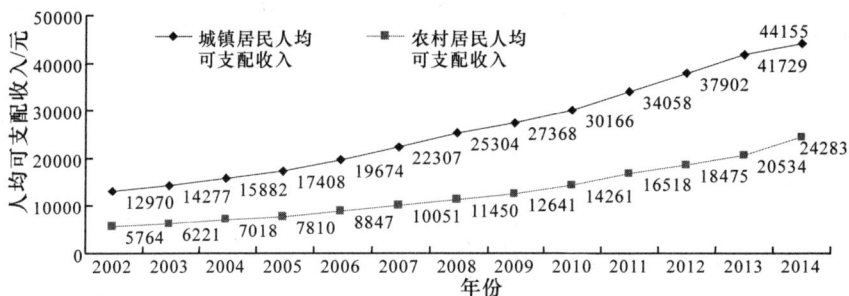

数据来源:2003—2015 年宁波统计年鉴。

**图 6.8　宁波居民人均可支配收入**

用各阶段工业小企业主营业务收入总额及利润总额,同宁波城镇居民可支配收入与农村居民可支配收入进行相关性分析,分析结果见表 6.8。

#### 表 6.8　与居民人均可支配收入的相关性分析

| 相关分析 | 主营业务收入<br>2002—2005 年 | 主营业务收入<br>2006—2010 年 | 主营业务收入<br>2011—2014 年 | 利润总额<br>2006—2010 年 | 利润总额<br>2011—2014 年 |
|---|---|---|---|---|---|
| 城镇居民<br>可支配收入<br>相关系数 | 0.520 | 0.840 | 0.783 | 0.758 | −0.906 |
| 农村居民<br>可支配收入<br>相关系数 | 0.453 | 0.823 | 0.606 | 0.748 | −0.809 |

数据来源:2003—2015 年宁波统计年鉴。

从中可以看出,代表工业小企业成长能力的主营业务收入(2006—2010年)与城镇居民可支配收入相关性最高,达到0.840;代表工业小企业适应能力的利润总额(2006—2010年)与城镇居民可支配收入相关性最高,达到0.758;代表工业小企业成长能力的主营业务收入(2006—2010年)与农村居民可支配收入相关性最高,达到0.823;代表工业小企业适应能力的利润总额(2006—2010年)与农村居民可支配收入正向相关性最高,达到0.748。

## 二、宁波与相关城市工业小企业活力横向比较

### (一)生成能力

从2014年工业小企业数量来看,苏州85763家,排在第一位;宁波39789家,排在第二位;深圳20544家,排在第三位;青岛20314家,排在第四位,见图6.9。苏州工业小企业数量是宁波的两倍多,具有很强的工业小企业生成能力。宁波的工业小企业数量远远超过深圳和青岛,宁波工业小企业生成能力较强,排在前列。

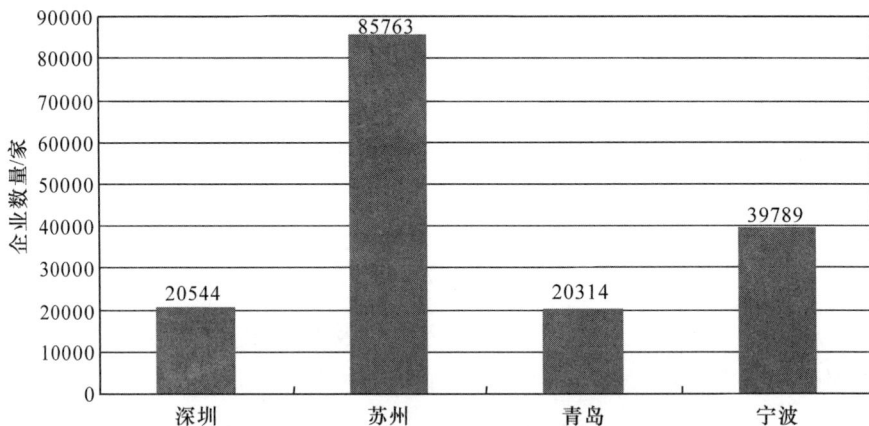

数据来源:2015年宁波、深圳、青岛、苏州统计年鉴。

**图6.9　2014年深圳、苏州、青岛、宁波工业小企业生成能力情况**

### (二)成长能力

从2014年工业小企业主营业务收入总额来看,苏州工业小企业主营业务收入4077.60亿元,排在第一位;宁波工业小企业主营业务收入2083.41亿元,排在第二位;青岛工业小企业主营业务收入1488.50亿元,排在第三位;深圳工业小企业主营业务收入421.44亿元,排在第四位,见图6.10。苏州工业小企业主营业务收入接近宁波的2倍,工业小企业成长能力最强。

宁波的工业小企业主营业务收入也远远超过深圳和青岛,宁波工业小企业具有较强的成长能力,成长能力排在前列。

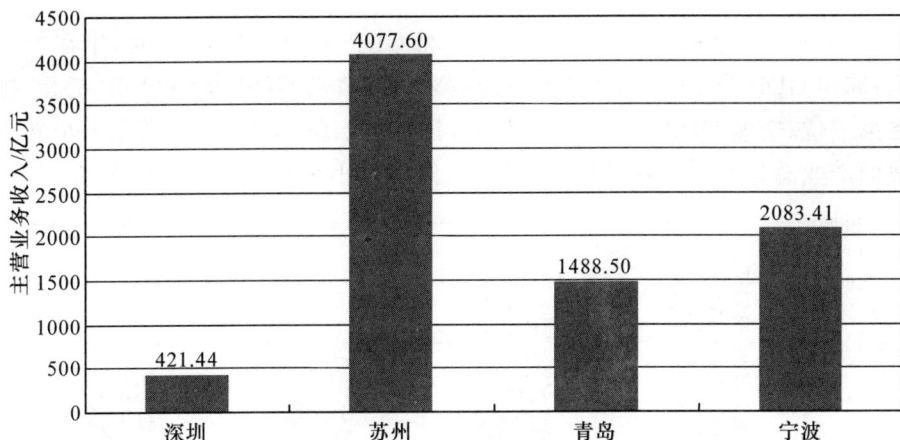

**图 6.10　2014 年深圳、苏州、青岛、宁波工业小企业成长能力情况**

(三)适应能力

从 2014 年单个工业小企业的平均主营业务收入来看,青岛排在第一位,平均每个工业小企业主营业务收入达 732.75 万元;宁波排在第二位,平均每个工业小企业主营业务收入达 523.61 万元;苏州排在第三位,平均每个工业小企业主营业务收入达 475.45 万元;深圳排在最后,平均每个工业小企业主营业务收入为 205.14 万元,如图 6.11 所示。青岛工业小企业数量虽然少,但单个企业营业收入最高,适应能力最强。宁波工业小企业的平均主营业务收入也超过了苏州和深圳,具有较好的适应能力。

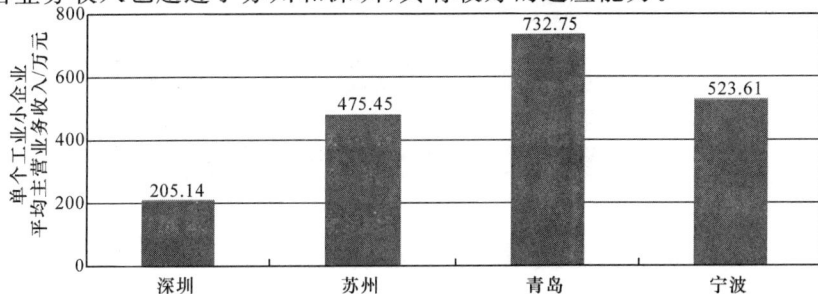

**图 6.11　2014 年深圳、苏州、青岛、宁波工业小企业适应能力情况**

（四）外部要素比较

1. 产业基础与结构

2014 年四个城市的 GDP 比较,深圳 GDP 为 16001.99 亿元,排在第一位;苏州 GDP 为 13760.89 亿元,排在第二位;青岛 GDP 为 8692.10 亿元,排在第三位;宁波 GDP 为 7602.51 亿元,排在第四位,如图 6.12 所示。虽然宁波的产业总量基础不及其他三个城市,但工业小企业的活力比较强劲。

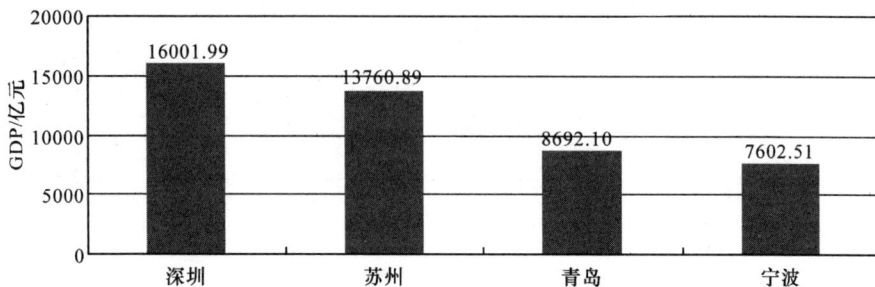

数据来源:2015 年宁波、深圳、青岛、苏州统计年鉴。

**图 6.12　2014 年深圳、苏州、青岛、宁波 GDP 情况**

从 2014 年产业结构来看,深圳的第三产业占 57%,第二产业占 43%,第一产业比例几乎为零,产业结构级别较高;青岛第三产业比例占到 51%,第二产业比例占到 45%,第一产业比例占到 4%,处于次优水平;苏州和宁波的产业结构比较相似,第二产业比重较大,都占到了 51%,因而苏州和宁波的工业小企业活力较好,如图 6.13 所示。

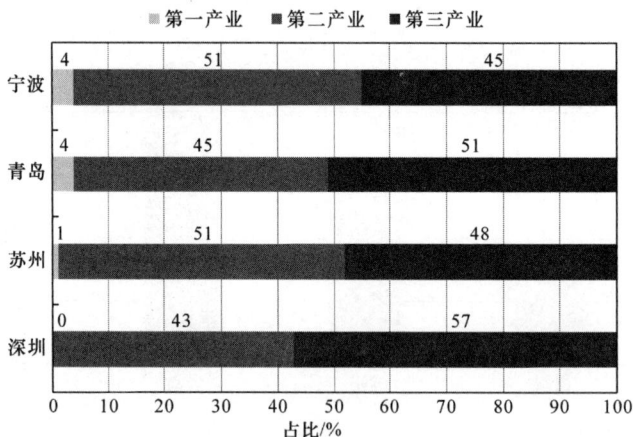

数据来源:2015 年宁波、深圳、青岛、苏州统计年鉴。

**图 6.13　2014 年深圳、苏州、青岛、宁波产业结构情况**

## 2.进出口

2014 年四个城市的进出口总额和出口总额排名一致,深圳的进出口总额为 4877.65 亿美元,其中出口总额为 2844.03 亿美元,排在第一位;苏州的进出口总额为 3113.06 亿美元,其中出口总额为 1811.78 亿美元,排在第二位;宁波的进出口总额为 1047.04 亿美元,其中出口总额为 731.09 亿美元,排在第三位;青岛的进出口总额为 798.90 亿美元,其中出口总额为 457.80 亿美元,排在第四位,如图 6.14 所示。可以看出,宁波、苏州、青岛的外贸给工业小企业带来一定的活力,深圳的则不明显。

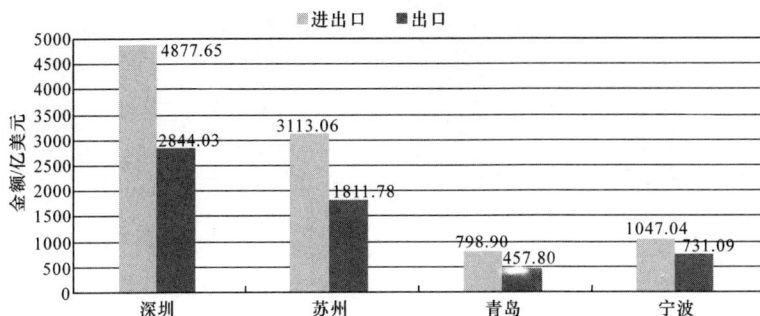

数据来源:2015 年宁波、深圳、青岛、苏州统计年鉴。

**图 6.14　2014 年深圳、苏州、青岛、宁波进出口情况**

## 3.利用外资、固定投资

2014 年实际利用外资方面,苏州总额为 81.20 亿美元,排在第一位;青岛总额为 60.80 亿美元,排在第二位;深圳总额为 58.05 亿美元,排在第三位;宁波总额为 40.25 亿美元,排在第四位,如图 6.15 所示。这说明宁波在外资利用方面还比较欠缺。

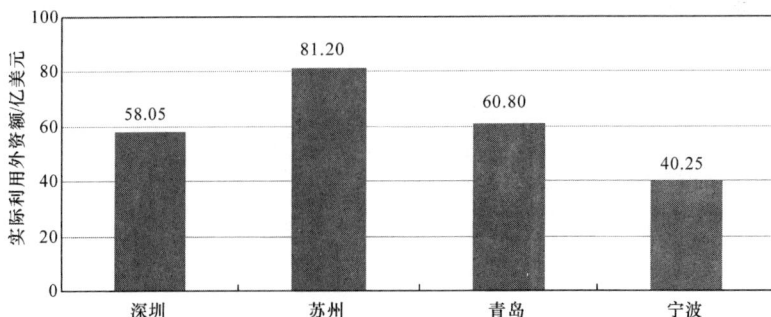

数据来源:2015 年宁波、深圳、青岛、苏州统计年鉴。

**图 6.15　2014 年深圳、苏州、青岛、宁波利用外资情况**

2014年,苏州全社会固定资产投资额6230.67亿元,排在第一位;青岛全社会固定资产投资额5766.00亿元,排在第二位;宁波全社会固定资产投资额3989.46亿元,排在第三位;深圳全社会固定资产投资额2717.42亿元,排在第四位,如图6.16所示。固定资产投资一定程度上带动了宁波工业小企业的活力。

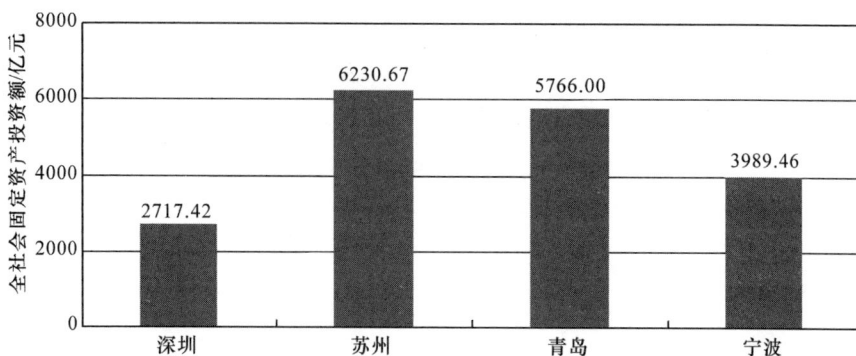

数据来源:2015年宁波、深圳、青岛、苏州统计年鉴。

**图6.16 2014年深圳、苏州、青岛、宁波固定资产投资情况**

4.社会消费品零售总额与人均可支配收入

从社会消费品零售总额来看,深圳排名第一,达到4844.00亿元;苏州排名第二,达到4099.88亿元;青岛排名第三,达到3268.80亿元;宁波排名第四,为2992.03亿元,如图6.17所示。宁波社会消费品零售规模还较小,对工业小企业活力的带动还有待提升。

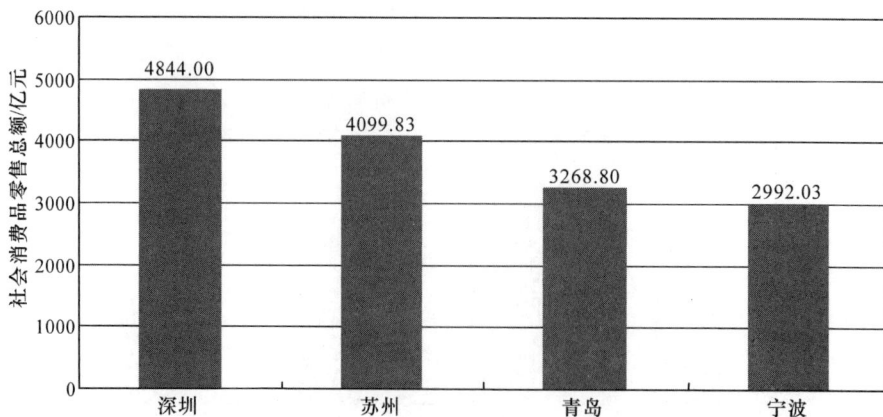

数据来源:2015年宁波、深圳、青岛、苏州统计年鉴。

**图6.17 2014年深圳、苏州、青岛、宁波社会消费品零售情况**

从城镇居民人均可支配收入来看,苏州以 46677 元位列第一,宁波以 44155 元位列第二;从农村居民人均可支配收入来看,深圳以 40948 元位居 第一,宁波以 24283 元位列第二,如图 6.18 所示。可以看出,无论是城镇居 民人均可支配收入,还是农村居民人均可支配收入,宁波均位居前列,宁波 较高的人均可支配收入对带动消费、激发工业小企业活力具有一定的贡献。

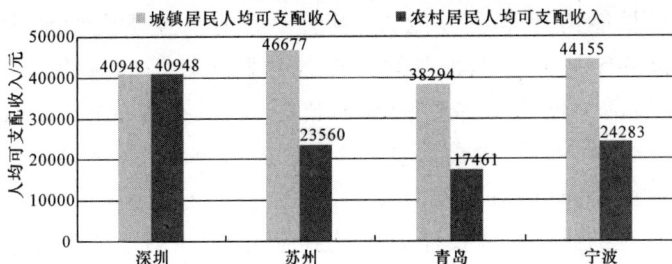

注:深圳进行了城乡一体化人均可支配收入统计。

数据来源:2015 年宁波、深圳、青岛、苏州统计年鉴。

**图 6.18　2014 年深圳、苏州、青岛、宁波人均可支配收入情况**

### 5. 技术研发投入

工业企业的技术研发主要是由大型企业完成的,所以用规模以上工业 企业的研发支出来考察整个工业企业的研发水平,具有一定的代表性。 2014 年,深圳规模以上工业企业研发支出最多,达到 787.54 亿元;苏州规模 以上工业企业研发支出第二,达到 313.54 亿元;青岛规模以上工业企业研 发支出第三,达到 192.50 亿元;宁波规模以上工业企业研发支出最少,为 164.31 亿元,如图 6.19 所示。宁波工业企业的研发投入还很少,研发水平 与其他三个城市相比还比较薄弱,对激活工业企业活力有较大障碍。

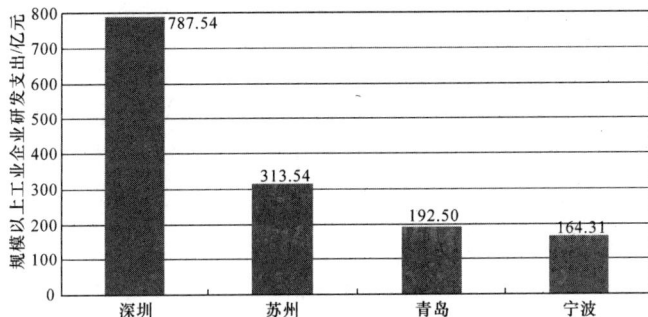

数据来源:2015 年宁波、深圳、青岛、苏州统计年鉴。

**图 6.19　2014 年深圳、苏州、青岛、宁波规模以上工业企业研发支出情况**

## 第三节 基于比较的宁波工业小企业活力现状成因分析

宁波工业小企业发展活力同过去各阶段的纵向比较可以看出,无论是生成能力、成长能力还是适应能力,当前宁波的工业小企业活力均排在第一,说明当前的宁波工业小企业同历史各时期比较是最强的。当前宁波工业小企业发展活力同相关城市的横向比较来看,在生成能力方面:苏州第一、宁波第二、深圳第三、青岛第四;在成长能力方面:苏州第一、宁波第二、青岛第三、深圳第四;在适应能力方面:青岛第一、宁波第二、苏州第三、深圳第四。无论是生成能力、成长能力还是适应能力,当前宁波的工业小企业在横向比较中均排在第二,说明总体上宁波工业小企业在发展活力上处于第二的水平。

从横纵向的整体比较来看,当前宁波工业小企业发展活力的排名靠前,发展较好,但是在很多方面也面临着一些突出的问题。通过宁波工业小企业自身发展各阶段的纵向比较,以及与相关城市现阶段的横向比较,展示了宁波工业小企业活力的发展变化情况,明晰了宁波工业小企业在与同类城市比较中的发展地位。本节针对宁波工业小企业活力比较的情况,深入剖析导致目前活力优势以及不足的形成原因,详细探究宁波工业小企业保持活力具备的核心优势与增强活力面临的阻碍因素。

### 一、核心优势分析

宁波工业小企业活力从纵向各时期的比较来看,当前处于活力强劲与稳定时期;从横向与相关城市的比较来看,活力排名位居第二,活力充沛。宁波工业小企业之所以能持久保持活力主要得益于宁波以下的核心优势。

#### (一)活跃的民营企业

宁波的民营企业本身就十分活跃,极具活力,这也是工业小企业活力十足的原因之一。民营经济已成为推动宁波经济发展的最大引擎,成为扩大就业和增加居民收入的最大来源,宁波的民营经济贡献了80%左右的GDP、76%左右的税收、54%左右的出口,提供了87%左右的社会就业。全市生产总值的70%左右来自于民营经济,民间投资占全市固定资产投资比

重达 48.1%。① 截至 2014 年 12 月底,宁波市累计实有内资市场主体
627110 家,其中私营企业 203627 户,首次突破 20 万户大关,其比重占全市
内资企业总量的 92%。2014 年,宁波新设个体工商户 70977 户,资金数额
58.73 亿元,年底实有个体户 401053 户,资金数额 252.12 亿元,同比上年度
分别增长了 8.5% 和 14.4%。在个体工商户平稳发展的同时,"个转企"的
步伐也在不断加快,2014 年全市累计"个转企"13831 家,特别是公司制企业
比例明显上升。2014 年,宁波市由个体工商户转成公司制企业的共计 2764
家,占全年新增"个转企"总数的 63.2%。与 2013 年相比,上升了 55.3 个百
分点,发展十分迅猛。② 由于民营小企业的不断诞生、发展、壮大,很多转化
成现代管理制度的企业,工业小企业发展本身也遵循这一规律,其他企业的
发展也为工业小企业成长带来了活力。

(二)开放的创业环境

宁波开放的创业环境激发了企业的创新活力,宁波一直在优化政府与
市场的关系,突出市场在资源配置中的决定性作用,努力营造良好的创新创
业环境。宁波相继制定出台了《关于加快推进科技成果转化的若干意见》
《宁波市科技信贷代偿补偿暂行办法》《关于培育发展众创空间促进大众创
新创业的实施意见(试行)》《宁波市科技创新券推广应用实施办法(试行)》
等政策意见,通过政策引导和促进人才培养、创业孵化、企业成长、科技成果
转化。宁波建立了财政经费资助与企业研发投入相挂钩的政策扶持机制,
建立应用技术由企业牵头承担,联合高校、科研院所共建企业技术研究院,
开展产学研攻关和成果转化。2015 年,宁波市由企业牵头的科技项目达
1082 项,66% 的年度财政科技经费用于扶持企业创新创业。宁波加大高新
技术企业所得税优惠、150% 研发加计抵扣等政策的落实力度,引导企业加
大科技创新力度。宁波不断推进"3315"海外高端人才引进计划,制定完善
人才创业、人才流转等"人才新政"25 条,打破要素驱动、投资驱动阶段"人跟
着要素走"或"人跟着资本走"的机制,建立起"技术跟着人走"的资源配置机
制,营造了开放的创业环境,激发了人才的创新活力。

---

① 宋光亚. 宁波民营经济:占 GDP 70% 占经济实体总数的 94.7%[EB/OL]. (2012-05-
23)[2016-12-06]. http://zjnews. zjol. com/cn/05zjnews/system/2012/05/23/0185141780. shtml.

② 曹婷婷,张淑蓉,张华容. 截至 2014 年 12 月底宁波市私营企业首破 20 万户大关
[EB/OL]. (2015-02-02)[2016-12-06]. http://nb. zjol. com. cn/system/2015/02/02/
020494737. shtml.

### (三)良好的产业基础

宁波具备良好的产业基础与产业结构,2015 年宁波第一产业增加值 285.2 亿元,增长 1.8%;第二产业增加值 3924.5 亿元,增长 4.8%;第三产业增加值 3801.8 亿元,增长 12.5%。三次产业之比为 3.6:49.0:47.4。[①] 当前已形成工业门类众多、特色明显的三大产业板块:一是以石化、电力、钢铁、造纸、汽车、修造船为重点的临港型工业;二是以电子信息、新材料、生物医药为重点的高新技术产业;三是以纺织服装、日用家电、输变电、注塑机、模具、金属制品及汽车零部件等为主体的传统优势产业。2015 年,宁波规模以上工业总产值在浙江居首,在石油化工、汽车及零部件、电工电器、纺织服装四大领域的产业集群在国内占据着市场优势。这些产业板块与产业集群密切结合,形成一系列的上下游配套企业,特别是众多的中小型工业企业,在产业集群中既竞争又合作,相互学习、比拼,不断做大、做强产业,围绕产业集群又形成了一批生产性服务业、消费性服务业、商业等,构筑了优势产业圈,给工业小企业发展带来了良性循环。

### (四)旺盛的市场需求

工业企业的活力很大程度依赖消费的带动,宁波与苏州、深圳、青岛相比人口虽少,但人均可支配收入不低,2015 年宁波市居民人均可支配收入 41373 元,比上年增长 8.7%。按城乡分,城镇居民人均可支配收入 47852 元,增长 8.4%;农村居民人均可支配收入 26469 元,增长 9.0%。宁波深入推进城乡一体化,推动城镇化建设,将农业转移人口市民化,扩大了城镇消费群体,推进了消费升级和潜力释放。2015 年,宁波市居民人均生活消费支出 26056 元,比上年增长 7.1%。按城乡分,城镇居民人均生活消费支出 29645 元,增长 6.3%,农村居民人均生活消费支出 17800 元,增长 9.7%。[②] 随着城镇化水平持续提高,更多农民通过转移就业提高收入,通过转为市民获得更多的就业机会与更好的公共服务,从而使城镇消费群体不断扩大、消费能力不断增强、消费结构不断升级、消费潜力不断释放,实现了人口的集聚、土地的集约利用、生产方式的变革、劳动收入的提高,加速了人力、土地、

---

① 宁波市统计局,国家统计局宁波调查队.2015 年宁波市国民经济和社会发展统计公报[N].宁波日报,2016-02-01(13).

② 宁波市统计局,国家统计局宁波调查队.2015 年宁波市国民经济和社会发展统计公报[N].宁波日报,2016-02-01(13).

资金的自由流动,促进了生产要素的优化配置、产业结构的转型升级、社会分工的合理调整。同时,各种要素的流动、整合与碰撞有利于知识的传播扩散、技术的更新换代,极大地增强了经济的创新活力,驱动经济持续发展。同时,带来城市基础设施、公共服务设施和住宅建设等巨大投资需求。

### (五)深厚的甬商文化

宁波企业家承袭"宁波帮"的创业基因,在政府的扶持引导、长三角地区丰富商业资源的配置下,形成了民间经济活力蓬勃的悠久历史传统。宁波素有"工商皆本"的传统,涌现了很多巨商大贾,宁波人本身所具备的商业天赋,是宁波民营经济发展的底蕴所在。作为民营经济的大市,宁波具有良好的经济环境和市场空间。甬商文化是宁波人在长期的生产经营活动中培育形成的并被共同遵守的最高目标、价值标准、基本信念和行为规范的总和,这种文化建立起共同的价值观,强化甬商之间的合作、信任与团结,激发了创新发展的愿望与主观能动性,提高了甬商的社会责任感和使命感,使创业壮大与个人发展成为命运和利益的共同体。甬商文化也起到了带动与示范作用,在这种无声的引导下,新的一批优秀企业家不断涌现出来。这种文化消除了在不同人群中宁波经商风俗习惯、文化背景、工作态度、行为方式以及目标愿望的不同所产生的摩擦、排斥、冲突以及对抗,增强了凝聚力和向心力,这些对提高企业活力都具有极其重要的积极作用。

### 二、阻碍因素分析

根据宁波工业小企业纵向与横向活力的比较,发现宁波工业小企业增强活力所面临的阻碍因素主要有如下几点。

### (一)出口仍需提升

尽管宁波的出口额在全国领先,但与青岛、苏州、深圳等同类城市相比,仍有不小的差距,2014年深圳的出口额将近宁波的4倍,苏州的出口额超过了宁波的2倍。2015年宁波口岸进出口总额1936.4亿美元,比上年下降11.4%,其中出口714.3亿美元,下降2.3%。从产品结构看,机电产品出口额占全市出口总额的54.4%;高新技术产品出口额占全市出口总额的6.4%。贸易伙伴中欧盟、美国、日本、拉丁美洲的贸易额占比分别为21.1%、17.5%、6.3%和7.2%,全年与"一带一路"沿线国家进出口总额为251.4亿美元。东南亚国家大力发展劳动密集型产业和其固有的劳动力成本优势,使得劳动密集型产品出口面临更为严峻的竞争。特别是作为宁波传统优势产品的纺织服装,受到了越南、印度、孟加拉、印尼等周边国家的挑战,2014 年对美国市场出口开始下降。出口贸易有利于构建宁波对外开放新格局,能够充分展示宁波的品牌,让宁波优势产品和产业"走出去",有利于化解产能过剩的局面。宁波是"一带一路"支点城市,"一带一路"沿线国家中大部分国家的工业化水平低于中国,面临着工业化发展的巨大任务,要积极转移优势产业,让宁波趋于过剩而其他国家却急缺的质优价廉产品"走出去",通过出口这驾马车拉动宁波工业小企业的活力。

### (二)利用外资不足

外资的进入不仅可以改变企业的股权结构、规范公司运作,更为重要的是通过外资股东的形式,让宁波企业学习按照国际惯例和市场规则办事的方式,制定全球化的战略,树立国际化的合作与经营思维。2014 年,宁波实际利用外资总额为 40.25 亿美元,四个城市中排在最后一位,约为苏州的一半。2015 年,宁波实际利用外资 42.3 亿美元,其中制造业实际利用外资 22.2 亿美元;港澳台投资企业增加值与上年持平,外商投资企业增加值下降 3.1%。[①] 在 2014 年最具外资吸引力地市百强排行中,宁波排在第 17 位。需要注意的是,尽管宁波的外向型经济基础比较雄厚,但是与同类城市相比仍有不足之处。在招商引资,营造软环境,提高软实力,加大相关体制机制的改革创新,拓展贸易区域,特别是以建设"一带一路"支点城市为契机方面,宁波应加大开放力度,抓住推进工业企业国际化、增强工业企业活力的机遇。

### (三)技术研发薄弱

从企业规模来看,大中型企业是开展研究与开发活动的主力,同样从宁波规模以上工业企业的技术研发投入可以看到整个工业企业的研发水平。2014 年,横向比较的四个城市中宁波规模以上工业企业研发支出最少,为 164.31 亿元,与深圳的 787.54 亿元相差甚远。2015 年,宁波规模以上工业科技活动经费支出为 184.5 亿元,比上年增长 6.6%。宁波基础研究开展不足,基础研究是企业自主创新的源泉,但其本身具有长期性和不确定性,不易出成果,因此企业和政府对基础研究不够重视,更愿意把研发经费投入到周期短、见效快、风险小的研发项目上。按照国际标准,研发投入强度为 2% 时企业方可维持生存,达到 5% 时企业在市场中才有竞争力。美国、日本、德

---

国等发达国家工业企业的研发投入强度则普遍达到 2% 以上，宁波工业小企业距离这一标准还有较大差距。技术研发是企业活力的源泉，工业小企业要想活力充沛、发展壮大，必须要把大量的资金投入到技术研发里去，而不是放入自己口袋。

（四）产业升级缓慢

在横向城市对比中，深圳是科技研发比较集中的城市，产业结构知识和技术密集性强；苏州在大量外资企业的带动下技术与管理水平提升较快；青岛的工业企业有国有大型企业做主力，实力雄厚。宁波绘制"4＋4＋4"产业转型升级路线图，包括新材料、新能源、新装备、新一代信息技术等四大战略性新兴产业，节能环保、生命健康、海洋高技术、设计创意等四大新兴产业，以及石化、汽车及零部件、纺织服装、电工电器等四大传统优势产业。尽管如此，宁波在传统产业升级、新产业机遇捕获方面仍然显得迟缓，面对未来发展的大趋势，特别是在智能制造领域，无论是平台类企业还是制造类企业，在全国首屈一指的还很少。按照国务院发布的《中国制造 2025》《积极推进"互联网＋"行动指导意见》《关于深化制造业与互联网融合发展的指导意见》，都是要把制造业、"互联网＋"和"双创"紧密结合起来，激发制造企业创新活力、发展潜力和转型动力，深入推进制造业与互联网融合，充分释放"互联网＋"的力量，不断提升中国制造竞争的新优势，构筑制造强国战略。宁波工业小企业应在国家战略的指导下，加快与互联网融合发展，加快在自动控制、智能制造、核心工业软硬件、工业互联网、工业云和智能服务方面等进行突破，不断提升产业等级，增强企业活力。

# 第七章　提升宁波工业小企业发展活力的对策建议

　　活力是工业小企业作为市场经济中的一个微观主体向高层次发展的生命力。依据对企业发展活力的研究,不仅可以矫正企业在市场竞争中的立足点,迅速形成灵活高效的经营体系,使整个企业良好运行,获得经济效益;还可以满足市场不断增长变化的需求,促进社会经济不断进步与发展。

## 第一节　提优势,补短板

　　宁波工业小企业发展活力的培育工作要牢固树立并切实贯彻创新、协调、开放、共享的发展理念,以提升活力为中心,以提升创业创新能力为主线,提优势、补短板,企业层面应该不断培育新增量、新动能,激发宁波工业小企业发展活力,促进宁波工业小企业持续健康发展。

### 一、宁波工业小企业活力优势与问题

#### (一)宁波工业小企业活力优势

　　第一,区位优势。宁波市是长三角南翼经济中心和浙江省经济中心。宁波港是一个多功能、综合性的现代化国际深水大港,是中国货物吞吐量第一大港口。宁波港北临杭州湾,西接绍兴,南靠台州,东北与舟山隔海相望,区域间物流、信息流的流动机会较大。再加上上海自贸区的建立,宁波配合上海成为对外开放门户,给工业企业对外贸易带来了机遇。

　　第二,商品市场交互。宁波有各类商品交易市场,其中工业消费品市场、生产资料综合市场、工业生产资料市场等为宁波工业小企业之间产品的交易与服务提供便捷。

　　第三,内需拓展显现成效。根据《2015 年宁波市国民经济和社会发展统计公报》,2015 年宁波市商品销售总额 1.78 万亿元,比上年增长 10.5%。全年完成社会消费品零售总额 3349.6 亿元,增长 12.0%。分城乡看,城镇消费品市场实现零售额 2754.8 亿元,增长 12.2%;农村消费品市场实现零售额 594.9 亿元,增长 10.7%。分商品类别看,食品类商品零售额增长 16.4%,服装、鞋帽及纺织品类增长 39.3%,家用电器类增长 22.2%,汽车类增长 3.1%。年末全市限额以上贸易企业达 3709 家,全年实现营业收入 11144.5 亿元,实现利润总额 103.8 亿元。[①]

　　第四,政策不断落实。(1)加强工业有效投资:将深入推进经济社会转型发展三年行动计划中的工业和信息经济重大项目,对符合立项开工条件的,尽快推进项目审批和开工。(2)支持企业技术改造:对列入计划的专项项目,全市财政将按设备(技术)实际投资额给予 8%～16%、最高 1000 万元的资金补助;对列入计划的改造试点项目,全市财政将按其设备(技术、软件)实际投资额给予不少于 30%的资金补助。(3)帮扶企业拓展市场:加大对本地优质产品出口支持力度,扩大宁波市制造业企业参加国际性展会补贴范围。鼓励本地企业之间或与国内外大中型企业合作组成联合体,参与国有投资项目招标和政府采购招投标。(4)强化要素发展保障:引导符合条件的企业拓宽直接融资渠道,积极对接多层次资本市场。鼓励银行业金融机构创新产品、服务,挖掘工业信贷需求,优化工业信贷投向。建立健全金融风险监测评估机制,严厉打击金融违法和逃废债行为。对淘汰落后产能腾出的用地空间,将优先支持工业特色小镇、小微企业集聚区、创业基地和标准厂房建设。(5)创新产业支持方式:坚持财政专项资金扶持和产业基金协同支持工业和信息产业发展。市工业和信息产业基金通过市场化方式支持全市工业和信息领域重大生产力布局,重点投资高端装备制造、新材料、新一代电子信息、互联网、物联网等领域,以及创业类、兼并重组类和转型提升类企业和项目。

---

　　① 宁波市统计局,国家统计局宁波调查队.2015 年宁波市国民经济和社会发展统计公报[N].宁波日报,2016-02-01(13).

（二）宁波工业小企业活力存在的主要问题

在整体经济环境的影响下,工业小企业的内部发展受生成能力、科学管理制度、流动资金等限制。在新形势下,外部经济环境的日益趋紧,使宁波市工业小企业发展活力面临诸多困难和问题。

第一,企业生成能力:先天不足。从调查的 390 家宁波工业小企业来看,54% 的小企业存在着知识链或者资本链方面(小企业生成阶段的核心竞争力)的先天缺陷,68% 的小企业在创立之初存在企业家创新意愿、创新人力配置、持续创新机制、创新管理技能等组织资源方面的不足,40% 的宁波小企业是在缺乏良好的共生关系的条件下而创立起来的,绝大多数小企业生成阶段只在其中的某个方面具有良好关系,没有或者缺少互惠互利的供应商、投资人、合伙人和顾客中的整体组合,这阻滞了小企业前进的步伐和速度。

第二,企业成长能力:存在瓶颈。2015 年,宁波全市拥有国家和省"千人计划"人才 198 名,发明专利授权量 5412 件,年均增长 34.9%,R&D 经费支出占生产总值比重仅为 2.4%。[①] 由于宁波工业小企业产业集中度不高,研发投入分散,政府或企业的研发经费被众多小企业分散稀释。根据调查结果,宁波工业小企业研发支出占销售收入比例在 5% 以下的占 31.28%,6%~10% 的占 44.31%,与大企业相比,这个比例算是比较高的,但其绝对数比较小,难以进行大规模创新。宁波小企业的创新重点往往放在跟踪和模仿上,工业制造品质和附加值相对偏低,企业自主创新的动力明显不足。宁波工业小企业技术空心化和自主品牌缺失问题明显,自主创新能力滞后已成为制约工业小企业活力提升的瓶颈。

第三,企业盈利能力:期待减负。2016 年上半年,宁波全市企业财政税费减负 116.2 亿元,主要集中在鼓励高新技术企业、企业转型升级以及促进小微企业发展等项目。同时,宁波还从降低制度性交易成本等 6 个方面频频出拳。上半年,全市社保费减征 7.31 亿元;金融机构取消收费 30 项,整合精简 31 项,降低收费标准 29 项。但由于大宗商品价格暴跌、外贸需求下降、产能过剩等原因,宁波工业小企业利润持续下滑,2015 年许多宁波工业小企业盈利能力一般。课题组所调研的 390 家工业小企业中,79% 的小企

---

① 徐小勇. 宁波 2015 年 GDP 突破 8000 亿元"十二五"期间平均增长 8.3%[EB/OL]. (2016-01-26)[2016-12-06]. http://news. cnnb. com. cn/system/2016/01/26/008461934. shtml.

业 2015 年利润率在 20％以下,56.3％的小企业利润率在 10％以下,利润率超过 50％以上的企业较少,只有 3 家。与此同时,政策环境偏重大企业,对小企业的环境政策不够宽松,小企业难以得到成长过程中所急需的各种优惠政策,遏制了小企业盈利能力的提升。

第四,企业管理水平:相对落后。根据调查结果,宁波工业小企业管理人员,50％以上为高中及高中以下文凭,整体素质不高,普遍存在缺乏经营管理经验、管理手段简单原始等问题。课题组调查的 390 家企业中,对自身管理表示满意的只占 7.4％,近 60％的企业认为现有管理状况仅能满足日常管理,多数缺乏企业战略管理、创新发展的管理经验,并在企业的制约机制、激励机制和费用控制机制等方面还很不健全。企业相对落后的管理水平制约了小企业活力提升。

第五,环境适应水平:迟钝缓慢。宁波工业小企业对目前宏观经济环境的理解和敏感性并不强。课题组调查数据显示,9.49％的企业认为对经济形势的敏感度很迟钝,66.15％的企业认为对经济形势的敏感性一般。对于环境的预测和分析,只有 10.77％的企业认为预测的结果正确,80.77％的企业认为预测基本正确,8.46％的企业认为完全不准确。在危机应对机制和应对能力的培养方面,27.44％的企业认为,在遭遇危机时,对问题的预见和处理能力比较及时,但有 63.33％的企业认为一般,还有 9.23％的企业认为处理能力比较迟钝。

第六,资源环境因素:约束趋紧。土地供需矛盾制约宁波工业小企业的发展活力。当前土地使用存在两种不对称现象。一方面土地难以审批,企业节约使用。宁波工业小企业在发展过程中产能扩张、产业链延伸的需要对土地的使用需求迫切。但由于受到国家土地政策约束,新增工业用地审批存在很大困难,土地供应紧张,用地难、用地贵,是制约工业小企业发展活力的一大瓶颈,造成企业陷入用地方面的困境。例如余姚、宁海等地工业发展的用地指标严重不足,高新区、北仑区内部分企业因缺乏土地,甚至将仓库改为生产车间、把生产的产品露天存放。另一方面是抛荒浪费,存在原有审批土地被闲置,造成土地资源浪费的现象。受土地资源制约,宁波工业企业技术改造和项目落地很大一部分靠"原地挖潜""腾笼换鸟""三改一拆"等模式进行,空间需求大的工业项目落地相对困难。

缺电程度高造成用电形势紧张,电源性缺电形势严重,工业企业因行业所致能耗较高受限电影响较大,节能减排压力较大。有部分企业反映,在技术升级和产品创新过程中,投资引进的先进设备加大了能耗需求,导致节能降耗目标无法完成。

第七,人力资源因素:人才流失。受到宁波市房价高、生活成本高等影响,不少宁波工业小企业出现人才流失现象。一是中层管理人员流失,一部分人选择进入"北上广",而更多的则是选择了生活成本较低的地区,比如苏南地区和武汉等中部地区。二是在拥有关键性技术人才和优秀管理经验的领军型人才方面缺口较大,这些中高级技术人员和管理人员招不来、留不住,人员队伍难以稳定,极大影响企业的生产效率,而年轻的技术员工实践能力薄弱,所学的专业知识难以适应企业的实际工作需要。三是基层员工流动性较大,在当今信息畅通、追求物质的背景下,很多基层员工心理预期较高,受到薪资待遇等的影响,在同行业企业中跳槽频繁等现象非常普遍,人才的流失和匮乏已成为制约工业企业特别是小企业向高层次发展的瓶颈。

**二、企业层面的主要举措**

第一,强化企业产品竞争力。工业企业经营活动的基础是产品,宁波工业小企业需要开发设计生产出用户需要的产品。只有捕捉到可靠的市场需求信息,并通过开发设计将产品制造出来才能真正实现盈利。宁波工业小企业想要自己的产品具有竞争力就必须实行差异化战略,让自己生产出的产品与众不同,与同类产品相比有较大优势,使之具有竞争性。宁波工业小企业强化了企业产品的竞争力,就会使企业发展活力的获利指标上升。

第二,提升技术开发创新力。在产品设计开发过程中,产品的技术水平、质量水平、成本对企业实现自己的最终目的——获得较高利润至关重要。随着科技的发展和消费需求的不断变化,企业需要不断设计开发出具有先进性、适用性且价值高的产品以更新换代。宁波工业小企业应该加快转型升级,增强产品研制设计能力,不能往往只注意生产制造能力的提高而忽略了技术改造。这样才能真正实现企业的降本增效,使企业获得较好的经济效益。

第三,增强市场的应变能力。企业要建立多元化的价值链体系,不能局限于单一的价值链供应体系,这样就不会在面对危机的时候措手不及。小型企业应适时调整和改变生产经营思想和观念,适应市场发展变化,以免遭淘汰。市场瞬息万变,企业应及时设立调研组和风控组,及时把握市场风向制定策略。作为小企业,在做任何决策之前,应该效仿大企业简单地制定备选计划,以应对决策失误。提高领导者的决策能力也是必须的,工业小企业的领导者应当经常参与培训学习提高决策能力。

第四,加强资产的增值能力。工业小企业在资产管理方面能力较弱,资产难以保值。因此,宁波工业小企业应该聚集为协会或者团体合作管理资产,聘请专业的投资人才进行资产管理。在企业自身方面,决策者可以学习投资期货进行资产保值。在合作方面,各企业可以合作投资使资产具有增值能力。在无形资产上,企业应该及时将自主品牌、专利、专有技术申请保护,并扩大品牌影响力,增加品牌价值。

第五,优化企业的组织结构。作为小型生产型企业,必须建设以扁平化、流程化为主的组织结构,以促进企业管理水平的提高。现在是市场竞争日益激烈的阶段,企业必须不断提高效率并全面满足顾客的需要。作为成长期的企业,必须不断优化自己企业的组织结构,实施反馈制度,一般采用确定目标或问题—检查发现问题或分析原因—汇报—管理者亲自推动的方式来进行控制。一个不断进步的企业才是一个拥有发展活力的企业。

第六,巩固企业职工凝聚力。宁波工业小企业需要注入"以人为本"和"家"的核心理念,让职工拥有主人翁意识,让职工视企业为自己的家,时时刻刻为企业考虑。当企业面临困难,职工能与企业同舟共济,共渡难关。主人翁意识也会提高职工的劳动积极性,充分发挥个人的工作主动性。宁波工业小企业可以从员工的薪酬、福利入手多多为职工所担忧的各类问题考虑,解决了后顾之忧,凝聚力就会自然而然地提高。

第七,"互联网+"工业小企业改造。

深入推进宁波工业小企业信息化进程,鼓励小微企业在研发设计、生产制造、市场营销、仓储物流、运营管理等环节应用互联网、云计算、大数据、物联网等技术,促使它们创新生产方式和营销方式,提高效率,形成发展新优势和新动能。探索小微企业"互联网+"应用创新与发展路径。支持宁波工业小企业资源与互联网平台全面对接,提升小企业特别是小微企业的快速响应和柔性高效的供给能力。

发展新业态和新模式。利用"互联网+",发展众创、众包、众扶、众筹等新模式,推进专业空间众创、网络平台众创和大企业内部众创;推广研发设计、制造运维、知识内容和生活服务众包,推动小微企业参与线上线下生产流通分工;推动支持社会公共众扶、企业分享众扶和公众互助众扶;规范发展网络借贷、股权众筹和实物众筹,让创新互联网和信息技术应用不断催生新业态、新模式,培育新增量,激发新活力。

推进精细化发展。引导宁波工业小企业精细化生产、管理和服务,创造性价比高、品质精良的产品和服务,塑造良好企业形象,从而在细分市场中获得优势。鼓励小企业抓住关键环节,量化标准,强化责任,不断提供优质的产品和服务。支持中小企业最大限度地发挥员工的优势和潜能,满足日益增长的个性化、定制化需求。

推进特色化发展。积极探索宁波工业小企业特色化发展的新路子,针对不同的消费群体,采用独特的工艺、技术、配方或特殊原料进行研制生产,提供特色化、含有宁波当地文化元素的产品和服务,形成具有独特性、独有性、独家生产的特点,影响力大和品牌知名度广的特色产品、特色服务等。通过技术、工艺、管理、服务的新颖化不断占据市场先机,引领市场前沿。

第八,管理能力提升工程。推动宁波工业小企业建立现代企业制度,规范企业产权制度、治理结构和管理制度。引导中小企业树立现代企业经营管理理念,加强财务、质量、安全、用工、风险等基础管理,强化精益管理、现场管理,鼓励中小企业利用信息化手段提高管理水平,降本增效。激发企业家精神,增强企业内在活力和创造力。

推动宁波工业小企业管理创新。鼓励有条件的小企业积极开展管理创新,及时总结经验,积极参加全国和地方企业管理现代化创新成果申报活动。加强管理创新实践和创新成果推广,鼓励和引导小企业学习和借鉴国内外先进管理经验,提升管理水平。

加强人才培养和引进。组织实施小企业经营管理领军人才培训,探索订单培养等新型校企合作人才培养模式。利用互联网手段,组织开展各类专业知识和专业技能培训。搭建人才交流平台,加强人才引进。

## 第二节　借经验,促发展

中小企业的发展需要政府扶持已经在全世界范围内达成了共识,问题的焦点在于如何扶持。课题组从立法支持、管理机构设置、融资措施、技术创新、培训咨询、社会化服务等角度对美国、日本、德国和意大利提升企业活力的经验进行分析。

### 一、建立专门的行政主管部门

#### (一)美国

美国于1953年根据小企业法案成立了小企业管理局,负责制定和执行政府的小企业政策,向小企业提供服务和帮助。

（二）日本

日本政府在 1948 年设置了中小企业厅,并在通商产业省的九个地方有派出机构,各都、道、府、县也设立了商工科或中小企业科,形成了从中央到地方的全国性的中小企业行政组织网。

（三）德国

德国对中小企业的管理机构主要有两类:一类是官方正式的常设办事机构,如联邦经济部小企业秘书处、联邦经济合作部、联邦研究与技术部;另一类是官方特殊的常设办事机构,如适应《反限制竞争法》的制定而设置的联邦卡特尔局及国家托拉斯局等。

（四）英国

英国政府于 1971 年在工业部内设立小企业局,任命一位专门负责小企业事务的大臣;1978 年,政府为了鼓励合作社类小企业的发展,又在工业部门内设立了合作发展局,并在全国建立了 70 多个地方合作发展机构。

**二、建立完善的社会服务体系**

（一）美国

美国由小企业局、州政府、私人机构、教育界共同建立小企业发展中心,并设立了 57 个州中心、960 个分中心和地区办公室,组成一个网络。小企业发展中心通过分布在各州的中心和分中心向小企业提供各种咨询、培训和技术援助等“全方位”服务。美国对小企业进行社会化服务的工作主要由小企业局承担。小企业局在全国有由 113 万名经验丰富的退休人员组成的经理服务公司和 950 个小企业发展中心,通过自愿和合同的方式,向小企业提供从创业准备、可行性计划、公司设立,到行政管理、商业理财等全套咨询服务。同时,各种营利性的管理培训机构和非营利性的商会、协会等也会向小企业提供培训和咨询等各种服务。

（二）日本

日本政府在全国 47 个都道府县和 12 个大城市设立了中小企业指导所,为中小企业提供企业诊断和经营指导,每年诊断和指导的案件超过 3 万件。政府还建立了中小企业贷款保险公司、贷款担保公司,专门为中小企业提供完整的金融服务,解决中小企业信用薄弱、获得贷款困难的问题。日本围绕为中小企业服务的官方、半官方、民间服务机构,建立了一套比较完善的社会服务体系。除中小企业厅外,还有大量的民间中小企业服务机构,包括全国中小企业团体中央会、各都道府的中小企业公会、事业合作社、联合会等,这些机构在政策咨询、诊断、建议、技术开发等方面细致入微地为中小企业提供服务。

(三)意大利

意大利是闻名世界的中小企业国家,中小企业约有130万家,生产的许多产品在国际市场上享有盛誉,具有较强的国际竞争力,这和该国采取一系列促进中小企业技术创新的政策和措施分不开。意大利各地政府设置了专门的服务机构,这些机构大多有自己的实验室,向不同行业、不同层次的中小企业提供不同形式的服务,以适应技术创新的需要。

意大利社会化服务系统主要分为三大块:第一是雇主协会,雇主协会通常由雇主组成,在中小企业与政府的沟通过程中发挥了重要的桥梁作用;第二是各种私营服务机构,它们是由多家小企业联营自办的服务机构,如联合采购合作社、销售联合体、融资担保联合体等;第三是公共服务机构和非营利服务机构。包括各级政府所属的为企业特别是中小企业提供服务的机构,以及大学、研究机构、基金会等为中小企业技术开发、经营管理提供技术、咨询和人员培训等服务的机构。

(四)德国

德国的中小企业社会化服务体系逐步形成了以政府部门为龙头,半官方服务机构为骨架,各类商会、协会为桥梁,社会服务中介为依托的全方位构架,为中小企业在法律事务、评估、会计、审计、公证、招标、人才市场、人员培训、企业咨询等方面提供全面的服务。

### 三、扶持中小企业发展的政策和法律法规

(一)美国

通过立法规范市场行为,确保小企业有公平的竞争环境。美国参众两院十分重视小企业的发展,参院17个常设委员会中有一个小企业委员会,众院21个常设委员会也有一个小企业委员会,联邦政府(白宫)也专门设有小企业委员会。他们专门负责小企业有关问题的立法。美国在1953年就制定和颁布了《小企业法》,规范、保护和扶持小企业的发展,1999年参众两院讨论、通过的有关小企业的法律就有29项之多。

通过财政、税收、金融等政策扶持中小企业技术创新和发展。对小企业

技术创新的支持政策,是美国小企业政策体系的重要组成部分。在财政上对小企业的扶持主要是建立小企业创新发展计划,要求政府有关机构每年向该计划拨出经费,支持小企业从事科研开发。自 1983 年起,小企业每年可获得近 40 亿美元的经费支持。

在金融政策方面,美国《小企业法》授权小企业管理局作为小企业的借贷担保人,向小企业提供各种不同形式的借贷担保。1980—1990 年小企业管理局总共提供了 18 万笔、310 亿美元的贷款担保。

在税收优惠方面,1981 年美国颁布《经济复兴税法》,对过去的税法做了修改,其中有关小企业的个人所得税税率下调了 25%。

（二）日本

制定成套法律,并随形势变化而增订法律或修改。日本早在 1948 年就颁布了《中小企业厅设置法》,规定了设置中小企业厅为中央管理机构,以解决中小企业问题为职责。1963 年日本颁布了作为中小企业宪法的《中小企业基本法》,以后又相继制定了一系列法律法规,现在日本共有中小企业法律 50 多项。1999 年,日本通商产业省针对形势变化,对《中小企业基本法》做了进一步修改,使其更有利于中小企业的发展。

运用财政和税收措施促进中小企业技术创新。为帮助中小企业技术创新,日本政府专门制定了技术开发补助金制,对中小企业的技术开发给予 50% 的资助。在税收方面,日本政府采取两项重要措施:一是增加试验研究经费的税额抵扣;二是中小企业基础强化税制。这两种税收优惠不适用于亏损企业。

（三）法国

财政补贴政策。法国为了鼓励企业技术创新和技术咨询,建立了"技术咨询补贴"政策,其补贴额相当于企业咨询费的 5%,但不得超过 2 万法郎。

税收优惠政策。法国政府以税收为杠杆扶持中小企业发展,1983 年建立了"研究开发投资税收优惠"制度,该制度有效地激励了中小企业的研究开发投资。

金融支持政策。法国政府每年通过国家技术交流中心向中小企业提供约 14 亿法郎的无息贷款,资助额占每个资助项目总费用的 50%,项目成功后,企业返还全部资助,如项目失败,经专门评估机构评估确定后,可以不返还。

### （四）意大利

鼓励产学研联合进行技术创新。1989年，意大利政府通过了国家研究计划，鼓励大学和科研机构积极参与企业的技术创新活动和技术转移活动。意大利1995年投入的应用基金比1994年增长了3倍。

提供财政金融支持。根据意大利有关法令，国家设立创新基金，由意大利工商手工业部管理，主要用于科技成果商品化项目；另外还设有"购买高技术产品基金"。

减税优惠。意大利支持中小企业的方式，除了提供贷款外，更多地采用减税的办法。如：小企业将一部分利润进行研究开发投资，可享受免税优惠，免税额相当于研究开发投资的利润额的30％。但每个企业享受的此项优惠总额不得超过5亿里拉，并且不得再享受其他优惠。

### 四、帮助中小企业解决融资困难

#### （一）美国

信贷担保。美国政府一般不直接向中小企业提供信贷资金，而主要作为中小企业信贷担保人。美国《小企业法》授权小企业管理局作为小企业的贷款担保人，小企业局依据不同情况为小企业提供长期信贷担保、出口信贷担保、短期信贷担保等。

投资引导。美国的投资计划并不直接面向小企业，而是通过资助私人风险投资企业或小企业投资公司，以及专门面向中小企业投资的社区银行，间接向中小企业提供资金援助。小企业管理局通过全国270多个小企业投资公司向小企业投资或提供长期贷款。

风险投资。风险投资是扶持中小企业技术创新的一项很有效的金融工具。风险投资业的发展解决了传统金融业无法解决的小企业融资过程中的风险难题。风险投资最早源于美国，对美国的中小企业技术创新、对中小型科技企业发展起了巨大促进作用。在美国，许多高科技巨型跨国公司都在风险资本的投资扶持下由小到大、由弱变强地迅速发展壮大起来，如微软、苹果、莲花、太阳、惠普等著名公司。

#### （二）日本

由政府系统的金融机构向中小企业贷款。日本有5家专门向中小企业提供贷款的机构：国民金融公库、中小企业金融公库、商工组合中央公库、环境卫生金融公库和冲绳振兴开发金融公库。

政府全资或部分出资成立为中小企业申请贷款提供保险和担保的机构。如中小企业贷款保险公司,该公司由日本通产省和财务省两家共管,可提供保险的金额达 890 亿美元,有 200 万家中小企业从中受益。

政府认购中小企业为充实自有资本而发行的股票和公司债券。日本中央财政每年的中小企业对策预算大约占整个中央财政的 0.25%。

（三）德国

实施"新创立高技术企业风险投资试验计划",向成立不到 3 年的技术型企业提供低息贷款,联邦政府为这笔贷款提供风险担保和支付利息,以此帮助技术型企业解决创业初期遇到的经费困难。

实施"小型高技术企业风险投资计划"。该计划由联邦教研部与德意志重建银行和德意志均衡银行联合实施,政府不再补贴利息,只提供风险担保。

（四）法国

法国政府设立了"共同创新投资基金",规定对人数 500 人以下的未上市创新企业的投资可达到 60%。

法国政府于 1985 年创立"风险资本联合基金",其主要目的是吸引私人资本投向具有快速发展潜力的未上市中小企业,特别是高技术企业。政府有条件地给予这类基金组织以特殊的税收优惠和较大的管理上的自由度,如免交所得税和资本收益税等。政府还设立了"创新财务公司",以购买证券、股本贷款、分担利息等方式介入创新企业的发展。

**五、建立企业孵化器和科技园区,培育科技型中小企业**

（一）美国

美国是最早建立企业孵化器的国家。美国的"孵化中心"一般由政府或大学出资,租赁或开发一块场地,以优惠条件出租给小企业,中心从法律、市场营销、设施、投资以及信息网络等方面为小企业提供服务,扶持小企业成长。一些孵化中心还设有自己的种子基金,对高技术小企业进行风险投资,扶持小企业股票上市,并退出资本,实现滚动发展。如芝加哥医药园区技术研究中心,由芝加哥市经济发展局管理,现有 28 家生物科学和医学高技术公司,其中已有 3 家企业在这家孵化中心发展壮大。如 AMGEN 公司在 10年前进入该中心,现在已发展成为营业额超 10 亿美元的大企业。

（二）法国

法国设立高技术工业园,孵化、培育中小高技术企业,是法国扶持中小企业技术创新的重要措施。如马赛高科技研究中心是马赛市政府投资建立的,主要作用是:向企业推荐新技术,用实验室的科研成果改造老企业,推动新企业的建立;对在高科技工业园中建厂的企业提供各种优惠条件;科技中心免费向企业派遣工程师和技术人员,帮助制订企业发展计划;向中小企业提供信息等。科技研究中心的运转是非营利性的,主要靠市政府和工商会的经费支持,国家给予一次性土地支持。在园内建立企业不交任何税,但新企业在科技园内最多留两年,不能长期留下去。在法国像马赛高科技研究中心这样的科技研究中心有 40 多个,现已成为各地科技成果转化的重要基地。

### 六、促进中小企业国际化

（一）美国

政府代表小企业进行国际贸易谈判,减少小企业进入国外市场的贸易壁垒。为帮助小企业出口,美国在全国设立了 19 个出口援助中心,美国小企业管理局也有两个国际贸易办事处。这些机构为小企业出口商品提供一个内容十分丰富的互联网络,并以互联网为基础建立了出口风险在线主页,开展外贸风险分析,帮助小企业避免出口风险。

提供出口信贷。美国政府有两个特别贷款计划,即出口流动资金计划和国际贸易贷款计划。美国政府还通过出口援助计划,每年给小企业提供 1.6 亿美元的出口贷款。

（二）德国

中小企业的外贸出口额约占联邦德国出口总额的 70%。为了促进中小企业出口,政府采取了多项措施:政府出面或补贴在国外举办各种产品展销会;政府设立外贸基金会、建立出口银行和外贸保险公司等,在资金上给予支持;提供出口信息和咨询服务;鼓励中小企业在发展中国家设立分公司和进行技术转让,并可得到低息借款和补贴。

（三）法国

法国政府从 1984 年以后把对外贸易重点转向中小企业,一方面为中小企业提供出口信贷,加强出口指导,提供有关产品市场信息;另一方面简化海关手续,经海关登记后,从事对外贸易的中小企业可以在住所办理报关手续。在外汇管理上也采取有利于中小企业的措施,在外国投资低于 3.5 亿法郎,可以部分或全部不用外汇支付。

### 七、鼓励小企业技术创新

**（一）美国**

美国政府对小企业技术创新的支持主要是通过实施专门的科技支持计划来实现的。"小企业技术创新计划"是根据美国1982年《小企业创新发展法案》制定和实施的。该法案规定，联邦政府机构中年度对外划拨研究与开发费用1亿美元以上的部门，每年必须拨出一定比例的研究开发经费，支持小企业的技术创新。此外，美国政府还设立"小企业创业研究基金"，还有政策性补助、政策性贷款、税收优惠以及政府采购等手段支持小企业的技术创新活动。

**（二）日本**

日本的技术创新政策主要包括：增加支持中小企业研究开发的预算；对研究成果产业化采取国家和都道府县提供不同比例补助金拨款方式予以支持；对设备更新资金、新事业的长期运营资金提供低息贷款；对尖端产业的培育提供特别贷款；为风险企业技术开发提供补助资金，对进行技术开发的企业实施税费减免制度，等等。

**（三）德国**

德国政府为了促进中小企业的技术创新和技术改造制定了《中小企业研究与技术政策总方案》等有关文件，并设立专项科技开发基金，扩大对中小企业科技开发的资助。联邦研究部建立的"示范中心"和"技术对口的访问和信息计划"为中小企业在技术转让方面提供帮助，向它们提供最新的研究成果，帮助它们进行技术改造和技术引进。除加强产学研联合外，德国政府还特别重视各种半官方和半民间的行业协会的作用，为中小企业建立信息情报中心，为企业提供信息和服务。这一切都有力地推动了中小企业的技术研究和发展。

**（四）意大利**

意大利政府为了鼓励中小企业技术创新，主要采取了以下措施：一是建立应用研究基金和创新基金，支持中小企业的技术引进、技术创新、技术转移和科技成果转化活动；二是以资金资助的方式鼓励中小企业购、租高技术设备；三是制定税收优惠政策，对企业技术创新、吸收科技人员、开展合作研究实行"税收信用"优惠；四是众多的国立和私立研究机构参与中小企业的技术引进和技术吸收、消化，帮助中小企业发展；五是各类中介服务机构对中小企业的技术创新活动提供信息传播、质检、认证、技术培训等方面的支持。

### 八、重视小企业的人才培养

人才是制约中小企业发展的瓶颈，因此各国都不约而同地将中小企业的人才培养提到重要的议事日程上来，并积极采取各种措施。

（一）美国

美国小企业局通过在全美的 900 多个小企业发展中心，组织全美各地大批退休专家和退休专业技术人员为小企业提供专业性和学术性帮助，也提供科技和商业咨询。其次是管理培训，通过商会、大专院校、中等学校、贸易协会和成年教育小组等向小企业提供经销及决策等管理方面的培训，开办讲座和讨论会，并配合发行各种出版物。

（二）日本

日本政府从三个方面加强中小企业的人才培养工作：第一，建立了中小企业诊断指导制度。中小企业诊断制度就是在都道府县等政府机关成立中小企业指导机构，应中小企业经营者的请求，由具有国家承认的专业资格的中小企业诊断师对企业经营管理现状进行诊断，帮助其发现问题、解决问题的制度。第二，政府出资创办中小企业大学。中小企业大学实行非学历教育，其服务对象是中小企业经营管理者、各地政府机关的中小企业指导员、中小企业团体的成员及创业者等。第三，利用各种社会力量，如中小企业政策审议会、中小企业事业团、商工会、中小企业协会等为中小企业培养人才。

（三）德国

德国的中小企业由于规模有限，一般没有专门的培训机构。政府在各州都设有跨行业的培训中心，采取脱产、半脱产和业余培训等多种方式，为企业培养各类专门人才。政府制定了《职工技术培训法》，规定青年工人必须参加技术培训，企业有义务为青年工人提供技术培训的机会。对开设徒工培训的企业，政府还给予资助。同时，德国的手工业和行业协会在政府的资助下，也采取多种形式对中小企业职工进行培训和考核，使他们的理论知识和技术水平不断提高。

（四）意大利

意大利政府通过向中小企业提供优惠贷款、财政资助，为它们培养和输送各种人才。工业园多由大学或专业研究机构牵头，是高科技集中的地方，同时也承担了为中小企业培养人才的任务。

国内层面,为深入推进供给侧结构性改革,切实降低企业成本,优化企业发展环境,提升企业盈利能力,江西省于 2016 年上半年开展了降低企业成本优化发展环境专项行动,重点抓好政策出台、动员宣讲、联企服务、破解难题、督查考核五个方面的工作,出台了《关于降低企业成本优化发展环境的若干意见》和《降低企业成本优化发展环境专项行动重点任务分工表》,主要从落实税收优惠政策、大幅降低涉企收费、有效降低企业融资成本、合理降低企业人工成本、适度降低企业用能用地成本、进一步降低企业物流成本和积极降低企业财务成本等方面制定具体的政策措施帮助企业降低成本,主要从提高行政服务效率、完善市场监督体系、支持企业内部挖潜、帮助企业开拓市场、打造良好营商环境等方面优化企业发展的外部环境,值得宁波参考。

小企业发展的外部环境问题主要表现在相关服务体系不健全或不成体系。许沁①归纳了深圳市、苏州市和杭州市健全小企业服务体系的经验,发现小企业服务体系健全与否和起主导作用的小企业服务机构是否存在有很大关系,这些城市小企业服务机构的情况可以概括为一个基础、两个平台和一个作用,即成立相关服务机构应以原有条件为基础,建立综合事务受理服务和信息服务两大平台,发挥相关服务机构的桥梁和纽带作用。

## 第三节　助推力,显活力

当前宏观经济形势日趋复杂,经济下行压力持续增大。目前,宁波工业小企业发展面临诸多困难和问题,如企业人数少、规模小、经营方式陈旧、人才匮乏、抗风险能力较低、管理较不规范等,要解决这些困难,不仅要依靠小企业的自身发展,还迫切需要政府、机构提供更多、更优质的帮助和政策支持。

**一、推动供给侧改革,增强宁波工业小企业发展活力**

新一代信息技术与制造业深度融合,正在引发影响深远的工业企业的变革,特别是小企业的创新发展。增强宁波工业小企业发展活力,关键在于

---

① 许沁.闵行区中小企业发展外部环境研究[D].上海:上海交通大学,2010.

推进供给侧改革。

推动宁波工业小企业提高产品和服务有效供给能力。推动宁波工业小企业做强做精核心业务,打造具有竞争力和影响力的产品和服务,引导小企业开展个性化定制、柔性化生产,支持宁波工业小企业提升在行业中的话语权,参与标准制定,提高企业影响。引导宁波工业小企业实施品牌战略,增强品牌意识,提升品牌管理能力,实现从产品经营向品牌经营转变。要扶持小企业申报注册国家及本区域著名商标、原产地标志等,加强品牌策划与设计,丰富品牌内涵,不断提高自主品牌产品和服务市场份额。

加快宁波工业小企业绿色改造升级。推进宁波服装、化工、家电、汽配、印染等传统小企业的绿色改造,实现绿色生产。加强绿色产品研发应用,推广轻量化、低功耗、易回收等技术工艺,积极引领新兴产业高起点绿色发展,大幅降低电子信息产品生产、使用能耗及限用物质含量,建设绿色数据中心和绿色基站,大力促进新材料、新能源、高端装备、生物产业绿色低碳发展。

促进宁波工业小企业产业集群发展。推动智慧集群建设,形成一批产业集聚度高、创新能力强、信息化基础好、引导带动作用大的重点产业集群。鼓励和引导小企业承担社会责任,营造和谐发展环境。

**二、提升创新能力,培育宁波工业小企业发展活力**

推进宁波工业小企业创新发展。鼓励小企业加大研发投入,加强技术改造,引进先进适用技术、工艺和设备,改造传统工艺,优化生产流程。针对细分市场,开发差异化的产品和服务,推进技术、产品、管理模式和商业模式创新。加强公共技术服务平台建设,为中小企业技术创新与管理创新提供支持与服务。

推进"互联网+"工业建设。建设和完善中小企业信息化服务平台,实施"互联网+"小微企业行动,推广适合宁波小企业需求的信息化产品和服务,促进互联网和信息技术在企业生产制造、经营管理、市场营销各个环节中的应用,支持宁波工业小企业通过信息化提高效率和效益。

构建以企业为主体的创新机制。推动宁波工业小企业开展产学研用合作,鼓励企业与各级各类重点实验室、制造业创新中心、工程研究中心,高校、科研院所等创新资源合作,增强小企业创新发展能力。通过合作、转让、许可和投资入股等方式,推动技术成果转化和应用。创新政府支持方式,支持以企业为主体的技术创新。

### 三、建设创业工程,激发宁波工业小企业发展活力

支持各地利用闲置厂房、楼宇,以及各类园区、产业集群、孵化基地等,开展小型微型企业创业创新基地建设。推动创客空间、创新工场、社会实验室等新型众创空间发展,调动社会力量,不断完善创业创新环境和条件。

加强创业载体建设。积极创造条件,合理安排必要的场地和设施,充分利用已有的各类园区,打造宁波工业小企业创业创新基地,为创业主体获得生产经营场所提供便利。发展工业企业众创空间,形成线上与线下、孵化与投资相结合的开放式综合服务载体,为小企业创业兴业提供低成本、便利化、全要素服务。

培育创业生态。鼓励多主体打造多类型创业平台,开展各类创业孵化活动,形成市场主导、风险投资参与、企业孵化的创业生态。促进宁波工业小企业成长壮大。顺应消费结构变化、产业结构调整带来的发展机遇加快发展,加大对种子期、初创期成长型小微企业支持力度,培育壮大新生小微企业群体。

加强创业服务。政府等有关部门应鼓励服务机构提供创业信息、创业指导、创业培训等专业化服务。培育"鼓励创业、勇于创新"的创业文化,支持举办创业沙龙、创业训练营、创业大赛、创业项目展示推介等活动。

### 四、拓展市场空间,释放宁波工业小企业发展活力

加强工业小企业市场开拓。小企业活力的提升应从市场调研开始,顺应需求升级要求,创新营销模式,深耕细分市场,拓展发展空间。利用电商平台等多种方式开拓市场,提高市场拓展效率,推进连锁经营、特许经营、物流配送等现代流通方式。

支持中小企业"走出去"和"引进来"。加强跨区域合作与协作配套,宁波市政府应制定支持工业小企业引进境外资金、技术、人才、管理经验的政策,拓展小企业对外贸易、投资的广度和深度,融入全球产业链和价值链,增强其发展能力,释放发展活力。鼓励有条件的小企业到境外建立原材料基地、研发设计基地和营销网络,支持小企业收购境外先进技术和最新科研成果,并购、参股境外创新型中小企业,支持中小企业技术、品牌、营销、服务"走出去"。支持有条件的地方建设中小企业中外合作区,吸引高端制造企业在园区落地,吸引境外企业在华设立研发机构,促进境外原创技术在中国孵化落地。促进跨境电商,鼓励开展多种形式的银企对接、跨境合作等活动,为金融机构和小企业提供沟通交流的平台,支持宁波工业小企业国际化发展。

### 五、改进服务功能，提升宁波工业小企业发展活力

提升服务水平。推动行政审批、投资审批等制度改革，减少政府对微观事务的管理，缩减政府审批范围。推动建立健全权力清单、责任清单、负面清单管理模式，为企业松绑减负。研究制定小企业服务机构和平台的服务规范，加强小微企业创业创新基地、小企业公共服务平台等载体能力建设，不断提高服务质量和水平，创新管理方式，激发市场活力。

降低小企业成本。发挥减轻企业负担工作机制的作用，进一步推进合理降低企业税负，实施涉企收费目录清单管理，规范涉企收费行为，减轻小企业负担。制定降低工业小企业制度性交易成本、融资成本、用能用地成本等政策，切实降低宁波工业小企业成本压力，提升企业活力。

改进政务服务。构建规范高效的服务机制，完善法律、规划、政策，畅通信息发布渠道，建立健全服务信息系统，逐步实现网上受理、信息共享，着力解决政策服务"最后一公里"问题，营造受理程序简、办事效率高、服务成本低、小企业满意的政务服务环境。

### 六、发挥机构功能，主推宁波工业小企业发展活力

发挥行业协会、服务联盟、综合性服务机构服务能力。推进行业协会、服务联盟、综合性服务机构整合资源，提高服务的针对性和有效性，提升服务能力和水平，发挥其引导和辐射作用，带动各类服务机构为宁波工业小企业提供优质服务。

推动建设宁波工业小企业公共服务网络平台，发挥平台网络资源共享、服务协同的作用，开展专业化、特色化服务，提高服务的及时性和有效性，增强平台网络品牌知名度和社会影响力，探索市场化运营模式，推动线上线下服务相结合，服务与需求精准对接。

# 参考文献

[1] ALMUS M, NERLINGER E A. Testing "gibrat's law" for young firms-empirical results for West Germany[J]. Small business economics, 2000, 15 (1): 1-12.

[2] AURIK J C, JONK G J, WILLEN R E. Rebuilding the corporate genome: unlocking the real value of your business[M]. New York: John Wiley & Sons, 2003.

[3] BARTLETT W, FRANIÈEVIæ V. Networks of firms [M]//JŌNATHAN M. Reader's guide to the social sciences. London: Fitzroy-Dearborn, 1999.

[4] BHIDE A V. The origin and evolution of new business[M]. Oxford: Oxford University Press, 2000.

[5] BRUSH C G, EDELMAN L F, MANOLOVA T S. The effects of initial location, aspirations and resources on likelihood of first sale in nascent firms[J]. Journal of small business management, 2008, 46(2): 159-182.

[6] CASSAR G. Money, money, money? A longitudinal investigation of entrepreneur career reasons, crowth preferences and achieved growth [J]. Entrepreneurship & regional development, 2007, 19(1): 81-107.

[7] CHANDLER G N, HONIG B, WIKLUND J. Antecedents, moderators and performance consequences of membership change in new venture teams[J]. Journal of business venturing, 2005, 20(5).

[8] DAVIDSSON P, HONIG B. The role of social and human capital among nascent entrepreneurs[J]. journal of business venturing, 2003, 18(3):

201-331.

[9] DAVIDSSON P, REYNOLDS P D. PSED II and the comprehensive Australian study of entrepreneurial emergence[A]//REYNOLDS P D, CURTIN R T. New firm creation in the United States: preliminary explorations with the PSED II Data Set. New York: Springer,2009.

[10] DELMAR F, SHANE S. Does experience matter? The effect of founding team experience on the survival and sales of newly founded ventures[J]. Strategic organization,2006,4(3):215-247.

[11] DUNCAN R B. Characteristics of organizational environments and perceived environment uncertainty [J]. Administrative science quarterly,1972,17(3):313-327.

[12] EVANS D S. The relationship between firms size, growth and age estimates for 100 manufacturing industries [J]. The journal of industrial economics,1987,35(4): 567-581.

[13] FARIÑAS JC, MORENO L. Firms' growth, size and age: a nonparametric approach[J]. Review of industrial organization,2000,17(3): 249-265.

[14] GARTNER W B, SHAVER K G, CARTER N M, et al. Handbook of entrepreneurial dynamics: the process of business creation [M]. Thousand Oaks: Sage,2004.

[15] GIBRAT R. Les Inégalités Économiques [M]. Paris: Librairie du Recueil Sirey,1931.

[16] GREINER L E. Evolution and revolution as organizations grow[J]. Harvard business review,1972,50(4): 37-46.

[17] HART P E. "Theories of firms"growth and the generation of jobs[J]. Review of industrial organization,2000(17): 229-248.

[18] HART P E, OULTON N. Growth and size of firms[J]. The economic journal,1996(106): 1242-1252.

[19] HANGSTEFER J B. Measuring company-growth momentum [J]. Management review,1999,88 (10):62-63.

[20] JOHNSON P, CONWAY C, KATTUMAN P. Small business growth in the short run[J]. Small business economics,1999,12(2): 103-112.

[21] KIM P, ALDRICH H, KEISTER L. Access(not) denied: the impact of financial, human, and cultural cpital on entrepreneurial entry in the

United States[J]. Small business economics,2006,27(1):5-22.

[22] LARRY, GREINERE. Evolutions and revolutions as organizations grow[J]. Harvard Business Review,1972,50(7/8):37-46.

[23] MAMBULA C. Perceptions of SME growth constraints in Nigeria[J]. Journal of small business management,2002,40(1):58-65.

[24] MUENT H, PISSARIDES F, SANFEY P. Taxes, competition and finance for Albanian enterprises[J]. Economic policy in transitional economies,2001,11(3):239-251.

[25] NEILSON G. Organization DNA[J]. Strategic finance,2004,86(5): 20-22.

[26] PARKER S C,BELGHITAR Y. What happens to nascent entrepreneurs? An economic analysis of the PSED[J]. Small business economics,2006,27 (1):81-101.

[27] PENROSE E. The theory of the growth of the firm[J]. 3rd ed. Oxford: Basil Blackwell,1980.

[28] PISSARIDES F. Is lack of funds the main obstacle to grow? EBRD's experience with small and medium sized businesses in central and Eastern Europe[J]. Journal of business venturing, 1999, 14 (516): 519-539.

[29] REYNOLDS P D. Who starts new firms? Preliminary explorations of firm-in-gestation[J]. Small business economics,1997,9(5):449-462.

[30] RONA-TAS A. The great surprise of the small transformation: the demise of communism and the rise of the private sector in hungary [M]. Ann Arbor: The University of Michigan Press,1997.

[31] SAMUELSSON M, DAVIDSSON P. Does venture opportunity variation matter? Investigating systematic process differences between innovative and imitative new ventures[J]. Small business economics, 2009,33(2):229-255.

[32] SAUVANTE M D. Rewirine corporate DNA[J]. BAWB interactive working paper series,2008,2(2): 9-27.

[33] SCASE R. The role of small businesses in the economic transformation of Eastern Europe: real but relatively unimportant? [J]. International small business journal,1997,16(1): 13-21.

［34］ SMALLBONE D. WELTER F. The role of govemment in SME development in transition economies［J］. International small business, journal 2001,19(4):63-77.

［35］ SUTTON J. Gibrat's legacy［J］. Journal of economic literature,1997, 35(1):40-59.

［36］ TOWNSEND D M,BUSENITZ L W,ARTHURS J D. To start or not to start: outcome and ability expection in the decision to start a new venture［J］. Journal of business venturing,2010,25(2):192-202.

［37］ VAN GELDEREN M, THURIK R, BOSMA N. Success and risk factors in the pre-startup phase［J］. Small business economics,2005,24 (4):319-335.

［38］ VERSCHOOR C C. Organizational DNA should contain ethics component ［J］. Strategic Finance,2005,86(8): 19-21.

［39］ 周扬明,高会宗. 企业活力与动力研究［M］. 北京:地质出版社, 1998:120.

［40］ 闫泽涛,计雷. 关于对企业活力产生的结构性基础因素分析［J］. 中国管理科学,2004,12 (6):123-129.

［41］ 刘树人,张久达,张晓文. 中国企业活力定量评价［M］. 北京:中国国际广播出版社,1995:152.

［42］ 李维安,等. 现代企业活力理论与评价［M］. 北京:中国财政经济出版社,2002:65.

［43］ 迈克尔·波特. 竞争优势［M］. 夏忠华,主译. 北京:中国财政经济出版社,1988:56.

［44］ 李垣,汪应洛. 关于企业活力基本内涵的探讨［J］. 管理现代化,1992 (5):31-33.

［45］ 孔祥毅,等. 企业发展动力学引论［M］. 上海:上海人民出版社,1998: 75-90.

［46］ 杨元富. 国有企业活力分析与政策建议［J］. 经济论坛,2001,21(1): 67-69.

［47］ 普拉哈拉德,哈默尔. 企业核心能力［J］. 哈佛商业评论,1990(3):82.

［48］ 多萝西·伦纳德·巴顿. 知识与创新［M］. 孟庆国,侯世昌,译. 北京:新华出版社,2000:38.

［49］ 徐建伟,李武武. 内生性企业成长理论对新创企业成长的启示［J］. 商场

现代化,2011(4):38-40.

[50] 伊查克·爱迪思.企业生命周期[M].赵睿,译.北京:华夏出版社,2004:121.

[51] 厉琨.广州医药三位一体传承企业 DNA [J].培训,2014(9):36-46.

[52] 加里·L.尼尔森,布鲁斯·A.帕斯特纳克.公司基因:以成果为导向,释放组织潜能[M].余向华,张珺,司茹,译.北京:机械工业出版社,2006.

[53] 阎军印,孙卫东,李永辉.企业活力的定量评价研究——神马实业股份有限公司企业活力定量评价[J].石家庄经济学院学报,1999(6):559-564.

[54] 何春蕾,匡建超.基于模糊方法的企业活力综合评价[J].国土资源科技管理,2001,18(3):42-45.

[55] 杨绪忠.利用层次分析法综合测定企业活力[J].统计与决策,2001(7):30-30.

[56] 胡斌,章仁俊,邵汝军.企业创新活力综合评价模型研究[J].科技进步与对策,2005,22(9):105-107.

[57] 郑敏,奉小斌.基于模糊层次分析法的第三方物流企业活力评价[J].物流科技,2008,31(2):114-116.

[58] 丰红星.新疆民营企业创新活力评价的实证研究[J].新疆大学学报(哲学人文社会科学版),2013(2):32-36.

[59] 方琳,李丽君,韩瑞香.人才集聚与科技型中小企业活力关系研究——基于 31 个省区市的面板数据[J].河南科技大学学报(社会科学版),2014(2):81-86.

[60] 苗东升.系统科学精要[M].北京:中国人民大学出版社,1998:48-49.

[61] 宁军明.美国小企业政策的演变过程与特点[J].企业经济,2006(2):82-84.

[62] 高兴野.吉林省小企业生成发展机理研究[D].长春:东北师范大学,2011.

[63] 杜运周,任兵,陈忠卫,等.先动性、合法化与中小企业成长——一个中介模型及其启示[J].管理世界,2008(12):126-138.

[64] 陈佳贵,黄速建.企业经济学[M].北京:经济科学出版社,1998.

[65] 李业.企业生命周期的修正模型及思考[J].南方经济,2000(2):47-50.

[66] 单文,韩福荣.三维空间企业生命周期模型[J].北京工业大学学报,2002(1):117-120.

[67] 李允尧.企业持续成长的三阶段模型[J].长沙大学学报,2006,20(6):19-21.

[68] 陈佳贵.关于企业生命周期与企业蜕变的探讨[J].中国工业经济,1995(11):5-13.

[69] 许晓明,吕忠来.民营企业生命周期[J].经济理论与经济管理,2002(5):54-58.

[70] 李欲晓.企业遗传基因及其基本结构探析[J].经济评论,2007(2):128-134.

[71] 薛晓芳,孙林岩,霍晓霞.多种群协同进化策略下的虚拟企业基因重组[J].运筹与管理,2009(6):138-143.

[72] 张玉明,李娓娓.从仿生学视角构建中小型科技企业内生成长机制[J].中国社会科学院研究生院学报,2009(4):37-41.

[73] 唐新贵,等.宁波小企业发展现状研究[M].杭州:浙江大学出版社,2016.

[74] 陈耀,汤学俊.企业可持续成长能力及其生成机理[J].管理世界,2006(12):111-114.

[75] 许沁.闵行区中小企业发展外部环境研究[D].上海:上海交通大学,2010.

[76] 李业.企业生命周期的修正模型及思考[J].南方经济,2000(2):47-50.

[77] 周国红,陆立军.科技型中小企业成长环境评价指标体系的构建[J].数量经济技术经济研究,2002(2):32-35.

[78] 章卫民,劳剑东,李湛.科技型中小企业成长阶段分析及划分标准[J].科学学与科学技术管理,2008(5):135-139.

[79] 高松,庄晖,王莹.科技型中小企业生命周期各阶段经营特征研究[J].科研管理,2011(12):119-121.

[80] 汤鸿,王学军,饶扬德.创新协同与企业代际成长[J].思想战线,2009(4):113-116.

[81] 程惠芳,幸勇.中国科技企业的资本结构、企业规模与企业成长性[J].世界经济,2003(12):72-75.

[82] 谭庆美,吴金克.资本结构、股权结构与中小企业成长性[J].证券市场导报,2011(2):67-72.

［83］许秋红.信任与家族企业的可持续成长［J］.中国人口·资源与环境，2011(4)：158-163.

［84］王青燕，何有世.影响中国上市公司成长性的主要因素分析［J］.统计与决策，2005(1)：33-36.

［85］姚秋.债务期限结构、公司绩效与成长性［D］.辽宁：东北财经大学，2006.

［86］吴世农，李常青，余玮.我国上市公司成长性的判定分析和实证研究［J］.南开管理评论，1999(4)：49-57.

［87］纪志明.上市公司成长性的行业特征分析［J］.华南师范大学学报(社会科学版)，2005(5)：62-66.

［89］慕静，韩文秀，李全生.基于主成分分析法的中小企业成长性评价模型及其应用［J］.系统工程理论方法应用，2005(4)：369-371.

［90］何朝晖.中小企业社会责任与成长性关系研究［D］.长沙：中南大学，2009.

［91］张瑾.民营企业家人力资本与企业成长绩效实证研究［D］.济南：山东大学，2009.

［92］张洪兴，耿新.企业家社会资本如何影响经营绩效——基于动态能力中介效应的分析［J］.山东大学学报，2011(4)：1-7.

［93］马淑文.家族社会资本、创业导向与初创期企业成长绩效关系研究［J］.商业经济与管理，2011，232(2)：51-57.

［94］李海超，衷文蓉.我国区域创新系统中高新技术企业成长力评价研究［J］.科技进步与对策，2013(2)：130-133.

［95］胡大立.企业竞争力论［M］.北京：经济管理出版社，2001.

［96］于水英.小微企业市场适应能力评价研究［D］.大庆：东北石油大学，2014.

［97］杨秀芝.基于适应能力的跨国公司竞争力研究［D］.哈尔滨：哈尔滨工程大学，2006.

［98］弗里蒙特·E.卡斯特，詹姆斯·E.罗森茨韦克.组织与管理——系统方法与权变方法［M］.李柱流，刘有锦，苏沃涛，译.北京：中国社会科学出版社，1985.

［99］加雷思·琼斯，珍妮弗·乔治，查尔斯·希尔.当代管理学［M］.李建伟，严勇，周晖，等，译.北京：人民邮电出版社，2003.

[100] 斯蒂芬·P.罗宾斯.管理学[M].黄卫伟,等,译.北京:中国人民大学出版社,1997.

[101] 托马斯·卡明斯,克里斯托弗·沃里.组织发展与变革精要[M].李剑锋,等,译.北京:清华大学出版社,2003.

[102] 陈晓红,张亚博.我国不同行业中小企业外部环境比较研究[J].科技进步与对策,2009(13):147-153.

[103] 张玉明,刘德胜.中小型科技企业成长的外部环境因素模型研究[J].山东大学学报(哲学社会科学版),2009(3):45-51.

[104] 赵锡斌.企业环境研究的几个基本理论问题[J].武汉大学学报(哲学社会科学版),2004,57(1):12-17.

[105] 席酉民.企业外部环境分析[M].北京:高等教育出版社,2001:1-2.

[106] 李晓明.一个企业外部环境的分析框架[J],西北工业大学学报(社会科学版),2009,26(3):42-44.

[107] 张团囡,徐坡岭.波兰转轨时期中小企业发展影响因素分析:外部环境视角[J].俄罗斯中亚东欧研究,2010(5):52-59.

[108] 陈真真.江苏省科技型中小企业成长外部环境评价研究[D].北京:中国矿业大学,2015.

[109] 李林,王恒山.企业外部环境评价与诊断的模糊层次分析[J].上海理工大学学报,2001(1):91-94.

[110] 鲁明泓.外国直接投资区域分布与中国投资环境评估[J].经济研究,1997(12):37-44.

[111] 陈晓红,王傅强.基于SEM的我国中小企业外部环境评价体系研究[J].科学学与科学技术管理,2008(8):145-150.

[112] 刘树森.创业环境对新创科技型企业成长影响研究——基于资源整合的中介作用[D].长春:吉林大学,2014.

[113] 吕学朋,李崇光.政府政策支持与中小企业发展关系研究[J].商业研究,2001(7):25-26.

[114] 袁红林,陈小锋.我国中小企业政策与中小企业成长环境的相关性——基于384家中小企业的实证[J].企业经济,2012(2):176-180.

[115] 董平,许欣.行业发展与中小企业成长:一个理论分析框架[J].山东社会科学,2013(9):143-146.

[116] 汪翔红.中国企业外部环境新特点与对策分析[J].首都经贸大学学报,2013(5):99-104.

[117] 郝凤霞,楼永.浙江省中小企业技术、市场和外部环境分析[J].科研管理,2010(S1):89-94.

[118] 余宇新,郭蓉.我国中小企业市场适应能力地区差异的实证研究[J].科技进步与对策,2012(02):85-88.

[119] 刘治江.企业活力系统论纲(下篇)[J].区域经济评论.1995(7).

[120] 伊迪丝·彭罗斯.企业成长理论[M].赵晓,译.上海:上海人民出版社,2007.

[121] 厄威克·弗莱姆兹.增长的痛苦:通过规范管理战胜企业增长中的危机[M].李剑峰,译.北京:中国经济出版社,1998.

[122] 毛蕴诗,王三银.公司经济学[M].北京:中山大学出版社,1994

[123] 王建军.动态复杂环境下机遇视角的企业成长研究[D].北京:首都经贸大学,2008.

[124] 易单立.建立重庆市中小企业发展的良好外部环境研究[D].重庆:重庆理工大学,2010.

[125] 贺宇江.商业组织的基因[M].北京:机械工业出版社,2003.

[126] 宁波市统计局,国家统计局宁波调查队.2015年宁波市国民经济和社会发展统计公报[N].宁波日报,2016-02-01(13).

[127] 杨秀芝,李柏洲.企业适应能力的内涵及其提升对策研究[J].管理世界,2007(4):166-167.

[128] 张林.基于适应能力的我国连锁零售企业核心竞争力体系构建研究[D].广州:暨南大学,2008.

[129] 关健,等.外部环境对我国中小企业成长的影响——基于11个城市面板数据的实证研究[J].科技进步与对策,2009(19):84-88.

[130] 龚德华.影响企业生存与发展的企业外部环境评价[J].湖北农业科学,2014(22):5569-5574.

[131] 陈晓红,曹裕,马跃如.基于外部环境视角下的我国中小企业生命周期——以深圳等五城市为样本的实证研究[J].系统工程理论与实践,2009(1).

[132] 李森森.我国科技型小微企业成长的影响因素研究[D].济南:山东大学,2014.

[133] 王玉娥.科技型中小企业政策对企业成长的影响研究[D].天津:河北工业大学,2013.

[134] 郭伟.我国中小企业外部融资环境研究[D].济南:山东大学,2012.

［135］黄天授. 活力论［EB/OL］. (2007-02-20)［2016-12-06］. http://www. chinabaike. com/article/316/327/2007/2007022050945. html.

［136］刘兴国. 中国企业平均寿命为什么短［EB/OL］. (2016-06-01)［2016-12-06］. http://www. ce. cn/xwzx/gnsz/gdxw/201606/01/t20160601 _12370561. shtml.

［137］中小企业处. 我市"小升规"工作连续三年领跑全省. ［EB/OL］. (2016-04-25)［2016-12-22］. http://www. nbec. gov. cn/art/2016/4/25/art_ 997_231660. html.

［138］新华社. 我国新经济发展呈现三方面特点. ［EB/OL］. (2016-07-19) ［2016-12-22］. http://news. xinhuanet. com/fortune/2016-07/19/c_ 1119245117. htm.

［139］杨春立. 制造业与互联网融合初现七大模式. ［EB/OL］. (2016-06-17) ［2016-12-22］. http://news. 163. com/16/0617/09/BPOK45BJ00014AED. html.

［140］宋光亚. 宁波民营经济:占 GDP 70％占经济实体总数的 94.7％［EB/ OL］. (2012-05-23)［2016-12-06］. http://zjnews. zjol. com/cn/05zjnews/ system/2012/05/23/0185141780. shtml.

［141］曹婷婷,张淑蓉,张华容. 截至 2014 年 12 月底宁波市私营企业首破 20 万户大关［EB/OL］. (2015-02-02)［2016-12-06］. http://nb. zjol. com. cn/system/2015/02/02/020494737. shtml.

［142］徐小勇. 宁波 2015 年 GDP 突破 8000 亿元"十二五"期间平均增长 8.3％［EB/OL］. (2016-01-26)［2016-12-06］. http://news. cnnb. com. cn/system/2016/01/26/008461934. shtml.

# 索 引

# 后　　记

本书系 2015 年度宁波市社会科学研究基地课题"宁波工业小企业发展活力研究(JD15QY)"最终成果。该课题在宁波市小企业成长研究基地的精心组织下,由宁波工程学院经济与管理学院老师组成研究团队,通过深入的文献整理、资料收集、调查研究、专家咨询、会议研讨等多种形式开展研究。

本书运用企业活力理论、企业成长理论、小企业生成理论以及面板数据分析、回归分析、比较分析等研究方法,重点研究宁波工业小企业的生成能力、成长能力与适应能力,提出宁波工业小企业发展活力提升的对策建议及具体措施,对推进"宁波版"中国制造 2025 以及实现宁波"工业强市"战略具有积极意义和参考价值。在课题组全体成员的精诚团结和共同努力下,顺利完成了研究任务。

本书在写作过程中得到宁波市社会科学院以及宁波市各位专家的悉心帮助与指导。衷心感谢浙江大学出版社吴伟伟老师为本书的立项、编辑、出版所付出的汗水与心血。本书内容参考和借鉴了一些研究成果,多数在书中已经做出注释,有些在书中未及一一注释,在此一并表示衷心的感谢! 囿于时间和水平,书中难免存在一些不当之处,敬请专家和广大读者批评指正。

本书具体分工:唐新贵副教授负责研究框架的确定、著作写作大纲的设计以及全书统稿;第一章,郭瑜桥博士;第二章,郭跃教授;第三章,谢行恒博士;第四章,彭静副教授;第五章,乔雯博士;第六章,张晓东副教授;第七章,曹泽洲副教授。

作　者
2016 年 11 月